Liberté

프랑스
혁명사
10부작

08

피로 세운 공화국

9월 학살에서
왕의
처형까지

Liberté — 프랑스 혁명사 10부작 제8권
피로 세운 공화국 — 9월 학살에서 왕의 처형까지

2018년 12월 14일 초판 1쇄 발행
2024년 7월 5일 초판 2쇄 발행

지은이 ㅣ 주명철
펴낸곳 ㅣ 여문책
펴낸이 ㅣ 소은주
등록 ㅣ 제406-251002014000042호
주소 ㅣ (10911) 경기도 파주시 운정역길 116-3, 101동 401호
전화 ㅣ (070) 8808-0750
팩스 ㅣ (031) 946-0750
전자우편 ㅣ yeomoonchaek@gmail.com
페이스북 ㅣ www.facebook.com/yeomoonchaek

ISBN 979-11-956511-0-8 (세트)
     979-11-87700-27-2 (04920)

이 도서는 한국출판문화산업진흥원의 출판콘텐츠 창작 자금 지원 사업의 일환으로
국민체육진흥기금을 지원받아 제작되었습니다.

• '리베르테Liberté'는 '자유'라는 뜻으로 혁명이 일어난 1789년을 프랑스인들이
  '자유의 원년'이라고 부른 데서 따온 시리즈명입니다.
• 여문책은 잘 익은 가을벼처럼 속이 알찬 책을 만듭니다.

Liberté

프랑스
혁명사
10부작
08

주명철 지음

피로 세운 공화국

9월 학살에서
왕의
처형까지

여문책

1792년 9월 21일, 국민공회에 처음 모인 의원들은 왕정을 폐지하기로 합의하고, 이튿날 프랑스 공화국 원년을 선언했다. 그들은 공화국 헌법을 제정하고 국내외의 반혁명세력에 맞서 혁명을 완수하는 일에 착수했다. 11월 13일에 그들은 세 달 전(8월 13일)부터 탕플 감옥에 갇혀 파리 코뮌의 감시를 받던 루이 카페를 재판하자고 논의하기 시작했다. 12월 3일, 로베스피에르는 "루이가 죽어야 나라가 산다"라는 연설로 공화국의 안정을 방해하는 반혁명의 구심점을 제거해야 한다고 역설했다. 8월 10일에는 파리의 혁명 코뮌이 '제2의 혁명'을 일으켜 혁명의 추진력을 높였는데, 이번에는 국민공회가 주도권을 쥐고 혁명을 한 단계 도약시켜 민주주의 체제를 더욱 탄탄하게 만들어야 한다는 뜻이었다. 그렇게 해서 그동안 성향의 차이를 분명히 드러내던 지롱드파와 몽타뉴파가 '왕의 사형'을 둘러싸고 대립했으며, 결국 몽타뉴파가 바라는 대로 집행유예 없이 사형을 집행했다. 이것이 제8권에서 다룬 내용이며, '왕의 사형'은 제9권에서 보게 되듯이 국내외 정세에 따라 본격적인 권력투쟁과 함께 의회민주주의가 이름뿐인 상태로 나아가는 '공포정'을 예고하는 사건이다.

지난 5월 말에 제7권이 나온 뒤 우리나라도 정신을 차릴 수 없을 정도로 큰 변화를 겪었다. 그중에서 적폐 중의 적폐라 할 부정부패의 상징을 재판에 회부해 실형을 선고한 사건을 으뜸으로 꼽고 싶다. 검찰은 박근혜 전 대통령과 거의 1년의 차이를 두고 이명박 전 대통령을 구속 수사하고 기소했다. 그는 권력을 잡은 뒤에 계속해서 나라 경영을 자신의 수익을 극대화하는 수단으로 삼는다는 의심을 받았다. '한반도 대운하 사업'이 대표적인 사례다. 운하에 반대하는 여론이 들끓자 '4대강 살리기 사업'으로 이름을 바꾼 채 토목공사를 밀어붙여 임기도 끝내기 전에 벌써 4대강을 '죽음의 강'으로 바꿔놓았다. 나랏돈을 무한정 쏟아붓는 자원외교를 황금 알을 낳는 거위로 미화하면서 실적을 부풀리기도 했다. 돈 문제가 걸린 경우 이명박은 치밀하게 구상하고 남에게 책임을 떠넘기는 재주를 가졌기 때문에, 그를 의심하는 사람들은 고심 끝에 그에게 가장 약점인 다스DAS의 주인이 누구인지 집중적으로 물으면서 그를 궁지로 몰아넣었다. 그러나 그는 가훈이 '정직'이며 자신의 재직기간이 "가장 도덕적인 정권"이었다고 자찬하여 상식적인 사람들의 실소를 자아냈다. 재판부는 모든 증거를 검토해서 지난 10월 5일 1심 선고 공판에서 징역 15년에 벌금 130억 원을 선고했다. 그는 항소했지만 최근 미연방국세청IRS이 그가 현지법인 '다스 노스아메리카'의 실소유주라고 지목하고 탈세와 돈세탁 혐의로 아들과 함께 소환함으로써, 앞으로 그가 무죄로 판명날 가능성은 사라졌다. 이명박의 가족을 모두 조사해야 마땅하지만 한 명만 구속한 우리나라는 미국의 법치주의에서 배워야 한다. 이를 테면 감형 없이 3,000년의 징역 선고 또는 무기징역 세 번.

　새 정부가 탄생하고 전직 대통령 두 명을 잇따라 가두었다고 해서 적폐를 청산했다고 말할 수 있을까? 지난 정권이 권력을 이용해서 저지른 비리와 위법행위를 조금씩 밝혀냈다고 할지라도, 아직 그 규모와 내용을 정확히 파악하기 어려운 실정이다. 더욱이 그들이 여론을 형성하는 데 동원한 학자·언론·정보기관·연구소·공사公社는 4대강 수문을 열자 강이 되살아나고 있는 것을 보면서도 아직까지 공식적으로 아무런 말도 하지 않고, 언론의 취재에도 제대로 응하지 않는다. 그러므로 단숨에 개혁을 바라던 사람들이 시간이 지날수록 좌절하고, 피로감을 호소하는 세력에게 지는 모습을 보게 된다. 적폐를 없애는 일이 만만치 않다고 생각한 사람도 자칫하면 현실에 타협할까 봐 두렵다. 새 정부는 적폐를 청산하고 청렴한 국가를 만들라는 국민의 명령을 수행하고 있지만 만만치 않은 저항에 부딪치고 있다. 게다가 그동안 법을 무시하고 어긴 사람들이 민주주의·법치주의의 혜택을 가장 많이 누리는 모순을 본다. 입법부가 당리당략에 따라 움직이고 다음 선거에서 자리를 보전하는 방법을 먼저 생각하는데, 어찌 한술 뜨고 배부르다 할 수 있겠는가? 우리는 개혁의 출발선에서 겨우 몇 걸음 떼었을 뿐이다. 과거로 되돌아갈 수 없을 정도로 멀리 갈 수 있는 날은 언제일까? 여전히 가장 우선시해야 하는 것은 100년 이상 모든 곳에 뿌리와 줄기를 뻗은 적폐를 청산하는 일임을 명심하고 숨이나 고르자.

적폐를 파헤치는 일은 2017년 7월 14일에 추진력을 얻었다. 박근혜 정권이 생산한 서류를 민정수석실에 있던 캐비닛에서 찾아낸 덕택이다. 더욱이 검찰은 이명박 전 대통령의 영포빌딩을 압수수색해서 그의 비리를 밝힐 문서까지 찾아냈다. 그렇게 해서 국정농단의 한 줄기인 사법농단을 밝혔다. 특히 제15대 양승태 대법원장 시절(2011년 9월 25일~2017년 9월 25일)에 일어난 일이 사법부에 대한 믿음을 땅에 떨어뜨렸다. 그러나 사법행정처에 관련 문서를 요구하는 과정에서 과연 사법부가 스스로 자기의 과오를 고칠 수 있는지 의심할 만한 일이 거듭 일어났다. 영장전담 판사는 납득할 수 없는 이유를 앞세워 검찰의 수색영장 발부 요청을 기각하기 일쑤였다. 사법농단 관련 수색영장 기각률이 거의 90퍼센트에 가깝다니 수사를 방해하려고 작정하지 않고서는 일어날 수 없는 일이다. 법원행정처에서 관련 증거를 인멸하는 동안 수색영장을 한 건도 발부하지 않았다. 전부 208건 청구에 겨우 23건(11.1퍼센트) 발부했을 뿐이다(『경향신문』 9월 2일자, 정대연·유희곤 기자). 여론이 사법부를 질타하고, 영장전담 판사를 보강한 뒤 10월 27일 새벽에 임종헌 법원행정처 전 차장에 대한 구속영장을 발부했지만 사법농단의 실체를 낱낱이 밝힐 수 있을지 의문이다.

군사독재 시절, 이른바 공안검사들이 시국사범을 무리하게 기소한 뒤, 정보기관이 판사들에게 압력을 넣어 정치적인 판결을 받아냈다. 그 시절에도 결기 있는 판사들은 정치보복을 무릅쓰고 법질서를 지키려고 협조하지 않았다. 그런데 지난 정권 시절에는 거물급 판사들이 모인 대법원에서 자발적으로 국정농단의 하수인 노릇을 했으니, 도대체 무슨 낯으로 그들의 행위를 옹호해줄 수 있겠는지. 아무튼 임민성 서울중앙지법 영장전담 부장판사는 임종헌에게 "범죄사실에 대하여 소명이 있고 증거인멸의 우려가" 있기 때문에 구속해야 한다고 검찰의 편을 들어 영장을 발부해주었다. 그러나 너무 늦지 않았을까? 사법농단의 주역과 하수인들이 불리한 증거를 모두 없앤 뒤일 텐데 인멸할 증거가 더 남았을까? 그럼에도 계속 진실을 파헤치고 그들의 죄를 재구성해서 응분의 벌을 줘야 마땅하다. 일부 의원이 앞장서서 사법농단 특별재판부 설치법안을 만들고 여야 4당이 11월 중에 통과시키자고 합의했지만 제1야당은 반발하고 있다. 10월 30일에는 '양승태 사법농단 대응을 위한 시국회의'가 권순일 대법관과 이규진·이민걸·김민수·박상언·정다주 법관 등 여섯 명을 탄핵소추 대상으로 지목했다. 판사들이 사법농단 관련 영장을 기각한 예로 봐서, 기존의 판사들에게 선배·동료 판사의 재판을 어떻게 맡길 수 있느냐는 정당하고 합리적인 의심에서 비롯한 일이다. 대통령을 탄핵했던 입법부의 권한을 발휘해서 판사들의 사법농단을 심판하자는 당연한 요구였다.

　같은 날, 대법원은 일본 전범기업에서 강제노동을 하고 돌아온 분들의 한을 조금이나마 풀어주는 판결을 내렸다. 일본 정부가 나서서 반대하고 우리나라 수구 성향의 신문도 한·미·일 공조체제를 위태롭게 한다는 취지로 논평했지만, 주권국가로서 국격을 되살리는 당연한 판결이었다. 이것은 1965년 박정희가 일본에서 돈을 받고 한일국교정상화 명목으로 맺은 한일기본조약과 관련해서 짚어볼 과제였다. 쟁점은 일본에서는 한국의 식민 지배를 합법으로 보는데, 한국에서는 헌법에서 명시했듯이 불법으로 본다는 데 있다. 당시에도 일본은 한일경제협력을 위해 돈을 빌려주고, 한국은 배상금을 받는다고 생각했다. 그런데 1990년대 중반 우리 국민이 일본에서 성노예·강제징용에 대한 배상금을 청구했지만 전부 패소했다. 2005년에 한일회담문서가 공개된 뒤, 그들은 2007년에 국내에서 다시 재판을 요청했고 또다시 졌다. 2012년 대법원은 징용피해자 청구권이 청구권 협정 대상이 아니므로 피해를 배상해야 한다는 취지로 고등법원의 판결을 파기·환송했다. 2013년 고등법원은 전범기업의 배상책임을 인정했고, 대법원의 확정판결을 기다리게 되었다. 그러나 대법원은 2013년 7월 이후 재상고에 대해 아무런 절차도 취하지 않았다. 아니, 실은 그것을 재판거래의 대상으로 삼았다. 양승태 대법원장은 김기춘 비서실장과 윤병세 외교부장관의 의견을 법원행정처를 통해 받아들이는 대신 특수활동비를 쓰면서 상고법원을 설립하는 로비활동을 벌였다. 재판거래의 대상이었던 배상판결 문제를 정권이 바뀌고 나서 한참 뒤에라도 올바른 방향으로 해결했다니 천만다행이지만, 정작 당사자들 가운데 고령으로 세상을 뜬 분이 많아서 안타깝다.

'촛불집회'를 시작한 지 벌써 2주년이 되었다. 이 기회에 프랑스 혁명과 우리의 현실을 비교해보는 것도 민주주의 발전에 대한 교훈을 얻을 수 있는 방법이다. 프랑스 혁명의 추진력은 어디서 나왔던가? 1789년 7월 14일, 파리의 군중이 바스티유 요새를 공격하고 정복한 사건은 루이 16세가 군대를 파리 주위에 주둔시키고 그때까지 일어난 사태를 뒤집으려던 의지를 꺾었으며, 제헌의회가 안심하고 헌법을 제정하는 일에 매달릴 수 있게 만들어주었다. 1792년 8월 10일에 파리의 혁명 코뮌이 '제2의 혁명'을 일으킨 것도 지지부진한 혁명을 한 단계 도약시키는 추진력으로 작용했다. 1792년 9월 21일에 국민공회는 왕정을 폐지하고 공화국을 선포했다. 그리고 민중이 정치에 개입하기 전에 주도권을 잡고 왕을 처형했다. 이렇게 변화와 개혁이 지지부진할 때 어김없이 다중이 입법과 행정기관을 부지런히 움직이게 만들었다. '촛불집회'는 18세기 말의 프랑스에서 일어난 운동보다, 아니 21세기까지 일어났던 어떤 정치적 운동보다 더 평화적이었지만, 그 결과는 혁명적이었다.

우리는 여론의 정치가 평화적으로 제도를 바꾼다는 신념이 통하는 사회에 살고 있어서 무척 다행이다. 그러나 여론의 정치를 악용하는 세력이 있다. 얼마 전 『한겨레』(김완·박준용 기자, 『한겨레21』 변지민 기자)에서는 조직적으로 '가짜뉴스'를 만들고 유포하는 세력이 있다고 폭로했다. 이 문제를 해결하기 위해 언론의 자유를 제한하는 법을 만들자는 의원도 있다. 그러나 그것이 해결책일 수 있을까? 시민사회가 정직한 뉴스를 전하는 매체를 보호하고 키워야겠지만, 지난 정권 시절에 돈벌이를 하던 '댓글부대'가 살아남아 계속해서 악의를 가지고 불화를 조장할까봐 두렵다. 지금으로서는 현 정부가 더는 적폐를 용납하지 않겠다는 확고한 의지를 보여주면서 평화정책을 추진해나가는 일이 최선이라고 생각한다. 지난 2년 동안 한반도에서 일어난 변화, 더욱 단기적으로 지난 6월 이후에 일어난 변화를 보면 수구세력이 얼마나 당황하고 있는지 알 수 있다. 그들이 한시라도 빨리 개혁을 원하는 민심을 올바로 읽고 변화하여, 개혁세력과 함께 진정한 발전을 도모할 비판적 동반자가 되면 좋겠다. 그것이 진정한 혁명의 목표다. 성장이 아니라 발전이 목표라는 말이다. 어린이가 육체적으로 어른이 되는 것을 성장이라 하고, 인품까지 도야하는 것을 발전이라 한다. 우리나라는 눈부신 경제성장을 이루어냈지만 경제민주화를 실현하지 못했기 때문에 빈부격차가 더욱 심화되었고, 이는 늘 사회적 갈등의 원인으로 남아 있다. 야당은 경제문제를 집요하게 거론하면서 현 정부의 실책을 공격한다. 그러나 그들이 정권을 잡았을 때 더 좋았다는 명확한 지표를 제시해야만 그들의 주장이 설득력을 가질 것이다.

현재 야당이 가장 쟁점으로 부각하는 경제문제를 해결하려면 적폐 중의 적폐인 정경유착을 끊고 조세정의를 실현해야 한다. 다행히 수많은 분야에서 적폐의 뿌리와 줄기가 드러나고 있다. 그 적폐는 항상 거액의 돈과 관련되었기 때문에 적폐를 청산하면 야당이 걱정하는 재원을 마련하는 데 큰 도움을 줄 수 있다. 국가정보원 간부가 청와대 측에 돈을 전달하는 방법은 첩보영화에서나 나옴직하고, 비밀공작원 '흑금성'이 밝힌 '총풍사건'은 수구세력의 추악한 얼굴을 만천하에 드러내주었다. 평화를 위해 경제지원을 하면 퍼주기라고 비난하면서, 정권을 연장하려고 전쟁의 위기상황을 연출해달라고 돈을 주던 자신들의 뻔뻔한 태도가 정녕 부끄럽지 않은지. 그들은 정권을 잡은 동안 국민의 세금을 가지고 영구집권의 꿈을 실현하는 데 썼다. 선거에 영향을 끼치기 위해 '댓글부대'를 대대적으로 운영했다. '댓글부대'는 돈을 받고 각종 인터넷사이트에서 온갖 추잡한 욕을 도배함으로써 상식적인 일반인의 활동을 위축시켰다. 거기에 쏟아부은 돈이 얼마나 많으며, 또 어떤 돈인가? 부자의 세금뿐만 아니라 라면으로 연명하는 사람의 소비세, 생업에 종사하기 위해 경유나 휘발유를 소비하는 사람들의 주머니에서 나온 돈이다. 너무 늦은 감이 있지만, 수구세력이 냉전체제를 고착화시키면서 저지른 일을 하나하나 밝힐 수 있게 되어 다행이다.

지금까지 우리는 일제강점기부터 쌓이고 쌓인 적폐를 파헤치면서 제6공화국에서 벗어나 제7공화국을 향해 나아가는 출구에 서 있다는 사실만 겨우 깨닫게 되었다. 김대중·노무현 정권을 잘 이었다면 제7공화국을 앞당겼을지 모르지만, 이명박·박근혜 정권에서 제6공화국 출범 당시 수준으로 돌아갔기 때문에, 현 정부가 제7공화국으로 들어가는 입구를 잘 만들면 그나마 다행이겠다. 그러나 박근혜가 정국을 돌파할 수단으로 개헌을 언급했고, 그것이 당면과제라고 했던 여야 의원들은 문재인 대통령이 발의한 개헌안을 처리하지 않고 무산시켰다. 앞으로도 개헌의 길은 험난하다. 더욱이 적폐청산에 피로감을 호소하는 사람들이 목소리를 높이고, 경제가 망했다고 날마다 아우성친다. 그들의 말에서 방자方子 수준의 저주를 읽을 수 있을 정도다. 이명박 정권이 4대강 사업을 위해 특수채를 발행하고 박근혜 정권이 국채를 남발함으로써 2006년 말 366조 원이었던 국채·특수채 발행 잔액을 10년 사이에 918조 원으로 늘려놓는 것을 보고서도 그들은 나라를 망쳤다는 얘기를 하지 않았다. 2018년 8월 13일에 연합뉴스는 나라 빚이 1,000조 원을 넘어섰다고 보도했다. 1년 8개월 동안 82조 원 남짓 늘었다. 물론 문재인 정권도 아직까지는 경제문제를 시원하게 해결하지 못하고 있으니 나라 경제를 망쳤다는 비난을 받아도 크게 할 말은 없겠지만, 모든 수치를 가지고 객관적으로 판단하면 누구의 책임이 더 큰지 명약관화하다.

지난 몇 개월 사이에 남북관계는 상상 이상으로 개선되었다. 가장 숨 가쁘고 눈부신 변화다. 수구세력은 그 속도에 제대로 적응하지 못하는 듯하다. 냉전체제에서 꿈같은 봄날에 취했다가 얼떨결에 정권을 넘겨준 그들은 오동잎이 지는 가을이 왔음에 당황하는 모습이다. 아무튼 남북관계를 개선하고 한반도의 미래를 좋게 만들려고 준비한 사람들이 노력한 결과가 나타나고 있다. 김대중·노무현 정부 시절에도 남북정상이 한 차례씩 평양에서 만났지만 이명박·박근혜 정부에서는 남북관계를 완전히 끊어버렸다. 문재인은 대통령이 되자마자 남북관계를 되살리고, 한시바삐 남북정상회담을 추진하겠다고 선언했다. 문 대통령이 취임한 2017년 5월 10일부터 9월 15일까지 북한은 모두 열 번의 미사일 발사와 한 번의 핵실험을 하면서 긴장감을 고조시켰다. 마지막 미사일은 평양에서 발사한 중장거리탄도유도탄IRBM이었지만, 그동안의 핵실험과 대륙간탄도미사일ICBM 발사실력을 분석한 미국을 협상장으로 끌어들이기에 충분했다. 문 대통령은 평창 동계올림픽을 한반도에 평화를 정착시키는 계기로 활용한 뒤 활발한 협상을 통해 2018년 4월 27일 판문점 정상회담을 성사시켰다. 그리고 미국과 북한이 정상회담을 추진하기 시작했다.

문 대통령은 워싱턴DC와 평양을 잇는 다리를 놓으려고 노력했다. 트럼프 대통령이 갑자기 김정은 위원장을 만나지 않겠다고 변덕을 부릴 때, 문 대통령은 판문점 북측 지역에서 김 위원장과 만난 뒤 싱가포르의 미북 양국수뇌회담을 성사시키는 데 큰 공을 세웠다. 화해 분위기가 무르익어감에 따라 남북한 단일팀 구성이나 이산가족 상봉은 긴장완화와 함께 우리 민족이 하나임을 거듭 확인하게 만들었다. 문 대통령은 9월 18일에 평양을 방문하고 3차 정상회담 후 15만 평양시민 앞에서 연설했으며, 이튿날 백두산 천지에서 김정은 위원장과 굳게 손을 잡으며 한반도의 긴장완화와 평화정착의 의지를 과시했고, 김정은의 답방약속을 받아냈으며, 유럽 순방 시 교황을 만나 북한의 초청의사를 전달했고, 교황의 방문의사를 확인했다. 그리고 남북이 군사회담을 거듭해나가면서, 비무장지대를 말 그대로 비무장상태로 만들었다. 게다가 남북한이 육·해·공의 모든 공격행위를 금지한다는 합의를 이행하게 되었다. 지금까지 채 1년도 안 되는 기간에 일어난 인적 교류를 통한 남북관계의 변화를 보면서, 북한을 경제적으로 고립시키는 국제사회의 제재에 동참하면서도 한반도에 평화를 정착시킬 수 있는 가능성을 확인했다. 올해도 두 달밖에 남지 않은 시점에 김정은 답방·종전선언·'가을이 왔다' 공연을 실현할 수 있을지 모르겠지만, 지금까지의 성과만으로도 남북한 한민족의 가슴에 평화를 심어주기에 충분하다.

평화를 정착시키는 방법을 역사적 사례에서 찾아보자. 제2차 세계대전이 끝나기 전부터 평화적 국제질서를 확립하기 위해 국제연합UN을 창설했듯이, 전후 유럽에서는 프랑스가 주도해서 지하자원 공동관리체제부터 시작하기로 합의하고 공동시장으로 발전시킨 뒤 결국 유럽을 통합했다. 독일은 나치 정권의 만행을 반성하고 국제사회의 일원으로 평화를 지향한다는 의지를 분명히 입증하면서 프랑스와 협력해 회원국 28개국의 유럽연합EU을 탄생시켰다. 회원국은 사람과 물자의 자유로운 이동을 보장하고 동일한 화폐를 쓰고 있다. 나랏말이 다르기 때문에 수많은 통역이 활동하면서 의사소통을 꾀하지만 한 덩어리가 된 유럽의 힘은 막강하다. 지금은 영국이 탈퇴하겠다고 결정했다가 복귀하자는 여론이 드높아지고 있기 때문에 앞날을 속단하기란 어렵고, 또한 해결해야 할 문제도 많이 가진 유럽연합이긴 해도, 다른 언어를 쓰고 전쟁을 하던 나라들이 함께 번영과 평화의 길을 찾기로 노력한다는 점에서 우리가 가야 할 길에 대한 교훈을 준다.

남북의 정상뿐 아니라 교류에 참여한 사람, 그것을 지켜본 국민은 우리가 속 깊은 애기를 통역 없이 할 수 있는 한민족임을 올해 여러 차례 확인했다. 국제사회가 경제제재를 풀지 않더라도, 우리는 자주적으로 민족의 동질성을 확인하고 되찾아갈 수 있다. 무엇보다도 인적 교류를 활발히 하면 서로 이해할 수 있는 폭을 넓힐 수 있다. 국제적 운동경기에 함께 참가하고, 남북한 체육행사나 음악·미술·연극·영화는 물론 각 분야의 학술교류도 활발히 할 수 있다. 방학 때라도 교환학생 제도를 운영하고, 장기적으로 유학생을 서로 체류시킬 수 있다. 젊은이들이 서로 이해하고 함께 노력해서 평화의 장을 열어야 한다. 이미 남북한 국어학자들이 겨레말 큰사전을 만들고 있으니, 우리 민족의 역사도 공동집필하는 시대를 열 수 있다. 더욱 시급히 해결해야 할 문제가 있다. 이산가족이 서로 왕래할 수 있도록 협력해야 한다. 비무장지대에 여러 곳을 특별구로 지정해서 남북 이산가족이 수시로 만나고 머물 수 있는 시설을 마련해주면 얼마나 감동적일까? 국제사회가 남북한 인적 교류를 경제적 논리로 금지할 명분은 없다. 그 일부터 시작하자. 남북이 서로를 각자 독립된 국가로 인정하고 통일을 향해 나아가 결국 통일국가를 만들면 좋겠지만, 우선 사람이라도 자유롭게 오가게 만든다면 당장 바랄 것이 없겠다. 남북이 평화체제를 함께 구축하는 모습을 세계에 보여주면서 국제사회의 긴장완화에 자연스럽게 이바지할 수 있으니 더욱 좋은 일이리라.

촛불집회를 시작한 지 2년이 지났다. 그때부터 지금까지 '촛불혁명'이라는 말을 자연스럽게 쓰고 있다. 평화적인 시위를 통해서 새 정권을 탄생시켰고, 골수 수구세력을 제외하고 대다수 국민이 한반도가 냉전체제를 벗어나는 상황을 환영하는 것을 보면 분명히 '혁명'이라고 부를 만한 변화가 일어나고 있다. 그러나 앞에서도 말했듯이, 개혁도 제대로 추진하지 못하는 실정인데 '혁명'이라고 말할 수 있을까? 촛불집회를 촛불혁명으로 만들고 싶다면 촛불을 들고 모였던 첫날의 마음을 장기적으로 간직해야 한다. 부정부패를 참고 견디지 않겠다는 마음, 평화시위에 참여한 시민들이 서로 위해주고 질서를 존중하는 마음, 사회 전반에 암처럼 퍼진 범법행위를 고발하고 처벌하려는 의지. 이러한 마음과 의지를 일상의 행동으로 실천해야 적폐를 청산하고, 더는 과거와 현재의 투쟁에 휩싸여 소모전을 벌이지 않고 더 나은 미래를 창출할 수 있다. 그것이 진정한 '촛불혁명'의 목표다.

민주주의 원칙을 지키고 실천하는 생활은 프랑스 혁명을 비롯한 모든 혁명이 지향하는 목표다. 모든 혁명은 정치혁명인 동시에 궁극적으로 문화혁명이기 때문이다. 정치는 모든 관계를 규정하고, 문화는 몸짓과 꿈·희망·욕망까지 통제한다. 부부관계도 정치적 권력관계다. 한편의 독재, 또는 쌍방이 서로 존중하는 민주주의가 가정의 권력관계를 결정하고 더 나아가 타인의 멸시나 존경을 받는 문화로 나타난다. 민주주의 시대에는 '귀족의 사회적 의무'를 강조하는 '노블레스 오블리주noblesse oblige'라는 말의 의미가 달라져야 한다. 오늘날 '귀족'을 대체하는 '금수저'라는 말이 있다. 그런데 그 말에는 구조적으로 굳어버린 차별의 뜻이 담겨 있다. 프랑스 혁명으로 귀족과 평민의 사회적 차별이 사라졌듯이, 오늘날 민주주의 사회에서는 경제적 민주화를 실천하고 그를 바탕으로 문화적 민주화까지 실천해야 한다. 돈이 없어서 (좋은) 학교에 가지 못하고, 그렇게 해서 인간관계에서 차별을 당한다면, 개인의 책임이 아니라 사회적 책임이라고 인식해야 한다. 굳이 말해서 국가가 모든 구성원을 '귀족'으로 대우하고 그 지위를 유지하도록 뒷받침할 수 있어야 한다. 그것이 '촛불혁명'으로 이룩할 문화혁명이다. 모든 인간관계는 가장 넓은 뜻으로 정치적 권력관계다. 그러므로 민주주의 원칙이 가장 바람직하다. 혼자서 가족의 일을 결정해야 할 때도 머릿속에서 가족회의를 한 번 거칠 수 있는 민주주의 원칙, 그것이 사회 곳곳에 스며들어 구성원의 행동에서 자연스럽게 나타나는 세상을 만들기. 그것이 문화혁명의 궁극적인 목표다.

우리가 '촛불혁명'을 문화혁명으로 완수하는 방법에 대해 좀더 생각해보자. 우리나라는 긴 일제강점기와 짧은 미군정기를 거치면서 대한민국 단독정부를 수립했다. 대통령 중심의 민주주의 체제를 받아들였지만, 일제시대부터 반민족행위에 가담했다가 해방 후 친미반공주의자로 급변신한 사람들이 나라의 요직을 차지했고, 그들은 나라의 이익보다 사익을 먼저 추구했다. 그들이 국립묘지에 묻힌 사례야말로 우리에게 진정한 교훈이 없다는 뜻이다. 공적을 조작하고 끼리끼리 뭉쳐서 법을 고치고, 무시하고, 자기네 이익을 극대화시켜줄 독재자를 미화하는 사람들이 이 나라의 지도층이라고 자처하는 한 부정축재와 국부의 국외 유출을 막을 방법이 없다. 이런 상황에서 국민을 부지런히 일하게 만들고, 그렇게 쌓은 국력을 국민에게 골고루 나눠주기보다 소수가 더 많이 차지해왔다. 그 소수는 법을 무시하고, 행정부·입법부·사법부·언론·학계·노동계에 골고루 줄을 대고 서로 이익을 나누면서 장기적으로 더 큰 이익을 도모할 구조를 만들었다. 그들이 어쩌다 부패와 관련해서 수사대상에 오르기라도 하면 관행을 들먹이면서 선처를 바라고, 거물급은 갑자기 환자가 되어 반드시 빠져나간다. 나쁜 관행이 전통이 된 나라다. 법망은 입구도 작고, 또한 코도 촘촘하다. 처음부터 큰 고기는 놔두고 작은 고기만 담으려고 만든 그물 같다. '촛불혁명'으로 그 엉터리 그물을 고쳐야 한다. 생계형 송사리에게 관대할 수 있고 범법하지 않도록 장치를 마련해주며, 조직적 범죄를 일삼는 잉어를 반드시 잡을 수 있는 그물을 만드는 새 체제가 필요하다. 법망이라는 비유 때문에 그물만 생각하다가 정작 하고 싶은 말을 잊었다. 내가 가장 바라는 것은 누누이 강조한 대로 신상필벌의 법치주의다.

그러나 아직도 신상필벌보다 일벌백계가 판친다. 최근 제1야당의 원내대표가 '한 놈만 팬다'고 공공연히 말한다. 야당의 집중력을 촉구하는 뜻으로 이해하지만, 우리나라의 정치 수준을 보여주는 말이라서 껄끄럽다. 협치를 말하면서 때릴 생각부터 하는 사람의 원한을 읽을 수 있다. 물론 그는 "황제처럼 구는 문 대통령이 협치를 하지 않기 때문에 싸울 수밖에 없다"고 주장한다. 박근혜 대통령에게는 한마디도 하지 않았던 것으로 보아 그와 박근혜는 협치를 잘했던가 보다. 사회의 모든 구성원은 자신과 상대하는 사람과 영향을 주고받게 마련이다. 특히 '사회지도층'을 자처하는 인사는 늘 언론의 주목을 받기 마련이라서 여느 사람보다 훨씬 큰 영향을 끼친다. 의정활동의 향배에 가장 큰 영향을 미치는 제1야당의 원내대표가 신상필벌을 외쳐야 마땅함에도 일벌백계를 주장하니 언제 좋은 법을 기대할 수 있을까? 제1야당은 사법농단 특별재판부 설치법안도 달가워하지 않는다. '한 놈'이 누구인가? '나쁜 놈이면 모두'를 패라. 아니, 도덕적인 판단으로 때려서는 안 되므로, '범법행위자라면 모두'라고 바꾸자. 그러나 말은 부정확하기 때문에 '범법행위'도 해석하기 나름이다. 이명박이 자기 입으로 BBK를 설립했다는 동영상이 있는데도, '주어가 없다'고 '판결'한 사람이 있듯이, 법으로 권한을 주지 않았으니 남용할 길이 없다면서 용서한 판결도 있다. 임종헌도 그런 논리로 빠져나가려 할 것 같다. 그러나 호가호위한 여우는 자기 행위의 목적과 결과를 예상하면서 행동하고, 그 대상도 여우 뒤에 더 힘센 존재가 있음을 인식한다. 호가호위가 먹혀드는 이유를 달리 설명할 수 있는가.

현실적으로 저항에 부딪치더라도 촛불혁명을 완수하려는 의지가 중요하다. 혁명이란 느린 변화와 급격한 변화의 변증법임을 인식하면 초조해할 필요도 없다. 손가락 사이로 권력이 빠져나가는 것을 보는 사람들이 더 초조할 테니까. 다행히 임기 중에 3·1 독립운동과 임시정부 수립 100주년을 맞이하는 현 정부가 남북의 화해를 바탕으로 그 뜻을 되살리려는 방향으로 준비한다. 미래를 준비한 사람이 가장 큰 혜택을 받아야 마땅하지만, 우리나라 역사에서는 미래를 준비한 독립운동가보다는 강자에게 붙어 호가호위하던 자들이 강자로 등장했다. 그리고 독립운동의 역사를 지우려고 노력한다. 국사 교과서 국정화 작업에 실패한 뒤에도 여전히 1948년 8월 15일을 건국절로 기려야 한다고 주장한다. 그리고 학계에서는 '건국절'을 반박하는 대안으로 1919년의 임시정부의 법통을 제시하는 것이 부적절하다고 말하는 사람도 있다. 본말이 뒤집힌 해석이다. 독재를 미화하는 사람들이 임시정부와 독립운동의 역사를 무시하고 건국절을 주장한 것이지, 건국절을 부정하려고 독립운동의 역사를 주장한 적이 없기 때문이다. 학계에서 '건국절'도 검토할 만하다고 생각하는 사람은 어떻게 그러한 역사관을 형성하게 되었을까? 국가의 3대 요소인 국민·영토·주권을 갖추지 못한 사람들이 1948년에 비로소 국가를 세웠다고 주장하는 것은 민주주의를 거스르는 강자의 논리다. 이 문제를 좀더 살펴보기로 하자.

　역사 연구 방법론은 민주주의가 발전하면서 더욱 정교하고 치밀해졌다. 19세기까지 주류 역사학은 권력을 휘두르는 소수 정예의 관점에서 역사를 썼다. 이러한 정치사는 프랑스 혁명 이후 풍부하게 발달했다. 각국이 과거를 연구하려고 문서고를 열었다. 거기서 찾은 서류는 대부분 사회지배층이 생산한 문서였으므로, 그들의 눈으로 보는 정치사를 쓸 수밖에 없었다. 그런데 산업혁명이 사회구조를 바꾸면서 경제활동의 중요성을 인식한 역사가들은 경제사를 연구했고, 더 나아가 사회사를 연구했다. 정치적 지도자를 세습하던 시대에서 선거로 뽑는 시대에 사회구성원들의 역사를 연구하는 것이 더욱 바람직하다고 생각했기 때문이다. 그렇게 해서 사회사의 초창기에는 사회계급의 분화를 경제활동으로 분석하는 사회경제사 연구가 활발했다. 사회경제사를 연구하려면 역사적 시간의 개념도 바꿔야 했다. 사회적 시간은 정치적 시간보다 훨씬 길다. 이 경우 마르크스가 선구자로서 인류 역사를 원시공동체 사회 - 고대 노예제 사회 - 봉건제 사회 - 자본주의 사회로 나눠서 인식했다. 정치적으로 지도자와 국호가 수없이 바뀌었어도, 사회적으로 인간의 경제활동은 수만 년 - 수천 년 - 수백 년의 시간을 두고 변화했다. 중세 이후 산업혁명이 일어날 때까지 정치적으로 지도자가 수없이 바뀌었지만, 사회적으로는 평민(농부·어부·상인) - 귀족 - 종교인의 세 신분제를 유지했다. 역사가들은 이른바 '장기지속'의 역사를 인식하는 것이 인간을 더욱 깊게 연구하는 길이라는 사실을 받아들이게 되었다.

이 책에서는 다루지 않았지만, 프랑스 혁명이 정치혁명인 동시에 문화혁명임을 생각해보자. 사회사가들은 가톨릭교가 인정하지 않던 피임의 지식이 널리 퍼지고, 종교적 금욕기간을 지키기보다 직업 때문에 어쩔 수 없는 금욕기간이 있다는 사실을 밝혀냈다. 원양어업에 종사하는 어부의 자식이 태어나는 시기를 역산해서 임신이 출어기와 관련이 있음을 알 수 있는 것이다. 한 걸음 더 나아가자. 1793년에 전쟁에 동원할 병력을 모집할 때 총각·홀아비를 먼저 뽑았는데 그 결과에서 중요한 사실을 알아낼 수 있었다. 천년의 뿌리를 가진 구체제 시대에 역병이나 전쟁으로 인구가 급격히 줄어든 뒤에 홀아비와 과부가 재혼하고 이듬해부터 출산율이 높아졌지만, 1793년 이후에는 재혼율이 높았음에도 출산율이 낮아졌다. 그 이유를 단순화시키기는 어렵지만, 가톨릭교가 금지했던 피임법이 널리 퍼졌다고 해석할 수 있다. 이렇게 볼 때 정치혁명과 문화혁명은 궁극적으로 동일한 결과를 지향하는 것임을 알 수 있다.

사회경제사와 사회문화사를 거쳐 전체의 관계 속에서 개인의 삶을 통해 역사를 보는 미시사·문화사까지 얘기할 시간이 없으므로 '장기지속'의 개념에 머물도록 하자. 우리 민족이 이 땅에 뿌리를 내리고 수많은 왕국이 분열·전쟁·통일을 하면서 20세기에는 36년 동안 일본의 지배를 받았다. 우리 민족은 지배자가 바뀌어도 그대로 이 땅에서 살았다. 장기지속적으로 이 땅의 실제 주인은 소수의 지배자와 가문이 아니라 민중이었다. 그들에게 민주주의를 가르친 지도자들은 지배자의 편이 아니라 피지배자의 편이었고, 그들과 함께 부당한 압제에 저항했다. 이 땅의 진정한 주인들은 핍박을 견디면서 해방을 맞았다. 그런데 민족의 미래를 준비하지 않고 강자에게 붙어서 사리사욕을 채우던 자들이 해방 후에도 재빨리 권력을 행사하는 위치에 올라섰다. 그들도 1948년에는 그날을 대한민국 정부 수립일로 불렀다. 그런데 느닷없이 그날을 건국절로 부르자고 주장하는 사람들은 누구인가? 그들의 본류는 일제 강점기에 우리나라가 근대화했다고 주장하는 사람들이다. 그들은 군국주의를 미화하는 비민주적인 역사관에 물들었다. 그러나 우리는 전범기를 고집하는 일본의 행태를 용서할 수 없다. 그들이 진정한 사죄를 하지 않는데 어떻게 용서할 수 있는가? 자기 이익을 위해 외세에 빌붙어 이 땅의 진짜 주인들을 지배했던 사람들의 후예가 주장하는 건국절을 어떻게 받아들일 수 있겠는가?

소수 정예 중심의 정치사에서 사회사로 발전하는 것은 민주주의가 발달한 덕이다. 그 뒤에도 민주주의가 더욱 발전할수록 전체 속의 개인의 삶을 들여다보는 문화사와 미시사가 발달했음을 말해둔다. 민주주의가 중요한 원칙인 세상에서 아직도 소수 강자의 권리를 앞세우는 세력은 일제 강점기에 목숨을 걸고 우리 민족의 독립을 위해 투쟁한 역사적 사실을 부인하려고 애쓴다. 그들은 이 땅의 주인인 민중이 힘이 없기 때문에 강요받고 순응해야 했다는 이유로 무시한다. 민중이 일본인과 그 앞잡이 동포의 핍박에 저항하지 못했다고 부일세력이라고 모욕한다. 그 당시 가장 확실하게 부일한 가문이 누구인지 잊지 말도록 사전까지 만들었으니 거기서 힘없는 민중의 이름을 찾을 수 있다면 찾아보라. 사전에 오르지 못할 만큼 이름 없는 그들 중에도 독립운동가를 숨겨주고 몰래 지원한 사람들이 있었다. 그들은 민주화된 사회에서 가장 큰 잠재력을 가진 집단이 되었으니 그들을 존중하라.

이 나라에 집회·결사의 자유가 있으니 일부가 끼리끼리 모여서 건국절을 축하하든 말든 상관없다. 아베가 또다시 집권했다고 국회의원들이 모여서 현수막을 걸고 회의를 하든 말든 자유다. 적폐청산에 협조하기 싫어도 그 자유를 존중하겠지만, 더는 소모적 논쟁거리를 만들지 말기 바란다. 이번 국정감사에서도 여야 의원 모두 날카로운 질문으로 국정의 잘못을 뉘우치게 만들기보다는 호통을 치면서 아까운 시간을 낭비하는 모습을 보았다. 국회의원의 갑질이다. 과연 그가 치는 호통이 피감자를 얼마나 뉘우치게 만들고 앞으로 잘못하지 않게 만들 수 있을지 의문이다. 오히려 정치혐오감만 조장할 뿐이다. 갑자기 노회찬 전 의원의 넉넉한 해학과 자신에 대한 엄격한 태도가 그리워진다. 고인의 명복을 비는 데 그치지 않고, 그를 닮은 의원 300명이 입법부를 가득 메우고 이 나라의 민주주의와 번영을 위해 헌신하는 모습을 보게 될 날을 고대한다. 대통령이 아무리 잘해도 300명의 손아귀를 벗어날 수 없다. 그런데 헌법을 바꾸어 300명이 400명이 되든 또는 200명이 되든 그들의 운명은 유권자의 손에 달려 있다는 원칙은 영원하리라. 그러니 유권자들이여, 적극적으로 입을 열고 행동에 옮겨 적폐청산을 촉구하고 세계사에 길이 남을 '촛불혁명'을 완수하자. 느린 변화와 급격한 변화의 변증법, 좀더 바람직한 방향에서 볼 때, 느린 개혁과 급격한 개혁의 변증법을 일상의 차원에서 실현하기 위하여.

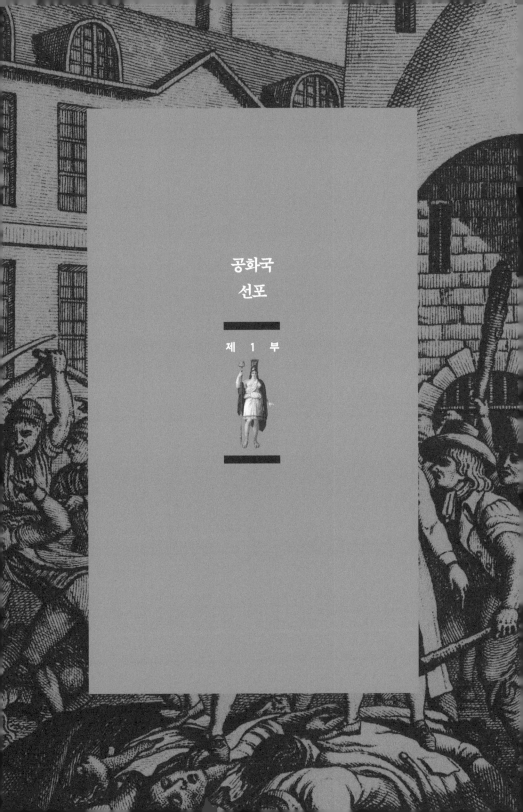

공화국
선포

제 1 부

1
8월 10일의 국회

1792년 8월 10일에 파리 주민들은 힘을 합쳐 조국을 구하겠다고 들고일어났다. 그리고 튈르리 궁에서 왕을 몰아내는 데 성공했다. 국회의 품에 안긴 왕은 아주 큰 범죄를 피하기 위해 왔으며, 하루를 국회에서 안전하게 보내겠다고 말했다. 국회의장인 지롱드의 베르니오Pierre-Victurnien Vergniaud는 헌법기관을 지키는 것이 국회의 가장 소중한 의무라고 정중하게 대답했다. 의장의 답사가 끝나자마자, 오트루아르의 라그레볼Jean-Baptiste Lagrévol은 헌법을 보면 왕이 국회에 있을 때 심의를 할 수 없다고 했기 때문에 왕을 회의장 난간 밖에 있게 하자고 제안했다. 타른의 라수르스Marc-David-Albin Lasource는 회의장 한쪽 끝에 머무르게 하자고 제안했다. 에로의 캉봉Pierre-Joseph Cambon은 왕을 의장이 관할하는 방청석이나 특별석에 앉히자고 말하면서 라수르스의 제안에 반대했다. 캉봉의 의견에 맞장구치듯이 센앵페리외르의 불랑제Louis-Charles-Alexandre Boullanger는 국회의 의무와 헌법을 조화시킬 수 있다고 말했다. 라수르스는 왕이 국회에 있으면 국회 모든 활동을 정지할 수밖에 없으니, 이 같은 정체상태는 현명치 못하면서도 위험하다고 강조했다. 왕이 의장 곁에 있건 회의장 한구석에 있건 인민의 대표들의 보호를 받는 것이므로, 왕을 한쪽 구석에 있게 하자면서 자기 뜻을 굽히지 않았다.

왕은 의장에게 회의장 한쪽 끝으로 가겠다고 제안했다. 아르데슈의 가몽François-Joseph Gamon은 "이제 청원자들이 국회에 들이닥칠 가능성이 있으니, 왕을 '로고그라프'*에 머물도록 하는 편이 낫겠다"고 말했다. 그때 왕은 자기 앞에 있던 대신들의 자리에 가족들과 함께 앉았다. 왕궁을 떠난 왕의 처지가 벌써부터 이렇게 초라해졌던 것이다. 노르의 뒤엠Pierre-Joseph Duhem은 가몽의 의견을 지지하면서, 대신들의 의자에 앉히는 것보다 로고그라프에 들여보내는 편이 더 정중하다고 말했다. 왕은 가족과 함께 그 작은 방에 들어갔다. 무더운 여름날, 그들의 시련은 그렇게 시작되었다. 그날, 그 시련이 언제, 어떻게 끝날지 아무도 몰랐다.

파리 도 검찰총장 뢰데레Pierre-Louis Roederer의 경과보고를 듣고 의원들이 사태 수습위원들을 임명하자고 논의하는 동안, 시위대가 튈르리 궁을 공격하기 시작했다는 소식과 국민방위군 사령관 망다가 살해당했다는 소식이 들어왔다. 베르니오가 가데Marguerite-Elie Guadet에게 의장석을 넘겨주었을 때 튈르리 궁 쪽에서 대포소리가 들렸다. 오전 9시 반이었다. 튈르리 정원에서 함성과 총소리가 들리자 방청석도 떠들썩해졌다. 방청객들이 자리에서 일어나 양팔로 의원들을 안는 모습을 하면서 "국회 만세! 국민 만세! 자유와 평등 만세!"를 외쳤다. 국민방위군 장교 한 명이 뛰어 들어오면서, "의원님들! 우리가 당했습니다!"라고 외쳤다. 의원들이 충격에 술렁거렸다. 대포소리는 간격이 짧아지면서 잇따라 들리고, 콩 볶듯이 총소리가 났다. 1789년부터 그날까지 모든 일을 처음 겪으면서 거기까지 온 사람들이라서 더는 놀랄 일도 없을 줄 알았다. 그러나 또다시 전대미문의 사건이 일어나고 있었다.

전장에서 나야 할 소리가 튈르리 궁에서 나고 있을 그 엄중한 순간에 왕

---

* Logographe(또는 Logotachygraphe)는 당시에 발명한 속기술과 관련된 낱말이며, 『로고그라프』라는 신문도 발행되고 있었다. 의장석 뒤에 있는 칸막이 방을 이렇게 불렀고, 거기서 신문기자들이 기사를 썼다.

과 가족을 의장석 뒤의 작은 방에 넣어두고, 나라의 운명에 대해 올바른 결정을 해야 하는 의원들은 어떤 심정이었을까? 시위대를 진정시킬 임무를 띠고 튈르리 정원으로 나갔던 도르도뉴의 라마르크François Lamarque가 돌아와 보고했다. 시위대는 의원들에게 살육자들이 궁에서 총을 쏘니까 위험하다, 의원들이 있을 곳은 국회다, 라면서 돌려보냈다고 말했다. 의원들은 국회를 떠나지 않고, 거기서 조국을 구하든지 아니면 죽겠다고 맹세했다. 사방에서 다급히 종을 치는 소리와 함께 대포소리가 더욱 드세졌다. 가끔 소총의 유탄이 회의장 쪽으로 날아왔다. 몇몇 의원이 자리를 박차고 나가려고 하자, 나머지 의원들이 "우리가 죽을 곳은 여기다!"라고 외쳤다. 방청객들은 "우리가 여러분을 지킨다. 우리는 결코 당신들을 버리지 않겠다. 당신들과 함께 죽겠다"라고 외쳤다. 의원들이 일어나서 외쳤다. "자유 만세! 국민 만세!"

포격은 11시쯤에 멈췄다. 혁명 코뮌 대표들이 국회를 방문했다. 위그냉 Huguenin이 대표로 말했다.

우리는 인민의 새 행정관들입니다. 조국이 새로운 위기상황에 처했기 때문에 인민이 모든 상황을 고려해 우리를 임명했습니다. 우리는 그들의 부름에 충실히 보답할 만큼 애국심을 발휘하겠습니다. 인민은 지난 4년 동안 왕과 대신들의 배신과 음모의 노리개 노릇을 하는 데 지쳤습니다. 이제 인민은 벼랑 끝에 선 제국을 떨어지지 않게 붙잡을 시간이 되었다고 생각했습니다. 여러분, 우리는 인민을 돕는 역할만 하겠습니다. 우리는 그들의 이름으로 이곳에 왔으며, 여러분과 힘을 합쳐 조국을 구원할 조치를 취하겠습니다. 페티옹, 마뉘엘, 당통은 여전히 우리의 동료입니다. 상테르는 국민방위군 사령관입니다.

의원들은 그의 연설에 박수를 쳤다. 그는 말을 이었다. 이제 역적들이 부들부들 떨 차례다! 오늘은 시민들의 덕성이 승리하는 날이다. 인민이 피를 흘렸다. 왕이 새로 지은 죄는 파리에 외국인 부대를 남겨놓은 것이며, 그들이 시민들에게 총을 쏘았다. 우리의 불행한 형제들이 아내와 자식들을 남기고 숨졌다. 인민은 국회를 신뢰한다는 말을 대신 전해달라고 했다. 그러나 그들은 기초의회에 모인 프랑스 인민이 주권자로서 여러분이 내리는 특별조치의 필요성을 판단할 수 있음을 분명히 전해달라고 했다. 앞으로 국회는 혁명 코뮌의 말을 허투루 듣지 말라는 뜻이었다. 의장 가데는 그날 가장 많이 쓰는 말이 될 자유·평등·맹세·헌법·조국을 섞어서 화답했다. 위그냉과 함께 온 레오나르 부르동Léonard Bourdon은 이 기념할 만한 날의 보고서를 다음 날(11일)까지 국회 사무국에 전할 테니 전국의 4만 4,000개 지방자치단체로 보급해달라고 부탁했다. 가데는 그들에게 페티옹이 인민에게 평화의 말을 전할 수 없는 가택연금 상태임을 상기시킨 뒤, 그를 풀어달라고 정중히 요청했다. 제르의 마리봉 몽토Louis Maribon-Montaut가 긴급맹세를 제안했다.

"여러분, 국회는 이미 두 번이나 완전히 합의했고, 조국·자유·평등의 이름으로 맹세했습니다. 죄드폼의 맹세가 전 유럽에 유명했다면, 이번에 할 맹세는 자유와 평등을 소중히 여기는 프랑스 인민의 대표들에게 몹시 중요합니다. 그러므로 이제 이름을 차례로 부르면 한 명씩 연단에 올라 조국·자유·평등의 이름으로 맹세를 한 뒤 보고서에 그 사실을 명기하자고 제안합니다."

마른의 튀리오Jacques-Alexis Thuriot는 맹세의 형식을 제안했다.

"나는 국민의 이름으로 자유와 평등을 보전할 것이며, 그렇지 않으면 이 자리에서 죽을 것임을 엄숙히 맹세합니다."

의원들은 마리봉 몽토와 튀리오의 안을 통과시키고 개인별 맹세를 진행

GARDE NATIONALE  PARISIENNE.

Du *quatorze aoust*
De la Liberté le
1792 l'an quatrième
premier de l'égalité

ÉTAT-MAJOR-GÉNÉRAL.

Nous Certifions a Tou ce qu'il appartiendra que le sieur jean françois Roland federé du departement de saone et loire et natif de lons-le saunier département du jura, a marché en Brave Citoyen dans la journée du dix a la malheureuse àfaire du Louvre, s'y est Comporté en Brave Citoyen et que si la mort la Respecté ce n'est point qu'il a fui le danger; étant même du premier peloton de l'avant garde de l'artillerie, de la premiere division du premier Bataillon le quel a été Temoin de la Trahison insigne qui a été exercée envers nous. en foi de quoi nous avons signé le present pour lui servir et valoir en ce que de Besoin. à paris ce 14 aoust 1792 l'an 4 de la liberté le premier de l'égalité.

ARCHIVES NATIONALES

Commendant Géneral provisou.

1792년 8월부터 12월까지 파리 국민방위군 임시총사령관인 상테르가 서명한 '8월 10일'(제2의 혁명) 참여증(프랑스 국립기록보관소^Archives Nationale^ 소장).

1792년 8월 10일, 혁명 코뮌이 동원한 상퀼로트·국민방위군·연맹군이
튈르리 궁 수비대를 살육하는 장면(뒤플레시 베르토Duplessis-Bertaux 그림, 베르사유 궁 소장).

마지막 왕 루이와 가족이 탕플로 끌려가는 모습. 한 상퀼로트가 잠옷 차림의 루이에게 도형수용
초록색 모자를 씌우고 있다(작자 미상의 채색 판화, 카르나발레 박물관 소장).

루앙 시정부 관리들이 물가폭등에 항의하는 민중에게 의연하게 대처하는 모습
(부아이^{Boilly} 그림, 루앙 보자르 미술관 소장).

1792년 9월 학살의 첫 희생자는 생제르멩 데프레 근처 아베 감옥으로 끌려가는 죄인들이었다
(『파리의 혁명』 삽화).

9월 학살자들이 술을 마시면서 수감자 명단을 보고 심사하는 모습.
수감자가 결백을 호소하면 그들은 흔쾌히 밖으로 나가라고 명령하지만,
수감자가 나가는 즉시 기다리던 사람들에게 목숨을 잃었다(르쉬외르Le Sueur 그림, 카르나발레 박물관 소장).

9월 5일, 저항하는 티옹빌을 무차별 공격하는 프로이센 군대
(작자 미상의 채색 판화, 카르나발레 박물관 소장).

했다. 그날 하루 종일 튈르리 궁에 들어갔던 용사들이 거기서 찾은 돈이나 패물 따위를 국회에 맡겼다. 사망자가 지니고 있던 것, 또는 궁에 있는 예배당이나 여느 침소에서 찾아낸 것이었다. 그동안 새로 의장 자리에 앉은 장소네Armand Gensonné와 여느 의원들은 그들의 애국심을 치하했다. 몇 명이 왕의 사무실에서 찾아낸 편지뭉치를 가져오거나, 수상한 사람을 잡았을 때 소지하고 있던 편지를 가져오기도 했다. 그날 튈르리 궁을 뒤져서 국회로 가져온 왕과 왕비의 문서는 두 사람뿐만 아니라 관련자들에게 아주 치명적인 자료가 되었다. 어떤 시민은 아직도 도망치려는 사람들에게 총격을 멈추지 않으니, 국회가 어서 총격을 거둘 것을 명령해달라고 청원했다. 의원들은 감시위원회가 그 문제를 처리할 방안을 마련하라고 했다. 시민 몇 명이 들어와 이제 평온한 상태로 돌아가고 있지만 튈르리 궁에 붙은 불이 더욱 드세져서 어떻게든 소방대를 가동시켜야 한다고 말했다. 의원들이 소방대에게 공식 명령을 내리기로 한 뒤, 12인위원회 소속인 라마르크는 "국회가 프랑스인에게 드리는 말씀"을 읽었다. 의원들은 브리소의 수정안을 반영해서 채택했다.

오랫동안 전국이 불안에 몸서리쳤습니다. 오랫동안 인민은 국회의원들이 나라를 구할 조치를 취해줄 것을 기다렸습니다. 오늘, 파리 시민들은 입법부만을 신뢰한다고 선언했습니다. 모든 국회의원은 한 사람씩 연단에서 국민의 이름으로 자유와 평등을 보전하겠으며, 만일 그렇지 못하면 이 자리에서 죽겠다고 맹세했습니다. 의원들은 자기 입으로 한 맹세를 충실히 지킬 것입니다.
국회는 이처럼 비상시국에 필요한 법을 마련하는 데 전념하겠습니다. 국회는 조국의 이름으로 시민들에게 인권을 존중하고 재산을 안전하게 지킬 수 있도록 감시해달라고 요청합니다. 또한 시민들은 국회를 도와서 함께 국가를 구하는 데 힘쓰는 동시에 제국의 불행과 위험을 악화시키지 않도록 일치단결해주시기 바랍니다.

국회는 자기 위치를 이탈하거나 대표들이 국민을 대신해서 내리는 명령에 복종하지 않는 관리와 병사를 반역자이며 파렴치범이라고 선언합니다.

어떤 국민방위군 병사가 들어와 외국인들이 쏜 총에 동료들이 학살당했고 그 때문에 과부와 어린이들이 눈물을 흘리고 있으니, 의원들은 직접 현장을 보고 헌법의 이름으로, 또 학살당한 프랑스 인민의 이름으로 준엄하게 심판을 내려달라고 호소했다. 그는 "우리의 처지는 1788년보다 더 나빠졌습니다"라고 말했다. 혁명이 일어나면 형편이 더 좋아지리라고 기대했던 민중의 마음을 이 한마디로 대변했다. 코트도르의 바지르Claude Basire jeune는 밀려드는 청원자들에게 혁명 코뮌이 보고서를 작성하겠다고 했으니, 거기로 가서 모든 정보를 알려주면 좋겠다고 말했다. 12인비상위원회 소속인 베르니오는 행정부 수장의 권한 정지와 국민공회Convention nationale 구성에 관한 10개조 법안을 읽었다. 의원들은 거기에 한 조를 보태서 심의한 뒤 일사천리로 통과시켰다.

제1조. 특별위원회가 국민공회를 구성할 방법과 시기에 대해 내일 발표한다.

제2조. 국민공회가 인민주권·자유·평등의 원칙을 확고히 채택할 수 있는 조치를 마련할 때까지 행정부 수반의 기능을 정지한다.

제3조. 특별위원회는 오늘 안으로 새 내각을 조직하는 방법을 제시한다.

현 내각은 그들이 업무를 시작할 때까지 업무를 계속한다.

제4조. 특별위원회는 왕세자의 훈육관 지명에 관한 법안을 마련한다.

제5조. 국민공회가 결정할 때까지 왕실비 지급을 정지한다. 특별위원회는 24시간 내로 정직 중의 왕에게 지급할 봉급에 대한 법안을 마련한다.

제6조. 국회가 임명한 위원 두 명은 왕실비 출납총관이 보관한 지출 장부를 검토하고 정확히 번호를 매기고 서명한 뒤 국회 사무국에 제출한다.

제7조. 왕과 가족은 파리가 질서를 되찾을 때까지 입법부의 구내에 머물도록 한다.

제8조. 파리 도는 오늘 중으로 왕과 가족이 시민들과 법의 보호를 받으면서 지낼 거처를 뤽상부르 궁에 마련하도록 명령을 내린다.

제9조. 앞으로 모든 관리, 병사부터 장군까지 모든 군인이 자기 위치를 이탈할 경우 조국의 반역자로 취급한다.

제10조. 파리 도와 시정부는 이 법을 즉시 엄숙히 선포한다.

제11조. 특별 파발꾼들로 하여금 이 법을 83개 도에 전한다. 도는 이 법을 받아 24시간 내로 관할하의 모든 자치정부에 전달해 엄숙히 선포하도록 조치한다.

멘에루아르의 슈디외Pierre-René Choudieu는 국민공회가 제대로 조국을 구할 기관이 되려면 자신이 제안하는 대로 해야 한다고 말했다.

"국회를 전면 재조직하려면 우리가 5월 1일까지 위임받은 모든 권한을 포기해야 합니다. 나는 모든 권한을 포기한다는 사실을 사무국에 통보하면서 솔선수범하겠습니다."

모든 의원이 그에게 동조하는 뜻으로 박수를 쳤다. 잠시 후 슈디외가 다시 말했다.

"특별위원회는 입법의원과 제헌의원들이 국민공회 선거에 출마할 수 있는지 검토해야 합니다."

그러나 의원들이 당장 검토해야 한다, 아니 헌법에서 정한 참정권을 누가 제한할 수 있느냐, 라며 설전을 벌이자 슈디외는 자기 제안을 철회하고 나서 왕실비 지출 정지를 제안했다. 왕실비는 행정부 수반에게 인정해준 품위 유지비지만, 이제 국민이 주권을 회복했기 때문에 더는 왕에게 지급할 근거가 없으니 지출을 정지하자는 것이다. 뒤엠은 왕실비 총관 라포르트Arnaud de Laporte가 국회 사무국에 장부를 제출하게 하자고 제안했고, 바지르는 라포르트의 서류를 모두 밀봉하자고 제안했다. 의원들은 두 사람의 안을 절충해서 통과시켰다. 그러고 나서 의원들은 새 내각을 임명하는 문제를 다루기 시작했다. 의원들이 적합한 개인을 추천해서 투표로 선출하는 방법을 채택했다. 내무·전쟁·재무*·법무·해군·외무의 수장을 차례로 뽑기로 했다. 새로 의장석에 앉은 멘에루아르의 메를레Jean-François-Honoré Merlet는 내무부, 전쟁부, 재무부를 각각 롤랑Jean Marie Roland, vicomte de la Platière, 세르방Joseph Marie Servan de Gerbey, 클라비에르Étienne Clavière에게 임시로 맡긴다고 선언했다. 그리고 또 한 번의 투표를 거쳐 법무부, 해군부, 외무부를 각각 당통, 수학자인 몽주Gaspard Monge, 르브룅Pierre Marie Henri Tondu (일명 Lebrun-Tondu)에게 맡긴다고 선언했다. 왕이 임명한 내각은 자동 해임되었다.

새 내각은 11일에 국회에서 직무를 성실히 수행하겠다는 맹세를 했다.

---

* 원어는 '국세Contributions publiques'를 뜻하지만, '재무'라고 의역한다.

마른의 튀리오는 물러난 전쟁대신 아방쿠르Abancourt가 스위스 병사들을 튈르리 궁에서 떠나게 하지 않았으므로 고소해야 마땅하다고 말했다. 손에루아르의 마쥐예Claude-Louis Masuyer는 아방쿠르가 3일 전 파리 바깥에 주둔하던 스위스 부대 6개 대대를 궁으로 불렀으며, 감시위원회는 스위스인 북치기가 제출한 증거물로 이 사실을 확인했으므로 아방쿠르를 벌해야 한다고 튀리오를 거들었다. 의원들은 두 사람의 제안을 받아들였다. 저녁 8시에 파리의 드브리Jean-Baptiste Debry는 그때까지 왕의 승인을 받은 모든 법과 왕의 자격을 정지한 뒤에 나오는 모든 법에 승인을 받지 않았다 할지라도 왕국의 법으로 집행할 수 있도록 하자고 제안했고, 의원들은 그 제안을 의결했다.

8월 10일의 국회는 피비린내 나는 전투가 지척에서 벌어지는 동안 왕권을 정지시킨 뒤 새 내각을 임명하는 등 후속조치를 취하고, 청원자들의 청원을 접수하고 해결하면서 하루 종일 바쁘게 보냈다. 사람들은 모든 문제를 국회에 가져와 해결해달라고 했다. 누아용에 들렀던 의용군은 그곳에서 잠잘 곳을 제대로 마련해주지 않아 불만이었다. 부르주아의 침대는 의용군 병사들을 위한 것이 아니니 짚을 깔고 자라는 말을 들었다. 그는 덮고 잘 이불이나 달라고 했지만 거절당했다. 수아송에서는 밀가루에 유리가루를 섞어서 배급했는데, 진상조사를 하러 간 위원에게 유리잔이 떨어져서 깨졌기 때문에 생긴 일이라고 거짓말을 했다. 사실은 유리를 곱게 빻아서 밀가루에 섞었다는 것이다. 국회의장 뒤에 있는 작은 방에 갇힌 루이는 의원들이 자기 운명을 결정하는 과정, 험악한 요구를 하는 청원자들을 달래는 장면을 하나도 빼놓지 않고 봐야 했다. 그는 국회의원 24명의 영접을 받으면서 아침 7시에 튈르리 궁을 나와 '큰 범죄'를 피해 입법의회의 품으로 들어가면서 그날 하루만 거기서 지내면 궁으로 돌아갈 수 있으리라고 생각했다. 그러나 그에게 '큰 범죄'였던 사건은 억눌렸던 민중의 정당한 심판으로 바뀌었고, 그가 하루면 환궁할 수 있으리라고 바라던 바와 달리 의원들은 그와 가족에게 새로 거처를 마련해줄 때까지 며칠 동안 국회의사당 내부에서 지내게 한다고 의결했다. 루이는 의사당에서 머물면서 혁명 코뮌이 마련해줄 거처로 옮길 예정이었다. 루이가 그날 하루에 일어난 일을 조금이라도 깊이 되새겼다면 절망했을 것이다. 그날, 국회는 행정부의 권한을 정지한 뒤 새 내각을 임명하고 국민공회를 소집하는 법을 통과시켰다. 그것은 입헌군주제 헌법을 폐기하고 새 헌법을 제정하는 첫 단계를 마련함으로써 왕정보다는 공화정을 채택할 가능성이 무척 높아졌다는 뜻이다. 프뤼돔은 『파리의 혁명』(163호, 1792년 8월 18~25일)에서 못 박듯이 이렇게 말했다.

> 인민이 어떤 제도를 파괴했을 때, 입법가가 그것을 되살리고자 한다면 바보거나 협잡꾼이다. 전혀 새로운 제도를 창조해야 하기 때문이다. 프랑스 인민에게는 옛날의 왕정을 대신할 제도가 필요하다.

2
탕플에 갇힌
루이 카페

혁명 코뮌은 8월 10일에 출범한 직후부터 수많은 일을 처리했다. 그들의 공식 명칭은 파리 코뮌평의회conseil général de la commune de Paris였지만, 앞으로 파리 코뮌으로 부르기로 한다. 파리 코뮌은 시장 페티옹을 안전하게 지켜줄 호위대를 600명 배정했다. 그리고 파리 도에 속한 모든 자치정부에 대표를 보내고, 국민방위군을 배치해서 공공기관들을 보호했다. 무기를 달라는 모콩세이 구와 그라빌리에 구에는 창을 지급하기로 의결했다. 아직도 파리 시내에서는 스위스 수비대의 잔당을 찾는 사람들, 튈르리 궁의 화재를 끄는 작업을 방해하는 술꾼들이 있었다. 푀이양 수도원에는 스위스 병사 60명이 피신했는데, 국회에서는 그들을 아베 감옥으로 옮기고 군법회의에 넘겨야 한다는 의견이 있었지만, 그들의 안전을 고려해서 스위스 장교들을 가둔 팔레 부르봉에 가두기로 의결했다. 이러한 상황에서 파리 코뮌은 법과 질서를 사랑하는 인민의 이름으로 벽보를 붙이기로 했다.

우리 인민은 법을 준수하고, 루이 16세가 비록 나라를 배반했지만 시민들의 보복을 두려워할 필요가 없음을 선언한다.

루이 16세의 목숨이 파리 시민들의 손에 달려 있다는 뜻이다. 그리고 어떤 대표는 바이이, 라파예트, 네케르, 루이 16세가 모두 애국심으로 위장한 사기꾼이므로 선량한 시민들의 눈에 거슬리는 흉상들을 철거하자고 발의해서 통과시켰다. 회의 중에 생니콜라 나루에서 수상한 배를 수색하다가 탄약을 찾아냈다는 보고를 들었고, 크루아루주 구가 왕의 수비대 34명을 가둔 아베 감옥을 안전하게 지킬 인원을 충원해달라는 요청도 받았다. 그들은 파리 코뮌 대표 신분을 증명하기 위해 가슴에 삼색 표식을 달고, 삼색 현장三色懸章을 어깨에 두르기로 했다. 바스티유 요새를 철거했던 토목사업가 팔루아에게 튈르리 궁에 붙은 불을 끌 책임을 맡기는 한편, 궁에서 나오는 모든 가구를 코뮌의 집으로 가져오라고 명령했다. 그리고 사령관 상테르에게 내무장관이나 수석비서를 데려오라고 명령했다. 왕의 신변을 보호하기 위해 대대마다 다섯 명씩 뽑아서 밤에 입법의회를 수비하는 병력을 배치했다. 그리고 위원들을 임명해서 튈르리 궁의 지하를 개방한 뒤 거기서 나오는 물건을 일일이 검사하고 필요한 경우 봉인하라고 명령했다. 또 다른 위원들에게는 뤽상부르 궁으로 가서 왕이 살 곳을 찾아보라고 명령했다.

뤽상부르 궁으로 갔던 위원들은 왕의 거처로 부적합하다고 보고했다. 1791년 6월 20일 밤, 왕이 도주하기 한두 시간 전에 왕의 큰 동생 프로방스 백작 부부가 지하통로로 뤽상부르 궁을 빠져나가 벨기에로 넘어가는 데 성공했기 때문이다. 파리 코뮌은 국회에 생탕투안 수도원에 거처를 마련하는 것이 어떻겠느냐고 의견을 물었다. 답을 기다리는 사이, 그들은 48개 구에서 왕의 수비대를 조직하며, 사령관 상테르에게 세부시행을 맡기기로 하고, 쇼메트Pierre Gaspard Chaumette와 쿨롱보Claude Coulombeau를 서기관보secrétaires-adjoints에 임명했다. 쇼메트는 느베Nevers의 가난한 구두장이 아들로 태어나 파리 대학교에서 약학을 공부하다가 1791년 7월 17일 조국의 제단에서 청원서에 이름을 올린 뒤부터 두각을 나타냈고, 나중에는 코뮌을 이끄는 지도자가 되었다. 국회에서 왕 일가를 푀이양 수도원에서 재운다고 알려주었다.

파리 코뮌은 10일 오후 4시 반에 정회하고, 11일 새벽 3시 15분에 회의를 시작해서 또다시 사태를 수습하는 데 전념했다. 그들은 특별군법회의를 두고 반국가적 범죄자들을 심판하기로 하는 한편, 인민에게 질서와 평화를 되찾으라는 포고문을 작성했다.

주권자인 인민이여, 복수를 멈추라. 정의가 잠에서 깨어나 오늘부터 모든 권리를 행사할 것이다. 모든 죄인은 단두대에서 처형할 것이다.

그들은 새로운 명령을 내릴 때까지 모든 통행증의 효력을 정지시켰다. 군대로 보내는 아시냐와 정화正貨의 출처가 확실한 경우, 그것을 운반하는 역마차에는 통행증을 발급한다. 파리의 문안과 문밖을 드나드는 사람, 재물, 마차를 철저히 파악해 치안에 힘쓰는 한편, 그동안 파리 시정부에 다른 정책을 강요하던 파리 도의 기능을 정지시켰다. 모든 구의 위원회, 치안판사들, 치안담당관과 서기들의 직무도 정지시키고, 그 기능을 파리 코뮌이 맡았다. 파리 코뮌은 모든 구가 상시활동 체제로 들어간다고 선언했다. 또 치안판사들을 불러 그들의 행적을 보고하라고 명령했다. 모든 구에 명령해서 새로 도 지도부를 구성할 요원들을 즉시 임명하라고 했다. 그리고 퓌이양에서 왕 일가를 탈취하지 못하게 수비를 강화하는 한편, 국회에 대표를 보내 뤽상부르 궁이 왕 일가의 거처로 적합하지 않기 때문에 탕플을 후보지로 추천한다고 설명했다.

"파리 코뮌은 왕과 왕비, 그리고 가족을 돌보도록 두 명을 특별히 배정하겠습니다. 탕플 탑은 외곽에 있으며 정원과 인접한 곳이기 때문에, 파리 코뮌은 왕과 가족이 안전하게 보호받으면서 탑에 머문다면 정원을 거닐 수도 있으리라 생각합니다.

더욱이 탕플 대수도원장이 이용하던 건물은 왕과 가족의 수비대가 쓰도록 의결했습니다. 따라서 파리 코뮌의 위원들은 국회가 동의해주신다면 이 결정과 관련된 모든 조치를 차질 없이 취하기로 의결했습니다."

국회의 동의를 받은 파리 코뮌은 팔루아Palloy, 파리Pâris, 르페브르Le Febvre, 마르탱Martin에게 앞으로 왕 일가를 머물게 할 탕플의 탑을 살펴보라고 명령했다. 팔루아는 유명한 토목사업가이며, 파리는 옵세르바투아르 구의 대표였다. 파리 코뮌에는 르페브르가 모두 세 명 있었는데, 두 사람은 미용사와 식료품상이었기 때문에 아마도 옵세르바투아르 구의 소목수小木手를 뽑았을 것이다. 마르탱도 두 명 있었는데, 그중에서 치안관이며 감시위원회에서 일한 사람을 뽑았을 가능성이 높다. 10월 1일 월요일에 파리 코뮌은 탕플 감옥의 공사비와 기타 경비를 합쳐서 거의 9만 8,000리브르를 썼다고 확인했다.*

　여기서 잠시 탕플 수도원의 역사를 살펴보자. 제1차 십자군이 예루살렘에서 이슬람교의 지도자를 몰아내고 예루살렘 왕국을 세웠다. 이교도와 싸우고 순례자를 보호하는 임무를 띤 종교적 군사조직인 신전기사단Templiers이 1118년에 생겼다. 보두앵 2세Baudouin II de Jérusalem는 폐허가 된 솔로몬 신전 곁에서 그들을 살도록 했다. 이 기사단은 갑옷 위에 붉은 십자가를 단 긴 흰 옷을 입었다. 십자군 원정 동안 그들은 수없이 공을 세우고, 그 보답으로 돈과 땅을 기부받았다. 이 기사단이 솔로몬의 신전에서 막대한 보배를 직접 찾아냈거나, 아니면 보배를 감춰둔 곳을 표시한 지도를 발견했다는 소문도 있었다. 그들은 유럽 각지에 영지를 9,000개나 가지고 거기서 나오는 수입으로 돈놀이도 했다. 그들은 루이 7세 시대인 1139년경 파리의 센 강 북쪽에 땅을 사들여 영지를 만들었다. 그곳은 센 강이 넘치면 물에 잠기는 '늪지'였기 때문에 '마레marais'지역이라 부르는 곳으로서, 오늘날 파리의 제3구와 제4구에 속한다. 그들은 늪지를 농사지을 땅으로 바꾸어놓았다.
　1190년, 필리프 2세는 제3차 십자군 원정을 떠날 때 왕실 금고를 그들에

＊　정확히 9만 7,782리브르 8수 1드니에.

게 맡겼다. 아직 루브르 궁전을 짓기 전이었기 때문이다. 필리프 2세는 왕령을 크게 늘린 왕으로서, 살아 있는 동안에 '존엄자(오귀스트)'라는 칭호를 얻었다. 로마 제정의 머릿돌을 놓은 아우구스투스와 같은 위대한 왕이라는 뜻과 함께 8월에 태어났으며 왕령을 크게 불렸다augmenter는 뜻을 모두 포함하는 칭호였다. 루이 9세(또는 성 루이, 1214~1270) 치세인 1240년경 신전기사단은 자기네 땅에 울타리를 둘렀다. 그것은 특권을 가진 토지임을 공식화하는 행위였다. 예루살렘에서 쫓겨난 신전기사단은 타르투스Tartus로 가서 배를 타고 키프로스 섬으로 간 뒤 각자 영지로 흩어졌는데, 이때 파리의 탕플 수도원이 신전기사단의 본부가 되었다. 파리 신전기사단의 영지는 높이 8미터나 되는 담을 두른 요새이자 하나의 완벽한 중세 도시였다. 담은 적의 공격을 받을 때 몸을 보호하고 활을 쏠 수 있게 톱니 모양으로 만들고, 둥근 탑을 세워 바깥을 경계토록 했다. 바깥을 드나드는 문은 단 하나였다. 문은 호와 담장 사이를 연결하는 다리 노릇을 하도록 만들었다. 문 양쪽에 망루를 세워 드나드는 사람을 통제했다.

신전기사단은 일종의 국제은행 노릇을 하면서 재산을 불렸다. 이렇게 해서 신전기사단은 전성기를 맞았다. 그러나 역사적으로 볼 때 재산이 많은 종교인은 언제나 미움을 사게 마련이다. 가톨릭교회·귀족·민중은 부유하고 거만한 신전기사단을 질투하고 미워했다. 1306년, 미남왕 필리프 4세Philippe le Bel는 돈 가치가 떨어졌기 때문에 반란이 일어났을 때 신전기사단의 본부로 피신했는데, 거기서 그들이 말할 수 없을 정도로 부유하고, 또 국가에 버금갈 만큼 힘을 가졌음을 보았다. 그래서 탄압의 구실을 찾았다. 구실은 찾는 사람의 눈에 보이고, 보이지 않을 때면 영감처럼 떠오르게 마련이다. 그리고 구실은 혐의로, 혐의는 자백으로, 마지막에는 유죄판결로 발전했다. 고문은 없는 죄까지 만드는 힘을 지녔기 때문이다. 고문을 당하는 사람은 살아 있다는 자체를 고통스러워하고, 결국 빨리 죽는 길이 현명하다고 판단할 정도로 몸과 마음이 황폐해져, 상대방이 듣고 싶은 대답 이상을 토해내게 마련이다. 게다가 상대방이 충분하게 여길 만큼 관련자를 줄줄이 엮어주기도 했다. 베네치아의 총독 궁전(팔라초 두칼레)이나 런던탑, 또는 다른 중세 감옥에서 전시하는 고문기구를 보면서, 피를 흘리고 비명을 지르다 마침내 심신이 모두 파괴된 채 빨리 죽여달라고 기도하는 평범한 인간의 모습을 떠올린다. 그들이 악마·주술사·마녀였다면 과연 그 정도 고통에 항복했을까? 고문을 명령하는 사람이나 실행하는 기술자가 오히려 악마다.

　　보르도 대주교였다가 1305년 교황이 된 클레멘스 5세의 지지를 얻은 필리프 4세는 신전기사단이 신성모독죄·불경죄·동성애를 저질렀다는 구실을 붙여 탄압했다. 이렇게 해서 교단은 1313년에 폐지되었다. 기사 54명이 혹독한 고문을 받은 뒤 생탕투안 수도원 근처에서 화형을 당했다. 화형을 집행할 때 죄인을 먼저 죽인 뒤 불을 붙이는 자비를 베풀기도 했다. 그러나 신전기사단원들은 산 채로 불에 탔다. 마지막으로 기사단의 우두머리 자크 드 몰레Jacques de Molay와 노르망디 사령관 기Guy는 1314년 3월 12일 시테 섬의 서쪽 끝에서 화형당했다. 오늘날의 퐁뇌프 다리와 도핀 광장 사이의 한 곳이다. 필리프 왕은 그들이 불에 타 죽는 모습을 지켜보았다. 자크 드 몰레는 죽어가면서 현장에 있던 왕과 아비뇽에 있던 교황 클레멘스에게 저주를 퍼붓고, 하느님의 법정에서 만나자고 했다. 저주가 통했는지 교황과 미남왕은 모두 그해 4월 20일과 11월 29일에 세상을 떴다. 미남왕은 신전기사단의 재물을 빼앗아 대부분 왕실 금고에 넣고, 나머지는 1050년경 예루살렘에 생긴 성 요한 원호기사단Hospitaliers에게 주었다. 신전기사단은 성지로 가는 사람들을 보호하고 안내하는 임무를 맡았지만, 원호기사단은 성지순례자에게 음식이나 약을 주면서 쉴 곳을 마련해주었다. 그러나 이 기사단도 나중에 군사적 임무를 수행했다. 신전기사단이 몰락한 뒤, 원호기사단이 파리의 본부를 1789년 혁명이 일어날 때까지 차지했다. 원래 신전기사단이 지은 교단의 건물은 대수도원장의 공관, 수도사들이 사는 건물, 교회, 공동묘지, 카이사르 탑(이것이 요새의 중심부, 이른바 '아성牙城'이다), 병원, 감옥, 그 밖의 부속건물이었다. 1667년, 대수도원장 자크 드 수브레는 옛 담장을 허물고 정원이 딸린 대저택과 개인들에게 세를 놓을 집을 여러 채 짓게 했다. 이 가운데 대귀족인 수비즈 공prince de Soubise의 저택이었다가 오늘날 프랑스 국립기록보관소Archives Nationales de France로 쓰이는 건물도 있다.

혁명이 일어날 때까지 이 지역의 주민은 크게 세 부류였다. 첫째 부류는 아주 부유하고 지체 높은 사람으로서 비교적 조용한 곳을 찾아 이 지역에 자리 잡았다. 예를 들어 대귀족 가문으로 앙리 4세가 왕이 되기 전 왕위를 넘볼 정도였던 기즈Guise 가문도 이곳에 저택을 가졌다. 둘째 부류는 직업인 단체의 규칙에 얽매이지 않은 채 자유롭게 일하려는 전문직업인이었다. 생탕투안 문밖, 생제르맹 데프레 수도원 울타리 안, 생마르탱 데샹과 함께 탕플 지역은 직업인 단체의 규제를 받지 않고 일할 수 있는 곳이었기 때문이다. 세 번째 부류는 빚을 갚지 못해서 집달리에게 쫓기는 사람이었다.

이제 신전기사단 요새의 중심부로서 혁명기에 감옥으로 쓰이던 카이사르 탑을 살펴볼 차례다.* 이 탑은 1265년경 성 루이 왕 때 수사 위베르frère Hubert가 지은 건물이라고 알려졌다. 그것은 각 15미터의 네모꼴 건물이며, 네 귀퉁이에 둥근 탑을 하나씩 붙였다. 가운데 건물 지붕은 삼각뿔 모양이며 꼭대기에 큰 풍향기를 이고 있었고, 귀퉁이 둥근 탑의 지붕은 원뿔 모양이었다. 삼각뿔 지붕에는 나중에 돌판을 피라미드식으로 붙였는데, 이 건물의 높이는 거의 50미터나 되었다. 중세에는 50미터 정도의 탑은 즐비할 정도로 많았다. 볼로냐의 아지넬리 탑La Torre Asinelli은 그저 하늘 높이 날씬하게 솟은 97미터짜리이며 500단짜리 층계로 꼭대기까지 올라갔다. 그러나 카이사르 탑은 아성donjon이었다. 이 건물의 북쪽 벽에는 너비 5미터의 작은 건물을 덧대고, 그 건물의 두 귀퉁이에도 삼각뿔 지붕의 둥근 탑을 붙였으며, 그 높이는 중심 건물에 붙은 탑의 3분의 2 정도로 했다. 카이사르 탑은 4층으로, 층마다 한가운데에 기둥을 세워놓은 큰 방 하나를 두고, 네 귀퉁이의 둥근 탑과 연결해놓았다. 둥근 탑 세 개는 각 층의 큰 방에서 이어지는 둥근 모양의 작은 방이었으며, 나머지 하나는 1층에서 4층까지 오르내리는 달팽이집 모양의 층계로 쓰였다. 층계는 두 사람이 겨우 비켜 갈 정도로 좁았다.

8월 13일 저녁, 파리 코뮌은 루이와 가족을 탕플의 탑에 가두기로 결정하고, 그들을 데려갈 위원 네 명을 임명했다. 그들은 파리 코뮌 검찰관 마뉘엘, 구두장이로 테아트르 프랑세 구 위원인 시몽Antoine Simon,** 장식끈 제조업자로 보부르 구 위원인 미셸Etienne Michel, 방돔 광장 구 선거인 레뉼로 Joseph-François Laignelot였다. 시장, 위원 네 명, 국민방위군이 루이 일가를 탕플 수도원장의 저택으로 데려갔다. 탕플로 가는 길에는 수많은 사람이 늘어서서 루이와 일가가 탄 마차에 온갖 야유를 퍼부었다. 그곳은 루이 16세의

---

* 나폴레옹은 왕당파가 그곳을 일종의 성지로 생각하고 방문한다는 사실을 알고 1808년에 철거했다. 오늘날에는 파리 제3구 청사에 "이곳은 1792년 8월 13일부터 루이 16세와 가족이 갇혔던 탕플의 탑이 있던 자리입니다"라는 대리석 안내판으로 겨우 그 흔적을 찾을 수 있을 뿐이다.
** 시몽 부부는 나중에 왕세자의 특별관리인 노릇을 하면서 어린 세자를 학대했다.

둘째 동생인 철부지 바람둥이 아르투아 백작이 잠시 머무르던 곳이었다. 아르투아 백작의 아들 앙굴렘 공작Louis Antoine d'Artois, le duc d'Angoulême은 탕플의 대수도원장이었기 때문이다. 형 프로방스 백작은 루이 16세에게 후계자가 태어나지 않는 한 왕위계승권을 얻는다는 꿈을 버릴 수 없었지만, 아르투아 백작은 거기서 한 발 물러나 있었기 때문인지 아주 자유로웠다. 그는 베르사유를 지겨워하던 형수 마리 앙투아네트와 함께 파리까지 마차를 달려 밤늦게 쏘다니면서 수많은 물의를 빚었다. 사람 좋은 루이 16세는 밤늦게 아내와 동생이 마차소리를 요란하게 내면서 베르사유 궁으로 되돌아오는 것에 대해 좀 조용히 다니라고 부탁할 뿐이었다. 마리 앙투아네트와 아르투아 백작은 파리에서 노름을 하다가 거기서 만난 평민을 마차에 태워 궁으로 돌아가 계속 노름을 하기도 했다. 세상에서는 루이 16세가 성불구이며, 마리 앙투아네트는 시동생과 놀아난다는 소문도 돌았다. 그렇게 사치스럽고 철없이 지내던 아르투아 백작은 1789년 7월 16일 바스티유 감옥을 철거하던 날 밤 일찌감치 외국으로 망명했다. 파리 코뮌은 왕의 철부지 동생이 잠시 머무르던 탕플 수도원장의 공관에 저녁상을 차려놓았다.

　루이 16세 가족은 저녁 7시에 탕플에 도착했다. 저택과 정원에는 모두 불을 환하게 밝혀놓고 손님을 맞았다. 공관의 큰 홀은 1766년 열 살짜리 모차르트가 클라브생을 연주한 곳이었다. 그곳에 드나들던 사람들은 비록 튈르리 궁에 드나드는 사람과 격이 달랐지만, 그 나름대로 그 지역과 사회에서 실력자로 알려진 상인이나 시행정관 등이었다. 시장 페티옹은 먼저 자리를 뜨고 마뉘엘이 지켜보는 가운데 루이와 가족은 저녁을 먹었다. 루이는 베르사유나 튈르리에서 지낼 때보다 대접을 더 잘 받지는 못했지만, 크게 기분 나쁘게 여기지 않았다. 입법의회로 피신한 뒤 발을 뻗을 만한 곳에 왔다는 안도

감을 느끼는 동시에 그 저택에서 사는 줄 알았기 때문이다. 그는 저녁을 먹는 동안, 자기 가족과 수행원의 거처를 지정했다. 그의 가족은 그보다 한 살 적은 아내 마리 앙투아네트(38세), 누이동생 마담 엘리자베트(28세), 딸(마담 루아얄) 마리 테레즈 샤를로트(14세), 세자 루이 샤를(7세)이었고, 수행원은 왕세자의 훈육담당관 마담 드 투르젤Mme de Tourzel과 딸 폴린Pauline, 랑발 공작부인la princesse de Lamballe, 시녀 세 명, 그리고 시종 위Hue였다. 그러나 저녁을 먹을 때까지가 손님으로 대접을 받는 마지막 시간이었다. 저녁을 먹은 뒤, 파리 코뮌 측은 아직 저택에 손님 맞을 준비를 마치지 못했다는 구실을 대면서 그들을 탑으로 데려갔다. 그때 탑의 북쪽에 덧붙인 건물에는 탕플 기록관리인이 살았는데, 그를 부랴부랴 다른 곳으로 옮기게 하고 루이의 가족을 머물게 했다. 루이의 가족 가운데 홀로 살아남은 공주는 나중에 사촌오빠로서 탕플 수도원장이었던 앙굴렘 공작과 결혼했다. 이렇게 해서 앙굴렘 공작부인Marie Thérèse Charlotte de France, duchesse d'Angoulême이 된 그는 탕플에서 보냈던 첫날밤을 이렇게 회고했다.

내 동생이 졸려 죽겠다고 해서, 마담 드 투르젤이 밤 11시에 먼저 그를 데리고 탑으로 갔다. 그곳은 우리가 마지막으로 머무를 곳이었다. 아버지는 우리와 함께 새벽 1시에 그곳으로 끌려갔다. 그곳은 아무런 준비도 갖추어놓지 않았다. 고모는 부엌에서 주무셨다. 듣자 하니 마뉘엘은 고모를 그곳으로 데려가면서 부끄러워했다고 한다.

13일 밤, 페티옹은 파리 코뮌에 나와 왕을 탕플로 데려간 결과를 보고했다. 그는 탕플이 전혀 준비를 갖추지 못했기 때문에 파리 코뮌의 명령을 제대로 수행하지 못했다고 말했다. 위원들은 그 문제를 토론에 붙인 뒤, 시민 팔루아에게 탑의 3층과 4층의 큰 방을 각각 네 개로 나누고, 탑과 연결되는 지하통로를 발견하면 막는 한편, 바깥에 담을 쌓는 공사를 하라고 명령했다. 그리고 파리와 푸아예Poyet를 팔루아와 함께 공사감독관으로 임명했다. 이렇게 해서 왕 일가가 머물 탑을 탕플의 다른 부분과 완전히 격리시켰다. 팔루아는 루이 가족에게 자기는 파리 코뮌의 명령만 듣는 사람이라고 선언했다. 그러니까 그것은 섣부르게 이래라저래라 하지 말라는 경고였다. 앞으로 루이와 가족이 어떤 대접을 받을지 엿볼 수 있는 일화다.

3
파리 코뮌

권력을 완전히 장악한 파리 코뮌은 8월 11일에는 과거의 상급기관인 파리 도 지도부의 권한을 정지시켰다. 구의 위원회, 치안판사, 치안관들과 법원 서기들의 권한도 정지시키고, 구 의회에 그 권한을 맡겼다. 이제부터 모든 구는 상시활동 체제로 들어갔다. 파리 코뮌은 루이 14세의 이름을 가진 루이 카토즈 구를 마이 구section du Mail로 바꿔주었고, 12일부터 언론을 통제했다. 위원들을 우체국에 파견해서 루아유Thomas Marie Royou의 『왕의 친구Ami du roi』, 1만 1,000명이 구독하던 스리지에Antoine Cerisier의 『세계신문Gazette universal』, 뒤로주아Barnabé Farmian Durosoy의 『파리신문Gazette de Paris』, 뒤포르Adrien Duport의 『정보원Indicateur』같이 군주제나 귀족주의를 옹호하는 신문을 탄압했다. 그 밖에도 수많은 신문사를 수색하고 발행인들을 체포하라고 명령한 뒤, 활자와 인쇄기를 압수해서 애국신문 발행인들에게 나눠주었다. 파리 코뮌은 바르나브, 라메트와 함께 3인방으로 제헌의회에서 영향력을 행사하던 뒤포르, '중농주의physiocratie'라는 말을 만든 뒤퐁 드 느무르, 국민방위군 제6사단장 라슈네Lachenaye, 1791년에 죽은 역사가 클로드 카를로망의 동생으로서 파리 기병대 대령인 륄리에르Rulhière, 모콩세이 구 치안판사인 상송 뒤프롱Sanson-Dupperon, 의사로서 시정부 관리였고 페티옹이 정직되었을 때 시장직을 대행한 보리Philibert Borie를 체포했다. 이들 가운데 륄리에르와 상송 뒤프롱은 20일 뒤에 일어날 9월 학살의 희생자가 되었다.

파리 코뮌은 수상한 사람들의 동향을 파악하고 통행증을 새로 발행하면서 통제하는 한편, 로베스피에르를 국회에 파견했다. 그는 "주권자인 인민이 위대한 행동으로써 자유와 여러분의 권한을 되찾아준 뒤, 이제 인민과 여러분 사이에는 매개자가 존재할 수 없습니다"라고 말했다. 그는 파리 도 지도부 선거도 더는 진행하지 말도록 해달라고 요청했다. 국회는 파리 도가 코뮌을 감독하지 못하게 하는 한편, 파리 코뮌이 입법부·행정부와 직접 상대할 수 있도록 의결했다. 이처럼 '혁명 코뮌'이 8월 10일 이후의 실세임을 국회가 인정했다. 국회는 파리 코뮌의 활동비로 10만 리브르를 책정해주었다. 파리 코뮌은 위원들이 3일에 하루씩 숙직을 하면서 중요 현안을 신속히 처리할 수 있는 체제를 갖췄다. 그들은 파리에 남아 있는 봉건적 잔재를 모두 없애기로 결정하고, 루이 14세를 기리는 플라스 빅투아르(승리 광장)를 '국민의 승리 광장'으로 부르기로 했다. 8월 10일에 태어난 아기의 이름을 빅투아르 에 갈리테(승리 평등)라고 지어주기도 했다.

8월 10일의 비극이 일어난 날에는 극장이 쉬었다고 하지만, 정확히 언제부터 다시 공연을 시작했는지는 알 수 없다. 물론 극장의 공연벽보는 10일이나 11일에도 붙어 있었다. 그러나 팔레 루아얄의 몽탕시에 극장에서는 12일부터 공연을 재개했다고 한다. 그 뒤 극장에서는 애국심을 고취하는 노래를 부르는 일이 많았다. 동생 셰니에Marie-Joseph Chénier가 가사를 쓰고 고섹이 작곡한 노래들과 함께, 프랑스 국가가 될 〈라 마르세예즈La Marseillaise〉를 부르기 시작했다. 이 노래는 독일 접경인 알자스의 위냉그Huningue에 주둔한 공병대의 장교 루제 드 릴Claude Joseph Rouget de Lisle이 지었다. 4월 26일, 루제 드 릴이 스트라스부르의 시장 필리프 드 디트리슈Philippe de Dietrich 앞에서 〈랭군l'Armée du Rhin을 위한 전쟁 승리의 노래〉를 불렀다고 전하지만, 시장이 직접 불렀다는 얘기도 있다. 아무튼 마르세유의 의용군이 파리로 행진하면서 이 노래를 널리 퍼뜨렸기 때문에 점점 '마르세유 의용군의 노래'를 뜻하는 '라 마르세예즈'라는 이름을 얻었다. 마르세유의 의용군은 모자와 칼을 휘두르면서 일제히 "시민들이여, 무기를 들라!Aux armes, citoyens!"고 외쳤고, 듣는 이의 가슴을 뛰게 만들었다. 그들이 지나는 마을마다 그 노래가 긴 여운을 남겼기 때문에, 사람들은 금세 따라 부를 수 있었다. 파리에서는 팔레 루아얄에서, 또 극장에서 막간에 이 노래를 불렀다.

8월 13일 월요일에 파리 코뮌은 48개 구의 시민군을 재편하면서, 평등의 원칙에 어긋나는 기준과 표시를 없앴다. 모든 계급은 모직물로 만든 견장을 달았다. 각 구의 인구에 비례해서 부대수를 맞추고, 지휘관과 부지휘관이 구의 모든 부대를 통솔하도록 했다. 아직 여성은 남성만큼 권리를 누리지 못했지만, 적어도 남성을 능동시민과 수동시민으로 분류하는 일은 사라졌다. 파리 코뮌은 모든 시민을 '능동시민'이라고 부르도록 의결했기 때문에 떠돌이를 제외한 모든 주민은 무장할 수 있었다. 파리 코뮌 산하 무장위원회comité d'armement가 주관할 일이었다. 이 위원회는 8월 10일에 무기를 잃어버린 연맹군과 파리 국민방위군에도 무기를 지급했다. 그뿐 아니라 남편을 잃은 가족을 국가가 보살피게 조치했다.

한편 파리 코뮌은 왕실비총관 라포르트와 그의 친구이자 수석비서인 라샤펠La Chapelle, 『파리신문』의 발행인인 뒤로주아를 체포했다. 라포르트는 17일에 재판을 받고 23일에 단두대에 올랐다. 라샤펠은 1794년에 처형되었고, 뒤로주아는 25일에 머리를 잘렸다. 스위스 그리종 주州의 감독관 오드리옹Audrion, 지난 8월 1일부터 10일까지 외무대신이었던 비고 드 생트크루아Claude-Louis Bigot de Sainte-Croix, 지난 7월 23일에 전쟁대신이 된 아방쿠르Charles-Xavier Joseph de Francqueville d'Abancourt의 모든 서류를 봉인했다. 전직 외무대신은 왕이 입법의회에 피신할 때 거기까지 따라갔다가 용케 피신해서 영국까지 갔다. 그러나 전직 전쟁대신은 오를레앙 고등법원에 반역죄로 기소되었다가 9월 9일에 베르사유에서 학살당했다.

이렇듯 파리 코뮌은 언론인, 관리, 종교인, 수상한 사람을 마구 잡아들이는 한편, 왕과 바이이, 라파예트의 잔재를 코뮌의 집에서 몰아냈다. 구체제의 폭정을 생각나게 만드는 모든 그림을 떼어내서 창고에 처박았다. 일종의 문화혁명이었다. 수도원과 수녀원을 3일 안으로 비운 뒤 봉인하기로 의결하고, 수녀들이 거기서 나오지 않으면 연금을 몰수하고 감옥에 넣으라고 명령했다. 노트르담 대성당의 주교청은 파리 선거인단이 회의를 하던 곳이었는데, 선거인단이 이용할 때를 빼고는 시민들이 정치클럽을 만들어 활동할 수 있도록 개방했다. 그리고 '자유의 제4년'이라는 말 뒤에 '평등의 원년'을 집어넣기로 의결했다. 그리하여 1792년은 '자유의 제4년이며 평등의 원년l'an IV de la liberté et le premier à l'égalité'이 되었다. 또 파리 코뮌의 명령을 충실히 이행할 '집행위원회Comité d'exécution'를 설치했다.

8월 14일 화요일에는 왕과 왕비에게 봉사하던 모든 사람을 해고하며, 루이의 주변에 둘 사람을 파리 시장과 검찰관이 선택하도록 의결했다. 국회에는 특별군사법원cour martiale을 설치해달라고 청원하는 한편, 감시위원회를 설치했다.* 파리 코뮌은 날마다 사방에서 들어오는 고발을 접수하고, 중대한 사안은 직접 다루었으며, 각 구에서 해결할 일은 나중에 보고받았다. 반혁명을 주도한 언론인, 왕과 왕비의 시종들, 귀족주의자, 종교인들을 줄줄이 고발하고 체포할 것이었다. 이들이 한 번 붙잡혀 감옥에 들어가면, 9월 초에 감옥을 휩쓸 학살의 피바람을 맞거나, 간신히 살아남는다 해도 훗날의 공포정에 희생되는 경우가 많았다. 파리 코뮌은 창을 3만 자루나 제조하라고 명령했다. 국민방위군이 증가했기 때문에 필요한 조치였다. 그동안 합법적으로 무기를 들지 못했던 '수동시민'이 합법적으로 무기를 들 수 있게 되었고, 이들은 파리 코뮌에 무기를 달라고 당당하게 요구했다. 파리 코뮌은 국회에 현재의 코뮌평의회를 유지할 수 있도록 해달라고 청원하는 동시에 로베스피에르로 하여금 똑같은 취지로 파리 주민들에게 호소문을 발표하라고 했다. 혁명코뮌 체제가 앞으로도 계속 활동할 수 있게 해달라는 뜻이었다.

이 밖에도 파리 코뮌은 외무대신 몽모랭이 르사르Valdec de Lessart에게 외무대신직을 물려준 1791년 11월 14일부터 1792년 8월 10일까지 활동하던 모든 대신을 체포하라고 명령했다. 15일에도 체포령은 계속 나왔다. 먼저 파리 도 지도부 요원들을 체포한 뒤 벌하고, 형사법원 판사들을 소환해서 심문하기로 했다. 6월 16일부터 7월 24일까지 전쟁대신을 지낸 라자르

---

* 감시위원 일곱 명은 로시뇰Rossignol, 마티외Mathieu, 고메Gomé, 레알Réal, 샤르드레Chardret, 당주Danjou, 뒤르포르Durfort이며, 이들은 시청에 사무실을 열었다.

Pierre-Auguste Lajard와 함께, 파리 국민방위군의 중요 위치에 있던 사람들인 에르미니d'Ermigny, 플랭빌Plainville, 아클로크Acloque 같은 사람들을 잡아들이도록 했다. 연초부터 국회의 급진파가 원했지만 온건한 의원들 때문에 막혔던 일을 파리 코뮌이 이처럼 일사천리로 처리해나갔다. 1791년 10월 2일부터 1792년 3월 15일까지 해군대신이었던 몰빌Antoine-François-Bertrand de Moleville은 가까스로 영국으로 도망친 뒤 회고록을 써서 왕정이 몰락할 때까지 자신의 역할에 대해 기록했다. 그의 동생인 몰타 기사 장 앙드레는 이때 붙잡혀 여러 감옥을 전전하다 1795년 2월 9일에야 석방되었다. 파리 코뮌은 반혁명분자들에 대한 복수를 해나가면서 그들 때문에 고통을 받은 사람들을 잊지 않고 풀어주었다. 특히 무고한 사람들, 범죄를 증명할 수 없는 사람들을 즉시 풀어주었다.

15일에 국회에서는 지롱드 출신인 장소네가 12인비상위원회를 대표해서 '최고행정회의le pouvoir exécutif provisoire' 조직안을 읽었다. 모두 11개조의 법안은 법을 반포하는 형식을 규정하고, 국새에는 자유를 형상화하고, 창에 프리기아 모자를 씌운 모양을 담으며, "프랑스 국민의 이름으로"라는 명문을 새긴다고 규정했다. 첫 4개조만 읽어보자.

국회는 국민공회를 구성할 때까지 행정부의 모든 활동을 원활히 할 새로운 형식을 확정할 필요성이 있다고 생각해서 다음과 같이 명령한다.
제1조. 장관 여섯 명으로 구성하는 최고행정회의는 8월 10일의 법이 정한 대로 행정부의 모든 기능을 책임진다.
제2조. 모든 법에 국새를 찍고 반포한다.
제3조. 각부 장관은 한 주씩 최고행정회의 의장직을 수행한다.

제4조. 모든 법은 원본 두 부에 의장과 법무장관이 함께 서명하고 국새를 찍어 발행한다. 한 부는 국새관리 기록보관실에 두고, 다른 한 부는 국회 기록보관실에 제출한다.

최고행정회의는 국정을 원활히 수행하기 위해 정부를 정식으로 출범할 때까지 임시정부 노릇을 할 것이다. 그날, 파리 코뮌은 테아트르 프랑세 구가 마르세유 구로 이름을 바꿨듯이, 방돔 구의 이름을 평등의 구로 바꾸라고 승인했다. 로베스피에르는 국회에 나가 파리 코뮌의 의견을 전했다. 그는 공공의 평화와 자유는 범죄자들을 벌하는 일과 관련이 있으므로, 국회는 빨리 그들을 벌할 방안을 마련하고 실시해야 한다고 강조한 뒤, 인민이 직접 행동에 나선 지 나흘이나 지난 이때까지 도대체 무슨 방해를 받고 있기에 아직도 인민의 정당한 복수를 완수하지 못하는 것이냐고 물었다. 그는 국회가 명령을 내렸다 해도 미흡할 뿐이며, 그 명령을 내리는 이유를 설명하는 전문에서도 인민이 벌하고 싶은 범죄의 성격과 범위를 제대로 설명하지 못했다고 비판했다. 예를 들어 8월 10일에 저지른 범죄만 벌하려고 하는 것은 인민의 복수를 너무 한정시키는 일이다, 그동안 가장 사악한 음모를 꾸민 자들은 10일에는 자취를 감추었기 때문이다, 라고 설명했다. 따라서 애국심의 가면을 쓰고 애국심을 죽이는 자들을 벌하는 법을 제정해야 한다고 강조했다. 끝으로 로베스피에르는 인민의 적들, 반혁명세력을 파리의 구에서 단심제로 처벌할 수 있는 제도를 마련하라고 촉구했다.

그들은 모든 법을 뒤집기 위해 법의 언어로 위장했습니다. 라파예트가 지금은 파리에 없지만 그와 비슷한 인간은 많이 있습니다. 그들은 국민의 복수를 피하고 있습니다. 옛날과 오늘을 혼동하지 마십시오. 원칙을 보시고, 공적인 필요성을 생각하십시오. 인민이 자유로워지려고 했던 노력을 보십시오. 인민에게는 그들에게 걸맞은 정부를 만들어줘야 합니다. 새로운 상황에 맞춰 새로운 판사들을 임명해야 합니다. 직무유기를 일삼던 옛 판사들을 그대로 놔둔다면, 자칫 국가를 잃을 혼돈으로 되돌아갈지 모릅니다. 인민은 여러분을 신뢰합니다. 부디 그 신뢰를 저버리지 마십시오. 자유를 구할 수 있는 영광의 기회를 밀어내지 마십시오. 이번 기회를 놓친다면 여러분은 아무런 성과도 없이 평등을 희생하고 정의를 무시하면서 자만심과 불공정한 상태를 연장할 것입니다. 지금 인민이 가만히 있다고 해서 잠을 잔다고 생각하지 마십시오. 그들은 죄인들을 벌하기를 원하며, 그에 합당한 이유를 갖고 있습니다. 그들이 한마음으로 바라는 것과 정반대의 법을 제정하지 마십시오. 우리는 이제 헌법기관들을 믿지 않습니다. 제발 그것들을 물리쳐주시고, 느터지고 죄인을 제대로 처벌하지 못하는 2심제 재판제도를 폐지해주십시오. 각 구에서 최고의 권위를 가진 위원들이 죄인들을 단번에 심판할 수 있는 제도를 원합니다.

파리 코뮌의 공식 의견인지, 아니면 로베스피에르가 파리 코뮌을 앞세워 개인의 의견을 말한 것인지 알 수 없지만, 신속한 단심제 재판을 요구하는 것은 공포정의 필요성을 역설하는 것으로 볼 수 있다. 공포정에서는 증거가 아니라 혐의가 중요하다. 이미 파리 코뮌은 수상한 사람들의 무장을 해제하게 만들었다. 파리 주민 몇 명이 수상하다고 신고하면 유죄가 될 가능성이 높았으니, 사람 목숨이 풍향계처럼 불안정한 시기가 시작되었다.

83개 도의 연맹군들은 나흘 뒤인 일요일(19일)에 튈르리 정원에서 며칠 전의 전투에서 숨진 연맹군 형제들을 기리는 행사를 하겠으니 기념물을 설치하게 해달라고 파리 코뮌에 청원했다. 파리 코뮌은 즉시 그 사업을 승인하고 팔루아에게 맡기는 한편, 국회도 기념식에 참석해달라고 초청장을 보냈다. 그사이 국회의원들은 튈르리 궁에서 나온 서류를 읽었다. 어떤 서류는 왕이 바르나브와 상의해서 국회가 제정한 법을 거부한다는 지침을 담고 있었다. 의원들은 서류를 검토한 뒤 한때 3인방으로 이름을 날리던 바르나브, 제헌의원이던 마티외 뒤마, 입법의원이 되어 왕정주의자로 활동한 테오도르 라메트, 법무대신이었던 뒤포르 뒤테르트르를 검거하라는 명령을 내렸고, 파리 코뮌에도 통보했다. 그리고 다음 날(16일)에는 왕립인쇄소 총재로 일했던 아니송 뒤페롱Étienne-Alexandre-Jacques Anisson-Dupéron을 체포하고 그의 서류를 모두 봉인했다. 대대로 왕립인쇄소를 경영했던 이 가문은 모든 왕령과 중요한 인쇄물을 거의 독점해서 발간했다. 이제 국립인쇄소를 창설해 왕립인쇄소에서 쓰던 인쇄기와 활자를 활용하기로 했다.

파리 코뮌은 에탕프 시장 시모노 살해사건의 피고 두 명에게 사형을 선고했다는 소식을 듣고, 그들이 인민을 탄압하는 끔찍한 공작의 희생자일 수 있다고 생각했다. 그리하여 의장 위그냉과 졸리Joly에게 센에우아즈 도 형사법원에 가서 정확한 경위를 조사할 때까지 집행을 미루도록 하라는 임무를 주었다. 앞에서 다루었듯이,* 에탕프 시장 시모노는 3월 3일 곡가 안정을 요구하는 민중에게 살해당했다. 입법의회와 파리 도에서 그를 대대적으로 기

---

* 제7권 제2부 1장 "민중협회들의 활동" 참조.

리는 동안, 센에우아즈 형사법원은 그를 살해한 범인 두 명을 잡아 재판했다. 옛 수렵관리인 앙리 제라르Henri Génrard와 쟁기꾼 가브리엘 보데Gabriel Baudet는 7월 22일에 사형선고를 받았지만 아직 형을 집행하기 전이었다. '미국인' 푸르니에는 오를레앙 감옥에서 그들을 빼내 파리로 데려갔다. 그들은 9월 9일 입법의회와 파리 코뮌에 출두했다. 8월 10일의 민중혁명은 산목숨을 죽음의 문턱으로 내몰기만 한 것이 아니라 죽은 목숨을 살리기도 했다.

8월 17일 금요일에 파리 코뮌은 목숨 바쳐 자유와 평등을 지키겠다고 일제히 맹세하면서 하루를 시작했다. 퐁뇌프 구의 제안을 받아들여 10일 이후에 일어난 일을 라파예트가 지휘하는 북부군에 자세히 알려주기로 하고 구마다 위원을 세 명씩 뽑기로 의결했다. 왕을 살리려고 군무이탈까지 감행한 라파예트에게 북부군을 맡기는 것은 국방의 불안감만 가중시켰기 때문에 파리 코뮌은 그의 문제를 처리하고자 했다. 사실 따지고 보면 8월 10일에 수많은 시민이 목숨을 걸고 튈르리 궁을 공격한 것도 국회가 라파예트를 고소하지 않았기 때문이다. 파리 코뮌은 모콩세이 구의 청원을 받아들여 구의 시민 전체가 무장하도록 하는 동시에 '모콩세이'라는 말이 '나쁜 충고'를 생각하게 만들기 때문에 봉콩세이(좋은 충고) 구로 이름을 고치도록 허락했다.* 또한 파리 코뮌은 사제들이 우직한 인민을 속이는 데 동원하는 온갖 종류의 이상야릇한 우상, 예를 들어 십자가·보면대·천사·악마·촛대·향로·성수반·성모상 따위의 청동제품을 녹여서 대포를 주조하고, 또 교회의 철책을 헐어 창

---

* 저명한 지리학자인 일레레Jacques Hillairet는 귀족 모콩세이Mauconseil가 살았기 때문에 이미 1250년부터 이 거리 이름이 생겼다고 고증했다. 사람 이름이었지만 발음상 '나쁜 충고Maux conseils'로 들린다.

을 버리기로 했다. 여느 날처럼 그날도 반혁명에 가담한 인사들을 체포하라고 명령을 내리는 한편, 라파예트의 자격을 정지하도록 의결했다.

공교롭게도 국회에서는 감시위원회가 입수한 라파예트의 13일자 편지를 코트도르의 바지르가 소개했다. 그 편지는 라파예트가 장병들에게 8월 10일의 사건에 대해 쓴 것이다. 그는 부대 안에 이미 불안한 기운이 널리 퍼졌고, 장병들이 호기심만 잔뜩 키우고 있기 때문에 자신이 공식적인 경로를 통하지 않고 얻은 정보만이라도 전달해줄 필요가 있다고 생각했다고 설명했다. 그는 지금이야말로 병사들이 헌법을 위해 싸우고 죽을 때라고 강조했다. 외부의 적들이 매수한 자들은 파리에서 온갖 소란을 피우고 살인과 약탈을 자행하면서 헌법과 헌법기관을 뒤집어엎을 궁리만 한다고 역설했다. 그러나 자유와 평등의 신성한 원칙을 담고 있는 맹세로써 연결된 병사들은 자유의 적들이 아무리 기를 꺾으려고 노력해도 오히려 헌법을 중심으로 선량한 시민과 힘을 합쳐 목숨 걸고 헌법을 수호할 것이라고 격려했다. 바지르는 라파예트의 편지를 다 읽고 난 뒤에 그가 병사들에게 모든 사실을 거꾸로 알려준다고 비판했다. 그래서 스당에 주둔한 병사들이 국회가 파견한 위원들을 붙잡았던 것은 라파예트의 거짓 정보 때문이었다고 말했다. 루아르에셰르의 샤보François Chabot는 우파 의원들을 향해 "당신들이 라파예트를 고소할 이유가 없다고 했기 때문에 민중봉기를 유발했소"라고 꾸짖었다. 그는 바지르가 발의한 안에 찬성한다고 말했다.

"라파예트를 조국의 반역자로 선언하고, 모든 시민이 야수를 포획하듯이 그에게 달려들도록 해야 합니다. 튈르리 궁에서 꾸미는 모든 음모의 중심에 라파예트가 있습니다."

그러나 8일에 라파예트를 기소하는 데 찬성한 의원들도 방법의 문제에 동의하지 않았기 때문에, 이번에도 논의가 더 이어지지는 않았다. 이처럼 의원들은 라파예트를 처벌하는 일에 여전히 소극적이었다. 이튿날인 18일에는 군대를 돌아보기 위해 자리를 비운 세르방 대신 전쟁장관을 겸한 클라비에르가 국회에 나와 최고행정회의가 라파예트의 지휘권을 뒤무리에 장군에게 넘기는 한편, 라파예트에게 즉시 파리로 돌아와 최고행정회의에 출두하라는 명령을 전했다고 보고했다. 이제 그를 기소하는 것은 시간문제가 되었다. 19일, 국회에는 의용국방군 몇 명이 나와서 청원했다. 그들은 1개 사단을 꾸려서 라파예트를 끌어내리게 허락해달라고 말했다. 만일 손을 쓰지 않으면, 라파예트가 군대를 거꾸로 돌려 파리로 진격할 것이라고 걱정했다. 그리고 국회의 감시위원회와 12인비상위원회는 라파예트를 기소할 법안을 소개했고, 의원들은 이 법안을 채택했다.

라파예트는 자기 휘하의 군대를 가장 야비한 방법으로 오도했다. 그는 국민 대표들의 권위를 무시하고 조국을 향해 총부리를 돌리라고 그들을 부추겼다. 국회는 그가 법에 반란을 일으킨 죄, 자유에 음모를 꾸민 죄, 국민을 배반한 죄를 지었다고 생각하면서 다음과 같이 명령한다.

제1조. 북군 총사령관이었던 모티에 라파예트를 기소할 이유가 충분하다.

제2조. 행정부(최고행정회의)는 이 명령을 즉시 시행할 것. 국회는 모든 헌법기관, 시민, 병사들에게 모든 수단을 동원해서 모티에 라파예트의 신병을 확보하도록 명령한다.

제3조. 국회는 북군이 모티에 라파예트를 지휘관으로 인정하고 복종하는 일이 없도록 명령한다. 또한 모든 지방의 정부, 시정부와 관리들은 어떠한 형태로든 그를 도와서는 안 된다. 북군의 지출은 후임인 뒤무리에 장

군의 명령을 받아서 집행한다. 이 명령을 어길 경우, 반란음모에 가담한
자로 벌한다.

이제 라파예트가 선택할 차례다. 파리로 가서 왕과 같은 운명을 맞을 것
인가, 아니면 망명할 것인가? 라파예트가 순순히 파리에 간다고 한들 정상참
작을 해줄 리 없었다. 그래서 그는 부이용Bouillon으로 가서 그를 기다리던 알
렉상드르 드 라메트, 부관 로뫼프(지난해인 1791년 6월 21일에 하루 종일 왕의 뒤
를 추격한 장교), 그리고 스무 명 남짓한 참모부 소속 장교들과 함께 적진으로
넘어갔다. 훗날 그는 적진을 가로질러 프랑스로 재입국해서 파리로 갈 계획
을 세웠다고 했지만, 아무튼 그 계획을 실현하지는 못했다. 파리 코뮌은 8월
22일에 라파예트의 집을 봉인하기로 의결했다.

파리 코뮌은 10일에 숨진 사람들의 추모식을 19일 일요일에 거행하려고
했다가 준비가 미흡했기 때문에 다음 25일 성루이의 축일에 거행하기로 연
기했다. 국회는 파리 코뮌의 행사를 지원하기 위해 국고에서 6,000리브르를
지원하기로 했다. 이는 파리 코뮌이 주관하는 행사이긴 해도, 국가가 현충일
의 기념식 수준으로 인정한다는 뜻이었다. 21일에 파리 코뮌은 여섯 명의 위
원을 임명해서 모든 수용자와 수형자들을 건강하고 안전하게 관리하고, 위
조지폐를 제조하고 반출하는 일을 막기 위해 철저히 조사하며, 특히 간수들
의 행동을 검사하는 동시에 혐의자와 무고한 사람을 분명히 가릴 수 있는 정
보를 얻어내도록 명령했다. '왕립 광장'을 뜻하는 플라스 루아얄 구는 '연맹
군의 광장'을 뜻하는 플라스 데 페데레Place des Fédérés로 이름을 바꾸고 파리
코뮌의 승인을 받았다. 파리 코뮌은 왕정·귀족주의·봉건주의의 잔재를 부수
기로 했지만, 지켜야 할 기념건축물을 보존하기로 하고 카트르 나시옹 구 위

원인 로제Alexandre Roger를 보존위원으로 임명했다. 상황에 따라 필요한 특별비를 마련해서 수도를 방어하기 위한 조치를 취하는 동시에 조국을 수호한 사람들을 지원하기 위해 교회의 촛대·십자가·향로·성수반·성모상 같은 은제품을 녹여서 경비를 마련했다.

8월 21일 화요일에 파리 코뮌은 감옥을 감시할 위원 여섯 명을 임명했다. 위원들은 수감자들을 건강하고 안전하게 보호하고, 간수들의 행동을 관찰하며, 위조지폐를 만들거나 유통시키는 일을 적발하는 임무를 맡았다. 그들은 죄 없이 갇힌 사람이 없나 조사해서 보고하는 일도 했다. 파리 코뮌은 자신이 실세임을 증명하듯이 다음과 같이 의결했다.

> 파리 코뮌은 주권자 인민이 헌법기관들에 맡겼다가 직접 되찾은 뒤에 위임해준 권한을 행사하는 유일한 기관이어야 위기에서 나라를 구할 수 있다. 그러므로 현 상황에서 파리 도 지도부를 새로 구성하면 인민의 권위에 도전하는 권위를 세우게 된다. 만일 인민의 권한을 코뮌평의회가 단독으로 행사하지 않고 도 지도부와 함께 행사한다면 시민들을 분열시킬 뿐 아니라 이미 범죄음모를 꾸미려고 스멀스멀 움직이기 시작한 자유의 적들을 하나로 뭉치게 만들 뿐이다. 프랑스가 다시 태어나는 일은 그 일을 시작한 사람들만이 완수할 수 있다. 국회도 지난 12일에 파리 코뮌의 대표성을 인정해주었다. 그러므로 다음과 같이 의결한다.
> 국회에 대표단을 보내 새로 구성하는 도 지도부를 순전히 징세기관으로 바꿔달라고 요청한다.
> 각 구에 위원들을 보내 코뮌평의회(파리 코뮌)가 의결한 이 명령을 전달하고, 여기에 동참해서 모든 선거를 중지하도록 촉구한다.

파리 코뮌은 인민 주권의 원리를 내세워 한 가지 더 의결했다. 파리 코뮌은 동료 시민들로부터 평등의 확고한 바탕 위에 자유를 수립하라는 임무와 함께, 자유로운 인민의 눈앞에서 모든 봉건적 표시, 노예제를 떠올리는 상징, 국민주권을 모욕하는 기념건축물을 제거하는 임무를 받았다. 그럼에도 여전히 반혁명의 가능성과 바스티유 감옥을 재건할 수 있다고 믿는 얼빠진 사람들이 있다. 그들에게 어떠한 희망도 주어서는 안 되며, "이제부터 프랑스 인민이 존중할 유일한 우상은 자유와 평등이기 때문에" 다음과 같은 명령을 내렸다.

1. 생드니 문과 생마르탱 문, 모든 개선문, 봉건제와 전제주의의 상징을 당장 철거한다.
2. 모든 도·소매업자는 15일 이내로 자기 사업장이나 가게에서 노예제를 상기시키는 간판·형상·상징을 철거해야 한다.
3. 부동산 소유자와 임차인은 모두 담장에서 문장紋章·백합꽃·전신조각상·흉상, 그리고 일개인을 기리는 모든 조형물과 상징을 철거하거나 지워야 한다.

검찰관 마뉘엘은 코뮌의 집 출입문의 청동제 말을 없애는 대신 대리석 판에 다음과 같은 글을 새겨서 달자고 제안했다.

인민에게 복종하라. 그들의 명령을 받들어라.
그들은 주인이기에 앞서 시민이었다.
우리는 조상이 잃어버렸던 권리를 되찾았다.

왕들은 오랫동안 인민을 혹사했다.
인민은 왕홀에 싫증이 났고, 왕홀을 분질렀다!

자유의 제4년이며 평등의 원년인 1792년 8월 10일

파리 코뮌은 내친김에 루이 14세 동상을 철거한 자리에 자유의 상을 건립하기로 의결했다. 왕족에게 봉사한 사람들을 체포해서 감옥에 넣고, 특히 위조지폐범들을 생메리Saint-Merry 교회에 가두었다. 카루젤 광장에 설치한 단두대가 밤에 첫 작업을 했다. 망나니는 파리 시정부의 국민방위군 운영국장 콜노 당그르몽Collenot d'Angremont의 목을 친 뒤, 머리를 들고 구경꾼들에게 보여주려고 단두대를 오가다가 땅에 떨어져 죽었다. 그래서 파리 코뮌은 앞으로 처형은 낮에만 하기로 의결했다. 그리고 오텔 드 빌(시청) 구를 코뮌의 집Maison commune 구, 루아 드 시실(시칠리아 왕) 구를 드루아 드 롬(인권) 구, 자르댕 데 플랑트(식물원) 구를 상퀼로트 구로 바꾸었다. 23일에 상퀼로트 구의 제안에 따라 파리 코뮌은 다음과 같이 의결했다.

첫째, 죄인들을 신속히 재판할 고등법원을 빨리 설치해서 오를레앙 감옥에 가둔 사람들을 심판하도록 하라고 국회에 촉구한다.
둘째, 그때까지 죄인들을 파리 감옥으로 안전하게 호송해서 보호하는 동시에 8월 10일의 범죄를 심판한 법원은 신속히 재판을 시작한다.

곧 닥쳐올 '9월 학살'의 대상들이 파리의 감옥을 꽉 채우는 과정에는 이처럼 파리 코뮌이 실권을 장악한 뒤에 반혁명세력을 잡아들이고, 다른 지역의 감옥에 있던 수감자들도 이감하게 만든 조치가 있었다.

68

8월 26일 일요일에는 원래 19일에서 25일로 미루었던 추모행사를 열었다. 8월 10일에 자유와 평등을 쟁취하기 위해 싸우다 숨진 애국자들의 넋을 기리기 위해 마련한 행사였다. 바스티유 감옥 철거를 맡았고, 이런저런 토목과 건축 공사를 맡았던 팔루아가 튈르리 정원에 방첨탑(오벨리스크)을 세웠지만 너무 옹졸했기 때문에, 파리 시정부 건축과 소속인 푸아예Bernard Poyet가 튈르리 정원의 큰 연못을 덮는 이집트 양식의 금자탑을 세웠다. 화강암으로 웅장하게 세운 금자탑은 기분 나쁜 튈르리 궁을 가릴 만큼 높았다. 모든 공사를 지휘한 사람은 시정부 관리이며 예술가인 세르장Antoine Louis François Sergent이었다. 그는 명문銘文을 직접 지었는데, 그중 하나가 "정숙, 그분들이 쉬신다"였다. 샹드마르스가 아니라 튈르리 정원을 추모식장으로 택한 이유는 8월 10일의 현장과 가까웠기 때문이었을까? 정원을 굽어보는 튈르리 궁과 카루젤 광장은 살육의 현장이었다. 그리고 그날의 희생자들의 복수를 하듯이 카루젤 광장에는 단두대를 세우고 21일에는 콜노 당그르몽, 루이 16세의 생일인 23일에는 왕실비총관 라포르트, 성루이의 사망일이자 축일인 25일*에는 왕당파 신문발행인 뒤로주아를 처형했다. 22일에 파리 코뮌은 단두대를 카루젤 광장에 그대로 두기로 의결했기 때문에 앞으로 8월 10일과 그전의 범죄자들을 계속해서 처형하겠다는 의지를 보여주었다.** 그러므로 26일에 추모식을 거행하는 사람들로서는 애국영령들에게 최소한의 예의를 갖춘 셈이었다. 프뤼돔은 『파리의 혁명』(164호, 1792년 8월 25일~9월 1일)에서

* 입법의회는 며칠 전에 생루이 축일 행사를 하지 않기로 의결했다.
** 8월 23일에는 파리 문안의 공동묘지를 폐쇄하고, 앞으로 시신을 문밖에 새로 마련한 공동묘지에 묻어야 한다고 의결했다. 8월 10일과 그 뒤의 사망자가 급증했기 때문이다.

이렇게 말했다.

파리는 같은 장소에서 같은 주간에 모든 의무를 한꺼번에 이행했다. 파리
는 처벌과 추도를 함께했고, 그렇게 해서 정의와 감사를 함께 이행했다.

추모행렬은 오후 5시와 6시 사이에 코뮌의 집에서 출발했다. 기병이 맨 앞에 깃발을 들고 길을 열었다.

"자유를 지키다 숨진 / 프랑스 시민들의 영령에게 / 조국은 감사한다."

말을 탄 의용군들이 혁명기에 왕과 부하들이 저지른 낭시·님·몽토방·아비뇽·카르팡트라·연맹의 장(샹드마르스)의 학살을 추모하는 깃발을 하나씩 들고 그 뒤를 따랐다. 그 깃발을 보는 사람들은 겨우 3년 동안 자유를 위해 수많은 사람이 희생되었음을 상기했다. 연맹군이 두 줄로 마주 선 채 칼끝을 대서 홍예문을 만들었고, 그 사이로 황소들이 생로랑 축일(8월 10일)에 숨진 시민들의 관을 천천히 끌고 가는데, 그 주위로 향로에서 연기가 자욱이 피어올랐다. 만장에 있는 문구가 보는 사람으로 하여금 주먹을 불끈 쥐고 눈시울을 붉히게 했다.

"아내여, 어머니여, 누이여, 역적의 손에 쓰러진 희생자들을 슬퍼하시오. / 우리는 맹세코 그들의 원수를 갚으리라."

"폭군에게 살인자가 있다면, / 인민에겐 징벌의 법이 있도다."

그 뒤로 모든 법원 판사들이 칼로 무장한 법의 입상立像을 들고 갔다. 시 정부 요원·도 지도부 임시요원·국회의원들이 차례로 따라갔다. 행렬의 선두가 선개교를 지나 정원으로 들어설 때는 9시가 조금 안 되었고 아직 캄캄하지도 않았지만, 금자탑 네 귀퉁이에 차린 제단에 불을 켰다. 상퀼로트 계층

이 창을 들고 참가했지만, 국민방위군 제복을 입은 사람들이 더 많았다. 8월 10일의 현장에 있지 못했기 때문에 미안한 마음으로 추모식에 참가한 사람도 많았다. 고섹이 작곡한 장송곡이 울려 퍼지는 가운데 그들은 금자탑을 한 바퀴 돌고 나서 깃발·만장·화관들을 놓았다. 금자탑 앞에는 국회의원·행정관·판사들이 앉는 층계석을 놓고, 조금 떨어진 곳에 연주가들이 앉아서 음악을 연주했다. 층계석과 연주석 사이에 연단을 설치했는데, 그곳에 세니에가 올라가 일장연설로 듣는 이를 감동시켰고, 청중은 그 자리에서 그 연설을 인쇄해 널리 배포하라고 촉구했다. 그러고 나서 좀더 밝은 분위기의 음악을 연주하면서 10시쯤 식을 끝냈다. 튈르리 정원을 꽉 채운 파리 주민들은 아무런 사고도 없이 무사히 추모식을 마치고 집으로 돌아갔다.

파리 코뮌은 8월의 마지막 며칠도 바쁘게 보냈다. 특히 파리 시정부 관리 선거가 중요했다. 48개 구에서 뽑은 선거인단이 관리들을 뽑아줘야 일을 나눠서 추진할 수 있었다. 또 파리 문안에 군사기지 건설 공사, 루이 카페 일가를 수용할 탕플 감옥 공사를 철저히 감독하고, 반혁명 혐의자들을 계속 체포하는 명령도 내렸다. 카루젤 광장에 설치한 단두대가 반혁명에 봉사한 사람들의 머리를 계속 잘랐다. 단두대를 항상 거기에 놔두면서 반혁명에 가담한 자의 비참한 운명을 상기시켰다. 국회에서 멀지 않은 곳에 단두대를 설치해서 혁명에 미온적인 의원들을 압박할 의도가 있었다고 해석할 수도 있다. 그렇게 질서를 유지해나간 덕분인지 9월 1일에는 파리 도 안에서만큼은 통행증이 없어도 자유롭게 오갈 수 있게 되었다. 그러나 전방에서 들어오는 불길한 소식 때문에 파리는 날마다 더 큰 위기감에 휩싸였고, 그 결과 한바탕 피바람이 파리의 감옥과 거리를 휩쓸고 지나갔다.

4

파리를 지키자

전황이 불리하다는 급보가 날마다 날아들
자 국회에서 또 파리 코뮌에서 파리를 지키는 문제를 진지하게 논의하기 시
작했다. 8월 6일, 국회에서는 셰르부르의 공병대 대위 출신인 망슈의 르투
르뇌르Pierre-François-Louis-Honoré Le Tourneur가 보고한 대로 "행정부가 파리
도내에 기지를 건설하기 위해 50만 리브르를 지출"할 수 있도록 조치했다.
11일에는 특별위원회가 제안한 대로 파리 기지 건설 위원들을 임명했다. 공
병대 장교 출신인 바르Var의 데스피나시Antoine-Joseph-Marie Despinassi, 왕립공
병부대의 대위 출신인 파드칼레의 '동생' 카르노Claude-Marie Carnot-Feuleins le
jeune, 도팽 보병연대 대위 출신인 로에가론의 라퀴에Jean-Gérard Lacuée, 생루
이 기사 출신인 도르도뉴의 루파지야크Pierre Roux-Fasillac, 판사 출신인 오브
Aube의 위고Nicolas Hugot, 국민방위군 부연대장 출신인 멘에루아르의 슈디외
Pierre-René Choudieu, 르투르뇌르, 랭스의 농부 출신인 마른Marne의 브장송 페
리에Charles-Euphrasie Bezanson-Perrier가 위원이 되었다. 이튿날인 12일 일요일
에는 '동생' 카르노가 파리 도내의 기지 건설위원회를 대표해서 국립기병대
조직안을 발표했다. 되도록 빨리 국립기병대를 파리 근처에 창설해 파리 기
지 소속으로 활용한다는 안이었다.

제1조. 오늘부터 코뮌의 집에 등록부를 마련할 테니 애국심에 불타는 파
리와 도내 시민들은 빨리 국립기병대 창설에 참여하기 바란다.
제2조. 참여하는 시민들은 말·무기·장비를 자신의 경비로 마련하고 복무

하겠다는 의지를 밝혀야 한다.

제3조. 직접 복무하기 어렵지만 말을 제공하고자 하는 시민들도 특별등록부에 이름을 올릴 수 있다.

제4조. 국회는 국립기병대 창설을 위한 법안을 계속 마련해서 제출할 위원들을 임명한다.

제5조. 행정부는 이 법을 접수하는 대로 인쇄해서 오늘 중으로 널리 공표하고 벽보로 게시한다.

14일 화요일에 어떤 의원은 파리의 기지 건설에 동참하기 위해 등록한 시민들의 부대편성에 대한 명령을 내릴 필요가 있다고 발의했고, 의원들은 이를 받아들였다. 국회는 파리 시정부가 법이 정한 형식에 맞게 부대를 편성하는 일을 감독할 위원을 임명하고, 자유 수호에 헌신할 시민들에게 더 많이 참여할 기회를 주도록 명령했다.

15일에 파리 코뮌은 국민방위군을 재편하기로 의결하고, 모든 장교를 새로 뽑는 대로 시장 페티옹과 국민방위군 사령관 상테르에게 24시간 이내에 명단을 제출하라고 명령했다. 먼저 대대의 수를 60개에서 48개로 줄이기로 하면서, 척탄병과 추격병을 폐지하기로 했다. 그러나 중대의 수는 정하지 않았다. 구의 인구가 다르기 때문이다. 중대의 규모는 장교와 부사관을 포함하지 않고 107명으로 정했다.

16일부터 국회에서는 파리 기지 건설을 더욱 서두르기 위한 방안을 마련하는 법안을 다루기 시작했다. 의원들은 건설위원회의 르투르뇌르가 발의하고 슈디외가 한 개 조항을 덧붙인 수정안을 긴급히 통과시켰다.

제1조. 행정부는 파리 시정부와 협력해서 4만 병력의 기지를 건설하는
데 필요한 물자를 마련할 수 있는 모든 조치를 강구한다.

제2조. 8월 25일까지 부분적으로건 전체적으로건 모든 거래를 끝마쳐야
한다.

제3조. 따라서 국고에서 50만 리브르를 행정부에 지급한다.

제4조. 스위스인 대대에 속한 기지의 물품으로서 파리, 또는 뤼에이와 쿠
르브부아, 또는 왕궁의 보관소에 있는 것은 행정부가 기지 건설에 마음
대로 이용할 수 있다. 단, 보상할 물품은 예외다.

8월 17일 금요일에는 파리 코뮌에서 부여단장 벨레르Alexandre-Louis
Julienne(일명 Belair)가 파리 방어안을 발표하고, 군사위원회가 파리의 기지와
관련해서 파리 코뮌이 준비할 일, 기병대 신설에 관한 명령을 내렸다.*

기지에 대하여

1. 기지에는 각 구의 병력에 비례해서 장소를 지정해준다.

2. 이 기지는 언제나 3만 5,000명의 병력을 유지한다. 파리 시민들은 그
   병력의 일부로 보병 1만 9,000명을 3일에 한 번씩 징집하고 재징집해
   서 제공한다.

3. 기지에 경보병 400명, 파리 국민방위군의 포병 500명, 파리와 인근 도

---

* 군사위원회 위원은 뷔트 데 물랭 구 위원 라코스트Lacoste, 마이Mail 구 위원이며 파리 코뮌평의
  회 의원 프리리Friry, 탕플 구 위원 테시에Teissier, 샌드니 문밖의 노르Nord 구 위원 콜롱주Colonge
  다. 프리리는 공화력 2년 테르미도르 12일(1794년 7월 30일)에 처형당했다.

74

의 국립기마경찰대* 분견대를 둔다. 끝으로 국회가 2개 사단을 신설하는 명령을 내릴 때, 국립군사경찰대의 절반은 보병부대로 채운다.

4. 기지의 외곽이나 더 바깥의 요새 초소는 파리의 국민방위군 6개 사단에서 뽑은 시민들의 분견대가 지키고, 그들을 지휘하는 장교는 날마다 교체한다.

5. 가장 앞쪽의 초소들은 거기에 주둔하는 코뮌이나 캉통의 시민들 차지다. 따라서 파리 코뮌평의회는 당장 파리를 둘러싼 지역**에 공문을 보내 파리 주위에 방어선을 구축하고 모든 코뮌이 그것을 나눠서 지키도록 요청한다. 그들은 병력과 무기의 수와 종류를 분명히 파악해서 파리 코뮌에 알려준다.

나머지 8개조에서는 총사령관과 참모부를 새로 선출할 때까지 기존의 참모부와 국회의 군사위원회가 소집한 사람들이 업무를 맡으며, 파리 코뮌은 전쟁장관과 협력해서 천막과 군수품을 마련하고, 파리 시내 여러 곳에 군수품 제작소와 창고를 세우며, 검수관을 임명해서 품질을 관리하고, 당장 군납업자들을 찾아 흥정한다고 규정했다. 또한 파리 코뮌은 다음과 같은 사항도 의결했다. 군수물자를 쉽게 옮길 수 있도록 센 강 상류와 하류에 다리를 두 개씩 놓아야 하며, 건설작업에 노동자들을 투입하고, 땅을 파고 다지고

---

* 2018년 11월 14일, 우리 국방부가 일제의 잔재인 '헌병'이라는 명칭을 '군사경찰'로 개칭하기로 입법 예고함에 따라 앞으로는 헌병대를 (군사)경찰대로 칭한다.

** 파리를 둘러싼 행정구역은 다음과 같다. 베르사유, 생제르맹, 아르장퇴이, 가르슈Garches, 클레 Claye, 라니Lagny, 투르낭Tournan, 브리콩트로베르Brie-Comte-Robert, 빌뇌브생조르주Villeneuve-Saint-Georges, 코르베이Corbeil.

다리를 놓는 데 필요한 모든 도구를 마련해야 한다. 그리고 병력 3,000명 규모의 기병대를 창설하되 필요하면 4,800명으로 늘릴 수 있다고 규정하는 한편, 48개 구에 모병부를 설치하고, 구 주민으로서 말을 탈 줄 아는 사람만 받는다. 기병대는 왕과 망명객들의 말을 타며, 부족한 수는 국회가 마련해준다. 기병대 병사가 집으로 돌아갈 때는 말을 부대에 남겨놓아야 한다. 파리 코뮌은 행정부와 협력해서 기마장비를 마련해준다. 파리 코뮌의 위원들은 이 신설부대의 기병 25명과 함께 부대를 창설했음을 엄숙히 선언한다.

8월 19일 일요일에 국회는 마침내 모두 4개 명령으로 이루어진 파리 기지 건설법을 통과시켰다. 12개조의 첫째 명령은 '파리 군사경찰대 조직 Organisation de la gendarmerie parisienne'에 관한 법이다. 파리 국민방위군을 48개 구 소속으로 나누어 편성하며, 구 주민 수를 고려해서 중대의 수를 결정하도록 했다. 각 중대는 대위와 중위 1명씩, 소위 2명, 상사 1명, 중사 4명, 하사 8명, 북치기 2명과 병사 107명, 모두 126명으로 편성한다. 구마다 시민 병사들이 뽑는 대대장, 부대대장, 보좌관, 기수를 한 명씩 둔다. 모든 구 소속 국민방위군을 지휘하는 총사령관은 모든 시민병사가 뽑으며 임기는 3개월이다. 총사령관은 3개월마다 연속해서 세 번 다시 뽑힐 수 있지만, 그렇게 임기 1년을 마친 뒤에는 3개월 쉰 뒤에 다시 후보가 될 수 있다. 각 구의 2개 중대는 1개 대대division*를 이룬다. 대대장은 2개 중대를 지휘하는 중대장 가운데 연장자가 맡는다. 2개 중대가 없는 구의 대대장은 모든 중대장 가운데 연장자가 맡는다. 구마다 하나 이상의 포병중대를 둔다. 파리 코뮌은

---

* division은 크게는 사단, 작게는 해군의 분함대를 뜻하는 말이지만, 군 편제에 맞게 대대로 옮겼다. 물론 통상적으로 대대bataillon를 뜻하는 말도 있다.

60개 대대bataillon를 48개 대대division로 줄였기 때문에 남는 인력으로 파리 포병대를 설치하고 인원을 나눌 수 있게 되었는데, 이에 대해서는 국회와 상의해 결정한다. 각 포병중대마다 창으로 무장한 시민들로 일정수의 병사를 배치해서 포병의 활동을 돕거나 참호진지를 방어하도록 한다. 구 소속 부대가 2개 대대일 경우 대대 사이에 '자유와 평등'이라는 문구를 새긴 삼색기를 하나만 게양한다. 이 명령이 발효하는 즉시 이전의 모든 법에서 상충하는 부분을 폐기한다.

둘째 명령은 '파리 연맹군 대대의 구성Formation des bataillons de fédérés parisiens'에 관한 것으로 첫째 명령보다 훨씬 간단하다.

국회는 자유를 유지하는 일에 힘쓰는 연맹군의 열의를 도와야 하고, 또 파리를 지키기 위해 설치할 기지에서 그들이 조국에 봉사할 기회를 마련해줄 필요가 있다고 생각한다. 그래서 군사위원회의 보고를 들은 뒤에 다음과 같이 명령한다.

행정부는 파리 코뮌과 함께 당장 연맹군 대대를 조직하도록 힘쓴다. 병력은 현재 파리에 있거나 곧 도착할 연맹군이며, 조직방법은 의용국방군 조직법을 따른다.

8개조의 세 번째 명령은 '국립 의용기병대 설치Formation de la cavalerie nationale volontaire'에 관한 법이다. 대위 1명, 중위 3명, 부사관 4명, 분대장 12명, 기병 92명, 나팔수 1명으로 113명 규모의 중대를 편성하는데, 12개 분대는 각 9명이다. 이 중 4개 분대는 각각 부사관 1명, 분대장 1명, 분대원 7명으로 구성한다. 나머지 8개 분대는 분대장 1명과 분대원 8명으로 구성한다. 중대는 28명의 소대를 4개로 구성하고, 중대장 1명을 둔다. 특히 제1소대는 중대장 대위의 소대이며, 나머지 3개 소대는 중위들이 지휘한다. 각 소대는 3개 분대를 가진다. 부사관은 각 소대에 한 명씩 배정한다. 따라서 모든 소대는 의용군 23명씩으로 구성한다. 모든 장교와 부사관은 부대원의 투표로 뽑는다. 1개 대대를 구성하는 2개 중대의 서열, 대대 간의 서열은 추첨으로 결정한다. 중대장 가운데 연장자가 대대장이 된다. 기병대 지원자는 기병에 적합한 말을 끌고 와야 한다. 국가는 그가 주둔하는 동안 말을 잃을 경우에 대비해서 400리브르의 어음을 준다. 기병대에 지원하지 않고 군마를 제공하는 사람에게 기병대를 해산할 때 군마를 돌려주지 않는 경우에 배상할 400리브르의 어음을 발행해준다. 파리 기지에 주둔하는 국립군사경찰대와 의용기병대의 급료는 별도 규정으로 지급하기로 한다.

　모두 13개조의 넷째 명령은 '파리 기지 설치'에 관한 법이다. 파리 기지에는 파리의 48개 구와 인근 디스트릭트, 연맹군, 83개 도에서 보내는 군사경찰이 주둔한다. 파리의 구는 4일에 한 번씩 적어도 2개 중대를 기지에 보내며, 시민들에게 공평하게 의무를 분담한다. 이렇게 볼 때, 파리는 6개 대대를 파견하게 된다. 이 6개 대대와 별도로 파리 시민들과 인근 코뮌의 주민들은 한 개 대대 이상을 편성해서 기지에 복무한다. 남는 병력은 중대로 편성한 뒤, 나중에 다른 병력과 합쳐 대대로 편성한다. 행정부와 파리 코뮌은 48개 구의 의견을 참고해서 기지사령관 1명, 참모부장 1명, 참모부 장군 4명, 부관장교 6명을 임명한다. 기지사령관은 행정부에 보고서를 제출하고 정기적으로 파리 코뮌과 소통한다. 이전의 법에 따라 국민방위군으로 복무 중인 시민은 자신이 소속한 구 대대장이 기지사령관의 명령을 전달하면 기지에 출석해야 한다. 기지에 주둔하는 시민은 계급과 상관없이 식량과 군수품을 지급받는다. 그 기준은 원정 시 보급품 규정을 따른다. 구 소속군에 속하면서 기지에 일시적으로 복무하는 시민, 그리고 군부대 소속이 아니면서 기지에 고용된 사람들은 제복을 입지 않는다. 그 밖에 기지에 속한 시민은 오직 국가의 표준군복만 입는다. 그리고 기지나 외곽초소에 투입된 부대에 소속한 시민은 그 부대의 군복을 입는다. 파리 코뮌은 파리 근처에 방어선을 준비하는 이웃 코뮌이나 캉통에 준비사항을 알리고, 기지나 전진초소에 일시적으로 투입하는 시민병사들의 현황을 보고받는다. 행정부와 파리 코뮌은 협력해서 군수품을 조달하고, 지역방어에 동원할 병력에 관한 규정을 마련한다. 요새의 주둔과 수비의 순서를 정하고, 초소의 위치와 지형을 고려해서 무기의 종류를 지정한다.

9월 5일 수요일에 국회는 '동생' 카르노가 군사위원회의 법안을 보고받자마자 긴급히 의결해 파리 기지에 주둔하는 군대에 관한 법을 통과시켰다. 제1장 주둔할 시민들의 조직Organisation des citoyens destinés à camper의 7개조, 제2장 국립기병대Cavalerie nationale의 4개조, 제3장 보병부대의 보급품 Effets de campement pour l'infanterie의 5개조, 제4장 기병대의 보급품Effets de campement pour la cavalerie의 6개조, 제5장 보급품 분배의 조직계통과 질서 Police observée dans le camp pour les distributions의 15개조로 구성된 법이다. 이렇게 법을 만드는 동안 파리 코뮌은 인민의 원한을 빨리 해소해달라고 국회를 압박했고, 전방에서는 외적이 국내로 침략해 언제 파리로 돌진할지 모르는 암울한 소식이 들려오고 있었다. 복수를 바라면서 지친 사람들은 대대적인 살육으로 자신들의 절망감과 위기의식을 표출했으니 그것이 바로 '9월 학살'이다.

5
9월 학살

9월 학살의 배경을 이해하려면 1792년 8월 10일 이전까지 거슬러 올라가야겠지만, 10일 이후에 파리 코뮌과 국회에서 의결한 내용부터 알아보도록 하자. 8월 15일 수요일에 국회에서는 12인비상위원회의 브리소가 보고한 안을 의결 처리했다. 그것은 8월 10일의 범죄나 그날의 사건과 관련된 모든 범죄에 대한 심판은 최종적이며, 따라서 파기의 대상이 아니라는 법이었다. 그러나 파리 코뮌은 이에 불만을 품고 로베스피에르를 국회의 저녁회의에 출석시켜 '인민이 심판하는 법원'을 설치하게 해달라고 청원했다. 재판을 신속하게 진행해서 8월 10일에 봉기한 사람들의 원한을 빨리 갚도록 해달라는 취지였다. 국회는 이 청원을 받아들이지 않았다. 17일에 파리 코뮌의 대표는 국회가 10시에 회의를 속개하자마자 이틀 전에 로베스피에르가 호소했던 내용과 같은 취지로 발언했다.

"시민으로서 또 인민의 행정관으로서 나는 여러분에게 오늘밤 자정에 경종을 울리고 북을 칠 것임을 예고하려고 왔습니다. 인민은 복수를 원하지만 하나도 성취하지 못했습니다. 그들이 직접 나서는 상황이 벌어질 수 있습니다. 나는 여러분이 본회의를 정회하기 전에 구마다 시민 한 명씩 뽑아 형사법원을 구성하는 법을 통과시켜달라고 요청합니다. 형사법원을 튈르리 궁에 설치해주시고, 인민의 피에 굶주린 루이 16세와 마리 앙투아네트가 파렴치한 하수인들이 피를 흘리는 꼴을 실컷 보게 해주시기 바랍니다."

국회가 그 요구를 쉽게 받아줄 리 없었다. 슈디외가 즉시 반응했다.

"방금 중대 선언이 나왔습니다. 그것으로 충분합니다. 이곳에 고함치러

오는 사람들은 인민의 친구가 아닙니다. 나는 인민에게 아첨하고 싶지 않고 단지 인민에게 진실을 가르쳐주고 싶습니다. 만일 국회가 제정한 법에 복종하지 않는다면, 국회는 법을 제정할 필요가 없습니다. 그들은 가혹한 법원을 세우고 싶다고 합니다. 나는 온 힘을 다해 반대합니다. 나도 지금까지 인민의 친구이며 자유의 수호자로 살았음을 증명했습니다. 그래서 나는 이 자리에서 용감하고 떳떳하게 행동할 수 있었습니다. 그러나 나는 시민들의 생명을 마음대로 처분할 법원 설치에는 끝까지 반대하겠습니다."

튀리오는 진정한 원리·법·헌법을 알지 못하는 사람들이 개인의 의지를 마치 일반의지인 것처럼 말하고 있다고 파리 코뮌의 요구를 비판했다. 그의 비판은 다음과 같이 계속되었다. 특히 파리 주민들은 국회의원들이 오직 파리의 목소리에만 집중하라고 무리하게 요구한다. 입법부의 모든 법은 국민 전체의 이익을 대변하고 법을 사랑하는 마음을 대변해야 한다. 그들은 또다시 봉기할 준비를 하고 있다고 의원들을 위협하는데, 지금은 단결이 필요한 순간이기 때문에, 입법부는 법을 조금이라도 훼손하는 모습을 보느니 차라리 죽겠다는 각오로 현재 상황에 부딪쳐야 한다. 그래서 48개 구에 위원들을 보내 법을 준수하도록 촉구해야 한다. 행정관과 입법부가 인민의 압력에 굴복해서는 안 된다. 튀리오는 이렇게 발언을 마무리했다.

"나는 자유와 혁명을 사랑합니다. 그러나 자유와 혁명을 확실히 하려고 범죄를 저질러야 한다면 차라리 칼을 물고 죽겠습니다. 우리는 오직 한마음으로 법과 공공의 행복을 사랑한다는 사실을 만천하에 보여주어야 합니다. 혁명은 프랑스만을 위한 것이 아닙니다. 우리는 인류의 행복을 책임져야 합니다. 장차 모든 나라의 인민이 프랑스 혁명을 축복할 수 있게 만들어야 합니다."

모젤의 메를랭Antoine Merlin은 튀리오의 안을 나중에 다루자고 제안했지만, 튀리오는 "의장은 파리 코뮌 대표들에게 배심단장을 임명했는지, 배심단을 구성했는지 물어보시오"라고 촉구했다. 그때 마침 8월 10일의 범죄를 소추하기 위해 파리 48개 구 주민들이 뽑은 기소배심단과 재판배심단의 대표들이 국회를 방문했다. 그중 한 명이 말했다.

"나는 기소배심원이며 대표로서 여러분이 파리에서 어떤 일이 일어나는지 전혀 모르는 것 같아 알려드리고자 여기 섰습니다. 인민은 아주 소수인 형사법원 판사들을 믿지만 잘 알지 못합니다. 한시라도 빨리 배심단장을 임명하지 않아서 배심원들이 일을 시작하지 못한다면, 파리에는 큰 불행이 닥칠 것입니다. 우리는 여러분에게 구체제 사법제도의 궤적을 따라다니지 말라고 권유합니다. 여러분이 인민을 들고일어나게 만든 장본인입니다. 입법가들이시여, 인민은 자기 힘으로 자신을 구해야 했습니다. 여러분, 이제 일어나십시오. 인민처럼 위대해지십시오. 그리하여 인민의 신뢰를 회복하십시오. 그리고 '소학생이 선생님보다 더 클 때, 선생님의 사정은 더 형편없어진다'라는 진리를 잊지 마십시오."

의장은 노골적으로 봉기하겠다고 협박하는 배심원들에게 회의를 참관하라고 말했다. 여러 의원이 이 청원과 관련한 보고서가 나왔다고 하니 들어보자고 제안했다. 파리의 에로 드 세셸Marie-Jean Hérault-de-Séchelles이 12인비상위원회 이름으로 "8월 10일의 범죄를 심판하기 위한 형사법원의 구성과 조직법안"을 보고했다. 그는 '어제'(16일) 의원들이 "이달 10일에 일어난 폭발적인 범죄를 파악하기 위해 기소배심단과 재판배심단을 새로 구성하기로 의결"한 이유가 기존의 배심단으로 8월 10일의 혁명을 방해한 모든 범죄를 기소하고 심판하기에는 힘이 부치기 때문이라고 설명했다. 의원들은 모두

11개조의 법안을 별다른 토론 없이 통과시켰다. 48개 구에서 선거인단을 구성해서 형사법원의 판사 8명, 대리판사 8명, 공소인 2명, 서기 4명, 서기보 8명을 뽑고, 최고행정회의(6부 장관)가 임원 2명을 뽑는다. 형사법원을 2부로 나누고 위 인원을 둘로 나눠 배정한다. 먼저 뽑힌 판사가 각부의 부장판사가 된다. "판사들의 판결은 최종심이며, 파기법원의 상고 대상이 아니다."(제3조) 선거인단은 파리의 각 구에서 다수결로 한 명씩 뽑은 선거인으로 구성한다. 최고령자가 선거인단의 의장이 되고, 그다음 세 명이 개표참관인이 된다. 의장과 개표참관인은 비서를 임명한다. 파리 코뮌 검찰관은 당장 선거인을 뽑도록 구의회를 소집하고, 구의회는 결과 보고서를 제출한다. 코뮌의 집에 선거인 36명이 모일 때부터 파리 코뮌 검찰관이 자격심사를 진행해서 선거인단 회의를 구성하고 선거를 시작한다. 이처럼 파리 48개 구 주민들의 의견을 반영할 수 있는 최초의 '혁명법원Tribunal révolutionnaire'이 생겼는데, 이 법원을 '8월 17일의 법원Tribunal du 17 août'이라 부른다.*

이 법을 통과시킨 뒤 튀리오는 의사진행 발언을 했다. 그는 국회의 법안을 심의하는 과정에 의원들의 참여가 저조한 이유는 8월 10일부터 산회하지

---

* 이때 푸키에 탱빌Antoine Fouquier-Tinville이 기소배심단장으로 뽑혔다. 지방에서 태어나 법학을 공부한 뒤 23세인 1769년에 파리 샤틀레 법원 판사의 서기로 이름 없이 살다가 혁명기에 친척 카미유 데물랭의 도움을 받아 자신이 살던 파리의 생메리Saint-Merry 구에서 두각을 나타내기 시작했다. 그는 '8월 17일의 법원'에서 경력을 쌓은 뒤, 1793년 3월 이후의 '혁명법원'에서 '저승사자'로 이름을 날렸다. 코피날Jean-Baptiste Coffinhal은 부재판장이 되었다. 오리야크Aurillac에서 태어나 법학을 공부한 뒤 싫증을 느껴 파리에서 샤틀레 재판소의 고소인이 되었지만, 학문적 깊이가 얕아 힘겹게 살다가 혁명을 맞이해 기회를 얻었다. 로베스피에르도 판사로 뽑혔지만 코뮌의 업무를 핑계로 사양했다. 국민공회는 이 법원을 11월 29일에 폐지했다. 두 번째 '혁명법원'은 1793년 3월 10일의 법으로 설치된다.

않고 회의를 진행했기 때문이라고 지적했다. 입법의원 가운데 8월 10일의 혁명을 지지하지 않는 의원들이 회의에 적극적으로 참여하지 않았고, 대다수 의원이 지난 일주일 동안 밀려드는 청원에 답변하고 새로운 상황에 필요한 법을 만드는 일에 몹시 피곤했다는 말이다. 그는 의원들이 자기가 사는 구에 이름을 등록해서 비상연락망을 구축하고 비상시 파발꾼을 보내 즉시 등원하게 하자고 제안해 다음과 같은 명령을 통과시켰다.

> 입법부의 모든 의원은 자기가 거주하는 구의 위원회에 주소와 이름을 등록한다. 구위원회는 내일까지 의원의 등록현황을 국회에 제출한다. 국회 사무처의 담당위원이 구별區別로 정리해서 인쇄한다. 긴급히 의결할 상황이 발생할 때, 의장이나 부의장이 48개 구에 의원 소집명령을 전달한다.

이튿날인 18일에 파리 코뮌의 검찰관 마뉘엘은 인민을 학살한 사람들을 심판할 법원을 구성했으며, 이 법원은 19일부터 활동할 것이라고 국회에 보고했다. 그러나 막상 19일이 되자, 파리 코뮌이 뽑은 로베스피에르, 오슬랭 Osselin, 마티외 라보 Mathieu Laveau, 도비니 d'Aubigny, 코피날 Coffinhal 같은 형사법원 구성원들이 국회 증언대에 나타났다. 그들은 형사법원을 조직하자니 굉장히 어려운 점이 많기 때문에 해결책을 마련해달라고 호소했다. 에로 드 세셸은 이 문제에 대해 12인비상위원회에서 검토한 결과를 발표했다. 모두 여섯 개 문제를 해결해야 했다.

1) 피고는 24시간 동안 증인들의 명단을 검토할 수 있는가? 24시간이 아니라 12시간 동안에도 피고는 간단한 명단을 통해서 자기가 상대할 사람들을 알 수 있다. 그래서 그 시간을 줄일 수 있다. 이 조항은 폐지해도 좋다.

2) 의장은 배심원단에게 검토를 맡기기 전에 피고를 검찰관 앞에서 신문해야 하는가? 여러 가지 사안을 검토해서 이 조항도 폐지하기로 했다.

3) 피고의 변호인들은 반드시 이틀을 기다려야 하는가? 법은 피고를 변호할 사람들은 이틀 뒤부터 피고를 접견할 수 있다고 정했다. 그것은 피의자가 잡혀온 뒤 늦어도 24시간 안에는 신문을 하고 서기에게 관련 서류를 제출하라는 뜻이다. 법의 정신은 피고가 자백할 때까지 아무도 만나지 못하지만, 일단 자백한 뒤에는 어떤 기한을 정한다 해도 소용없으며, 그가 변호인을 즉시 만나 도움을 받아야 한다는 것이다.

4) 공소인과 피고에게 정당한 기피 이유가 있는가, 없는가? 헌법은 정당한 이유가 있으면 20명까지 기피할 수 있다고 정했다. 그것은 피고인을 보호하기 위해 꼭 필요한 장치다. 단, 정당한 사유가 있건 없건 기피신청은 즉시 해야 한다.

5) 배심원들은 사건을 잇따라 맡을 수 있는가, 일정 기간 간격을 두고 맡아야 하는가? 사건을 잇따라 심의하는 것은 상당히 피곤한 일이므로, 한 번 사건을 맡은 배심원을 바로 다음 번 사건을 배당하는 추첨에서 제외해주는 것이 최선이다.

6) 판결을 3일 안에 집행해야 한다는 법 조항을 폐기해야만 하는가? 8월 10일의 범죄에 대한 판결이 파기할 수 없는 최종심이기 때문에 3일 동안 파기처분을 받을 수 있게 배려한 조항을 폐기해야 한다. 국회는 이러한 취지를 살려서 17일에 통과시킨 법을 긴급히 보완했다.

제1조. 피의자는 증인명단을 단 12시간 동안 검토할 수 있다.

제2조. 형사법정의 재판에 관한 법에서 단독신문을 폐지한다. 피의자는

재판장이나 그가 위임한 판사에게 공소인과 서기가 보는 앞에서 변호인을 선임했음을 말할 수 있다.

제3조. 피의자는 심리에 포함된 이틀에 상관없이 변호인들과 상의할 수 있다.

제4조. 정당한 이유가 있건 없건, 기피신청은 세 시간 안에 해야 한다.

제5조. 한 번 사건을 맡은 배심원은 바로 다음 사건을 배정하는 추첨 대상이 될 수 없다. 그는 그 뒤의 사건을 배정받을 수 있다.

제6조. 8월 17일의 법에서 파기법원에 상고하는 경우를 폐지했으므로, 판결을 3일 후에 집행하도록 한 법도 폐지한다.

제7조. 이 법을 오늘 안으로 인쇄하고 출판해서 게시한다.

형사법원의 판결을 신속하게 집행해서 21일에 벌써 파리 시정부의 국민방위군 운영국장 콜노 당그르몽을 처형했다. 디종에서 옥사정의 손자로 태어난 콜노는 어찌어찌해서 마리 앙투아네트의 신임을 얻어 출세한 사람이었다. 그는 반혁명세력을 모아 애국자들을 습격하고 죽이려 했다는 혐의를 받았으며, 그의 집에서 나온 문서에는 그 혐의를 뒷받침하는 명단이 있었다. 오늘날의 관점으로 볼 때, 명단을 가지고 무엇을 증명할 수 있는가? 그러나 프랑스 혁명기 공포정의 특징을 이해하는 사례로 활용하자. 공포정 시대에는 구체적 증거를 가지고 범죄사실을 입증하는 경우보다 혐의만으로 범죄를 인정하는 경우가 많았다.

8월 22일 수요일에는 베르사유 코뮌의 대표단이 국회를 방문해서 예전에 왕과 왕자들에게 봉사한 시민들이 통탄할 만한 처지에 놓여 있으니 왕실비를 가지고 그들을 적절히 배려해달라고 요청했다. 그다음으로는 벨빌레파리Belleville-les-Paris의 남녀 시민들이 역적 루이의 자격을 정지해줘서 기쁘다고 말한 뒤 8월 10일에 죽은 사람들을 추모하고 그들의 가족을 위로하는 뜻으로 1,000리브르 이상을 기부했다. 연맹군 대표들은 기초의회의 투표권에 대해 연설했다. 국회가 1년 이상 거주자에게 투표권을 준 것은 부랑자들이 기초의회를 망치지 못하게 하려는 뜻인 줄 알지만, 연맹군에게는 애국심을 증명할 기간으로 8월 10일 하루면 충분하다고 주장했다.

"그들은 몸 바쳐서 자유를 지키기 위해 가정과 가족을 떠났습니다. 여느 시민이라면 누릴 수 있는 권리를 그들만이 누릴 수 없단 말입니까? 그들이 각자 소속 구에서 투표할 수 있게 법을 제정해주십시오."

22일 저녁회의에서 캉봉은 인민이 더는 왕정을 원하지 않지만, 왕과 관련된 미술품을 한곳에 모아 후대를 위한 자료로 삼자고 제안했다. 그는 박물관을 만드는 데 막대한 돈이 든다고 걱정하는 사람이 있겠지만, 왕정을 폐지하면서 야수를 기르는 숲(왕실 영지)을 되찾으면 그것만으로 4~5억 리브르를 확보할 수 있는데 무슨 걱정이냐고 반문했다. 파리의 브루소네Pierre-Marie-Auguste Broussonet는 위원회를 구성해서 기념물을 모아놓을 박물관을 건립하는 일을 추진하자고 제안했다. 비명문학아카데미 회원인 파리의 뒤조Jean Dusaulx는 "생드니 문도 구겨서 넣나요?"라고 말해서 좌중을 웃겼다. 마른의 샤를리에Louis-Joseph Charlier는 루이 14세에게 아첨하는 상징과 신성문자를 빼고 인권선언문을 넣자고 제안해서 큰 박수를 받았다. 엔의 루아젤Pierre Loysel은 생드니 문을 철거하자고 제안했고, 모젤의 메를랭은 샤를리에의 안을 지지하면서 특히 생드니 문에 버젓이 새긴 "루이 14세는 낭트 칙령을 철회했다"*라는 문구를 읽을 때마다 역겨우니 지워야 마땅하다고 강조했다.

파리 코뮌의 대표단이 48개 구에서 뽑은 파리 도 지도부 요원들과 함께 들어왔다. 대표로 나선 로베스피에르는 새로운 도 지도부를 구성하는 문제에서 분열과 귀족주의가 다시 고개를 쳐들고 있기 때문에 불안하다는 파리 코뮌의 감정을 이미 국회에 전달했음을 상기시키고 나서, 파리 코뮌은 이러한 점을 신임요원들에게 분명히 깨우쳐주어 의혹의 그림자를 말끔히 지웠다고 설명했다. 구에서 임명한 신임요원들은 코뮌에 출석해서 자신들은 세금 징수권자 이외의 어떤 자격도 받아들이지 않겠다고 맹세했으니, "이처럼 우애와 단결의 위대한 행위를 국회의 명령으로 신성하게 만들어주시기 바랍니다"라고 청원했다. 외르에루아르의 들라크루아Jean-François Delacroix는 행정관들의 권한을 임시정부(6부 장관)가 정지시킬 수 있지만, 그들을 면직시킬 수 있는 권한은 오직 입법부에만 있다고 강조하면서, "나는 파리 코뮌이 그 상급기관인 도 지도부를 면직할 수 있다고 생각하지 않는다"라고 반박했다. 로베스피에르가 발끈해서 증언대에 나섰지만, 여러 의원이 증언대에서는 토론할 수 없다고 제지했다. 들라크루아는 단숨에 왕국의 모든 도 지도부를 뒤집어엎을 수 있는 중대한 문제이기 때문에 "이 문제를 12인비상위원회에서 검토"해야 한다고 말했다.

8월 23일 목요일에 루아르앵페리외르의 브누아스통Jean-Marie Benoiston은 비선서 사제 유형방법에 관한 법안을 보고했다. 들라크루아는 사제와 보좌사제에 대해서만 논의하지 말고, 아주 위험한 부류인 성당 참사회원들과 수도자들도 포함시켜야 한다고 덧붙였다. 외르에루아르의 농부 출신 클레

---

* 라틴어 원문은 "Lodovico decimo quarto suppresso edicto Nannetensi"이다.

Etienne Claye는 자유와 평등에 맹세하자고 의결한 지 이제 겨우 2주가 지났을 뿐인데 벌써 선서 거부자의 유형을 따지는 것은 성급하다고 하면서 반대했다. 오브의 르뇨 보카롱Jacques-Edme Regnault-Beaucaron은 클레의 의견에 동조해서, 8월 10일 이후 인민의 의지에 순응하는 종교인들이 새로 맹세를 하는 사례가 많으니 그들을 예외로 해줘야 한다고 말했다. 캉봉은 비선서 사제들을 프랑스령 기아나로 유배하면 해외 망명객들의 군대를 강화시키거나, 에스파냐·이탈리아·독일에 프랑스 혁명을 거스르는 원리를 퍼뜨리지 않을 것이라고 주장했다. 들라크루아는 찬성했고, 에로의 르불Henry Reboul은 반대했다. 타른의 개신교 목사 출신 라수르스는 종교문제에 대해서는 입을 닫는다는 원칙을 이번에는 깨겠다고 전제하면서 개입했다. 그는 루이 15세 시대에 기아나에 프랑스인들을 보냈는데 거기서 1만 2,000명이나 숨졌다는 사실을 기억한다면, 70~80대 노인들까지 포함한 비선서 사제들을 거기에 보내는 것이 과연 인류애의 실현이라고 할 수 있는지 물었다. 의원들은 공방 끝에 다음에 더 논의하기로 했다. 그리고 25일에 브누아스통이 발의했던 법안의 몇 개 조항을 통과시켰다.

25일에 베르됭 시민이 국회를 방문해서 시정부 관리들의 편지를 의장에게 전했다. 편지에는 프로이센 왕이 병력 8만 5,000명을 직접 지휘해서 롱위Longwy를 공격했는데, 롱위는 23일에 열다섯 시간의 포격을 견디지 못하고 마침내 저녁 6시에 항복했다고 썼다. 베르됭의 행정관들은 무기와 대포를 지원해달라고 요청하는 한편, 자신들은 용감하고 끈질기게 저항하겠다고 맹세했다. 어떤 의원은 롱위가 난공불락의 요새인데 아무리 포격이 거세다고 해서 단 하루도 버티지 못하고 그렇게 쉽게 떨어졌다니 믿을 수 없다고 말하면서, 국내에서 혼란을 부추기는 세력의 음모가 아닌지 의심했다. 의장은 편지를 전한 베르됭 시민에게 질문을 퍼부었다. 약 60킬로미터 떨어진 곳에서 일어난 일을 어떻게 파악했는가? 도 지도부와 시정부의 관리가 23일 오전 11시에 출발해서 이튿날 밤 10시에 돌아와 롱위가 항복했다고 보고했다. 그 관리가 실제로 롱위에 들어갔다 왔는지 의장이 묻자, 시민은 적군이 롱위를 봉쇄했기 때문에 그 관리는 근처의 말라투르Malatour 마을까지 접근해서 소식을 듣고 왔다고 설명했다. 국회는 20일에 군대에서 복귀해 다시 전쟁장관이 된 세르방을 불렀다. 세르방은 롱위가 항복했다는 말이 진짜인지 아닌지 아직까지 정확히 보고를 받지 못했다고 확인해주었다. 의원들은 그 말을 듣고 안도의 박수를 쳤다.

26일 일요일에 브누아스통은 그 어느 때보다 더 일치단결해서 외적을 막아야 할 상황에서 국내의 단결과 평화를 확고히 하려면 반드시 필요한 법이라면서 입법위원회의 이름으로 모두 12개조의 비선서 사제 유형법안을 최종형태로 보고했고, 의원들은 별다른 토론을 거치지 않고 통과시켰다. 주요 내용은 다음과 같다.

선서를 하지 않은 종교인 또는 철회한 종교인은 이 법을 반포한 날부터 8일 이내에 자기가 거주하는 도 밖으로, 15일 이내에는 왕국 밖으로 내보낸다. 추방 대상자는 거주하는 디스트릭트나 시정부에 가서 자신이 가고자 하는 나라를 밝히고 여권을 발급받는다. 여권에는 신상정보·용모·여행경로와 국경을 통과하는 기한을 명시한다. 그에게는 국경까지의 여비를 40킬로미터당 3리브르씩 지불해준다. 그러나 자진해서 이 조치를 따르지 않는 자는 프랑스령 기아나에 유배한다.

비선서 사제 유형법을 통과시킨 뒤, 의장은 파리 코뮌이 그날 저녁 8시부터 8월 10일에 평등을 쟁취하려고 싸우다 사망한 사람들을 추도하는 행사를 거행한다는 통보를 받았다고 발표했다. 19일에서 25일로 연기했던 행사를 마침내 26일 저녁에 거행하게 되었는데, 그동안 파리 코뮌은 이 행사를 국가 행사로 만들어달라고 요청했기 때문에, 국회는 추모행사를 준비하도록 6,000리브르의 예산을 지원하고, 의원 60명을 행사에 참가하도록 의결해두었다. 그러나 메를랭은 5시부터 다음 날 아침 8시까지 정회한 뒤, 의원 전원이 추모식에 참석하되, 30명을 국회에 남겨 긴급상황에 대처하게 하자고 제안해서 의원들의 동의를 얻었다. 어떤 의원은 모두 검은 옷을 입고 참석하자고 제안했지만, 들라크루아는 국회가 폐지한 의복의 차별을 굳이 되살릴 이유가 없으니 단지 삼색 표식만 하자고 제안해서 동의를 얻었다. 의원들이 추모식에 참가하는 동안 국회에 뤼크네 대원수의 편지가 도착했다. 의사당을 지키던 의원은 소수였기 때문에 롱위가 적군의 손에 들어갔음을 확인하고서도 당장 아무런 결정도 내리지 못하다가, 다른 의원들이 추모식에 참석하고 돌아오자 뤼크네 대원수의 편지를 다시 읽고 대책을 논의하기 시작했다. 공병대 중령으로 앵드르에서 의원이 된 크뤼블리에 돕테르Henri Crublier-d'Optère는 단 열다섯 시간의 포격에 항복했다는 것은 필시 누군가 적과 내통했기 때문이라고 말했다.

"이 요새는 대포 71문을 비롯해 식량과 탄약을 충분히 갖추었고, 포격에 견디도록 성채를 튼튼히 쌓고, 참호와 3중의 갱도까지 파놓았습니다. 더욱이 병력만 거의 4,000명이 주둔하고 시민들도 무장했기 때문에 몇 달은 족히 버틸 수 있습니다."

센에우아즈의 르쿠앵트르Laurent Lecointre는 8월 10일 이후 병사들이 뤼크네 대원수를 믿지 않게 되지 않았는지 의문이 든다면서, 파리와 인근 도의 국민방위군 3만 명에게 일주일 안에 전방에 도착하도록 긴급명령을 내려야 한다고 주장했다. 의장은 뤼크네의 부대에 파견한 위원들이 보낸 편지가 왔으니 먼저 읽은 뒤에 얘기하자고 말했다. 편지는 롱위가 항복했다는 소식과 함께 롱위의 물리적 환경이 크뤼블리에 돕테르의 말과 같지만, 주둔 병사 4,000명이 대부분 군복과 무기가 없다고 전했다. 에로의 캉봉은 르쿠앵트르가 제안했던 것과 같이 파리와 인근 도에서 즉시 3만 명을 동원해 무기와 장비를 지급하고 비상위원회가 정회하기 전에 시민들에게 징집을 알리도록 하자고 제안했다. 의원들은 그 안을 통과시켰다. 멘에루아르의 슈디외가 군사위원회 이름으로 "국립군사경찰대를 동원해서 육군을 강화하는 법안" 4개조를 보고해 통과시켰다. 전쟁장관이 육군 병력을 강화하기 위해 제국 내의 모든 국립군사경찰대 소속 부대에 동원명령을 내리고, 군사경찰들은 즉시 지정장소에 모여야 한다는 내용이었다. 육군의 장비를 조달하는 문제도 시급했으므로, 의원들은 샤랑트 앵페리외르의 브레아르Jean-Jacques Bréard가 제안한 대로 로슈포르의 해군이 쓸 소총 4만 자루를 징발해 파리로 옮기기로 의결했다. 의원들은 전국의 무기고에서 소총을 징발하자고 앞다투어 제안했다. 그렇게 해서 4개조의 긴급명령이 나왔다.

국내의 모든 도에 지급한 소총은 전방으로 가는 시민들에게 나눠주며, 소총을 받은 시민은 전방으로 가거나 반납해야 한다. 전방으로 떠나는 동료 시민에게 무기를 준 사람에게는 새 무기를 제조하는 대로 다시 지급한다. 이미 9만 7,000자루의 소총을 나눠 받은 국내의 모든 코뮌은 행정부의 지시를 따라 무기가 부족한 병력에게 즉시 지급해야 한다.

곧이어 지롱드의 베르니오Vergniaud는 12인비상위원회의 이름으로 지난 7월 26일에 어떠한 지휘관도 적군에게 투항해서는 안 된다는 명령에 덧붙여 "외적의 공격을 받는 지역의 시민으로 항복을 애기하는 자는 사형에 처하는 법안"을 상정해 통과시켰다. 국회는 모든 지휘관과 국내 모든 자치정부에 즉시 이 법을 전달하도록 명령했다.

8월 27일 월요일에 자코뱅 클럽에서는 한마음으로 공화주의를 받아들였다. 파리 검찰관 마뉘엘은 조각가 르냉Le Nain*이 클럽에 기증한 브루투스Lucius Junius Brutus의 흉상을 보면서 말했다.

"바로 이곳이 왕들과 마지막 루이의 몰락을 준비한 곳입니다. 이 땅에서 왕들을 몰아내고 싶어한 최초의 인물이 쉬어야 할 곳도 바로 여기입니다. 여러분은 브루투스를 항상 기억해야 합니다. 브루투스는 여러분에게 시민이 되기 위해서라면 조국의 행복에 자식들까지 바쳐야 한다는 사실을 일깨워줄 것입니다.

지금은 국민공회 선거기간인데, 우리는 국민공회에 이 같은 인물이 한 사람만 있어도 프랑스를 구할 수 있다는 사실을 잊지 말아야 합니다. 프랑스에는 이제 왕이 필요 없기 때문입니다. 우리 모두 맹세해야 합니다. 내가 먼저 맹세하겠습니다. 내가 어떤 지위에 있다 해도, 나는 이 땅에서 왕정의 재앙을 깨끗이 씻어내는 중요한 목적에 온전히 헌신하겠습니다."

이 맹세를 시작으로 자코뱅 클럽에 모인 사람들은 입을 모아 힘차게 맹세했다. 마뉘엘은 작가가 국회에도 똑같은 흉상을 하나 기증할 예정이라고 말

___

* 17세기에 활동한 르냉Le Nain 형제의 후예인지, 아니면 다른 집안의 인물인지 전혀 알 길이 없다.

했다. 어떤 의원은 르냉에게 실비로 제작해달라고 부탁해서 전국의 자코뱅 클럽에서 회의 때마다 흉상을 볼 수 있게 하자고 제안했고, 또 다른 의원은 르냉을 자코뱅 클럽 회원으로 추천했다. 지난해에는 공화제를 제안한 회원을 제명했던 자코뱅 클럽에서 이제 모든 회원이 로마 공화정을 수립한 브루투스를 기리면서 국민공회가 만들 새 헌법의 중요한 틀에 합의를 하고 있었다. 왕정의 하수인들이 뿌린 재앙을 이 땅에서 깨끗이 씻어내는 일에 힘쓰겠다고 맹세한 이상, 파리와 전국의 감옥에 갇힌 시국사범들은 눈치 채기도 전에 더욱 절망적인 상태에 빠졌다. 마뉘엘은 브루투스를 자코뱅 클럽의 수호자로 천거했고, 테라송Terrasson은 모두 힘을 합쳐 역적 루이 16세의 심판을 요구하자고 외쳤다. 방청석에서 누군가 "그렇게 하자고 모두 외칩시다. 외치지 않는 사람은 애국자가 아닙니다"라고 소리치자, 일제히 "그럽시다"라고 외쳤다. 그 시각부터 자코뱅 클럽에서 '마지막 루이Louis le dernier'의 재판은 상식이 되었다. 멀리 남서부의 타른Tarn에서 온 연맹군이 "오늘 아침, 연맹군 총회에서 롱위가 항복했다는 소식을 들은 사람들이 내일까지 부대를 편성하고 모레에는 전선으로 출발해야 한다고 논의했습니다"라고 보고하면서, 그러나 파리에도 지켜야 할 중요한 지점이 두 군데 있는데, 국회와 탕플의 죄인이라고 강조했다. 그리고 그는 며칠 뒤에 있을 학살의 논리적 근거가 될 만한 제안을 했다.

"이렇게 중요한 순간에 파리에서 3만 명의 애국자가 떠난다면, 누가 그들을 안전하게 지키겠습니까? 나는 연맹군이 파리에서 자유를 지키겠노라고 다짐했던 맹세를 충실히 지켜야 한다고 생각합니다. 이러한 중요한 위치를 이탈해서 전방으로 달려가는 것은 가짜 애국심을 부추기는 말이므로 귀를 기울여서는 안 됩니다. 모든 악의 뿌리는 전방이 아니라 여기에 있기 때문입니다.

왕·왕비·가족은 지금 구류상태에 있습니다. 누군가 말했습니다. 적군이 프랑스 영토에 발을 들이미는 순간, 그들의 머리로 침략에 답하리라고. 이 약속을 지켜야 합니다. 그리하여 우리의 뒤에 어떤 위험, 어떤 반역자, 어떤 음모가도 남겨놓지 말아야 우리는 안심하고 전선으로 달려갈 수 있습니다."

8월 29일 수요일에 자코뱅 클럽 회원들은 강력한 현실처방으로 위기의 식을 표현했다. 에로에서 온 연맹군 마쥐에Mazué는 자유를 해치려는 음모가 판을 치고 있는데, 국회의원의 일부는 너무 유약하기 때문에 가장 가난한 계급이 나서서 목숨을 바쳐서라도 자유를 지키고 조국을 구하려 한다고 말했다. 국회를 적대시하지는 않지만, 일부 의원들의 행동을 의심하는 마음을 대변하는 연설이었다. 민중이 직접 나서서 자유를 지키고 조국을 위험에서 구해야 한다는 논리가 노골적으로 드러나고 있었다. 그 논리는 르페브르 G. Lefèbvre 같은 역사가가 분석한 상퀼로트의 '처벌의지volonté punitive'를 표현한다.

"우리가 어떤 사람인지, 우리가 되고자 하는 사람이 어떤 사람인지 보여줍시다. 비겁한 자들이 우리에게 사슬을 선물하면, 자유의 폐허 아래 우리 뼈를 묻읍시다. 만일 그 반대로 그들이 우리와 힘을 합치고자 한다면, 영광이 이끄는 곳을 향해 함께 진군합시다. 그들의 사슬을 끊고, 주권자임을 자각하는 자유민이 할 수 있는 일이 무엇인지 보여줍시다."

그날, 파리 코뮌은 법무장관 당통이 시국에 대해 제안한 방안을 청취했다. 당통은 48개 구에서 병역을 이행하기에 적합한 시민들의 현황을 파악하고 그들에게 급료를 지불하라고 제안했다. 파리 코뮌 검찰관은 오후에 북을 쳐서 십 밖에 있는 모든 시민에게 빨리 귀가하도록 알리고, 만일 이행하지 않는 자가 있다면 조국의 비상사태가 끝날 때까지 집으로 돌아갈 수 없도록 하자고 제안했다. 또한 코뮌의 위원들은 무기의 신고를 받고 30일까지 현황을 보고하고 적절히 분배할 준비를 하라고 제안했다.

파리 코뮌은 그날 밤 집집마다 불을 밝히라고 명령했다. 모든 구는 하루 동안 기초의회에서 오로지 반혁명 혐의자 체포명령을 집행할 위원들을 뽑는 일에 전념하며, 모든 마차를 밤 10시에 차고에 넣으라고 명령했다. 그리고 소환장을 발행해서 가정방문을 예고하기로 했다. 오후 1시부터 구 위원들은 충분한 병력을 데리고 방문하면서, 집주인이 소지한 무기의 수를 국민의 이름으로 물어본 뒤에 수상한 점이 있으면 정밀하게 수색하고, 거짓 신고일 경우 당장 체포하기로 했다. 파리 거주자면서 방문 시 남의 집에 있는 사람은 수상한 자로 체포한다고 했다. 가정방문 시 아무도 없는 집에는 자물통을 채우기로 했다. 밤에 불을 켜놓으라고 명령한 이유는 빈집이 있는지 파악하려는 뜻이었다. 국민방위군 사령관은 파리에 인접한 행정구역에 공문을 보내서 수상한 사람·물건·마차의 이동을 감시하고 필요하면 검거하도록 조치했다. 또한 순시선을 띄워 강을 감시하기도 했다. 특히 8월 10일 이후에 자취를 감춘 사람, 법으로 정한 맹세를 거부하거나 철회한 종교인을 잡는 일에 주력하려고 특별위원 다섯 명(쇼메트Chaumette, 위그냉, 펠릭스 시고Félix Sigaud, 트뤼숑Truchon, 기로Guiraut)을 임명하기도 했다.

8월 29일부터 30일 사이의 밤은 무척 살벌했다. 파리의 모든 길을 차단하고 거의 모든 집을 방문했다. 그날 밤 용케 붙잡히지 않고 살아남은 펠티에Jean-Gabriel Peltier는 끔찍하게 길었던 밤을 회고했다. 그는 1789년 11월 2일에 『사도행전Les Actes des Apôtres』을 창간했고 리바롤Antoine Rivarol·쉴로François-Louis Suleau와 함께 발간했다. 쉴로는 8월 10일에 붙잡혀 죽었지만,[*]

펠티에는 살아남아 회고록을 남겼다.**

눈 깜짝할 사이에 모든 구에 명령이 떨어지고, 파리를 드나드는 문을 모두 닫았다. 오후 4시부터 북을 치면서 시민들에게 6시까지 집으로 돌아가 있으라고 말했다. 그날 밤의 두려움을 제대로 묘사하고 싶지만 생각만 해도 몸이 얼어붙는다. 어느 때라면 끊임없이 시민들이 오가고 마차 소리가 들렸을 테지만 그날은 아직도 해가 완전히 지지 않았는데 갑자기 죽음의 적막이 도시를 뒤덮었다.*** 사람들의 발길이 끊긴 뒤 세관울타리를 닫고 엄중히 감시했다. 강 위에는 무장한 사람들이 가득 탄 배가 일정한 간격으로 떠 있었다. 세탁부의 작은 배도 동원되었다. 밤 10시에 사거리를 지키던 보초들은 어쩌다 늦게 집으로 돌아가는 시민들을 붙잡아 학대했다.

새벽 1시부터 가정방문을 시작했다. 60명씩 편성한 순찰대가 창을 들고 거리마다 돌아다녔다. 그들은 무기를 찾고 있었다. 그들은 거우 사냥총 몇 자루, 상태가 나쁜 권총과 칼 몇 자루만 찾아냈지만 3,000명 이상을 수상하다고 연행했다. 날이 밝은 뒤 대부분을 풀어줬지만, 수많은 사람을 아베 감옥으로 보냈다. 문 두드리는 소리, 문 여는 소리, 안에서 답이 없을 때는 문을 부수는 소리, 구민회관으로 끌려가는 사람들의 하소연과 억울하다고 외치는 소리, 그리고 선술집이나 식료품 가게에서 밤이 새도

---

* 제7권 제2부 10장 "제2의 혁명" 참조.
** Peltier, *Histoire de la révolution du 10 août*.
*** 파리에서 8월 29일 저녁에 해는 6시 46분에 진다.

록 웃고 떠드는 소리가 아직도 들리는 것 같다. 이미 훤하게 날이 밝은 아침 6시에 통금이 풀리자,* 사람들은 안전하게 밖으로 나올 수 있다고 생각했다. 그러나 구민회관으로 돌아가던 순찰대에서 무모하게 이탈한 사람들이 가정방문을 다시 하겠다고 집집마다 문을 두드리고 다니면서 사람들을 괴롭혔다. 이처럼 6만 명이 60만 명을 괴롭히던 밤이 지났다.

평생 아무 죄도 짓지 않고 살아온 평범한 사람도 '완장질'을 하는 사람 앞에서는 주눅이 들고 오금을 펴지 못했을 텐데, 검거대상인 왕당파의 밤은 얼마나 고통스럽고 길었을까? 더욱이 반혁명 혐의자로 낙인 찍히고 감옥에 갇힌 사람들에게 그 고통은 무사히 풀려날 때까지 계속되었다.

파리에서 대대적으로 반혁명 혐의자를 찾아내고 검거하는 동안, 프로이센 왕은 병력을 이끌고 롱위에서 60킬로미터 서남쪽의 베르됭을 공격하기 시작했다. 롱위가 항복하는 과정부터 살피면서 그 파장이 파리에 전달되는 배경을 이해할 필요가 있다. 8월 20일 월요일에 세르방이 전쟁장관직에 복귀했을 때의 프랑스 군대는 여러모로 오스트리아와 프로이센 연합군보다 열세였다.** 그라브Pierre Marie de Grave(1792년 3월 9일~5월 9일)의 뒤를 이은 세르방이 6월 12일까지 한 달 동안 전쟁대신직을 수행한 이후 뒤무리에(1주일), 라자르(35일), 아방쿠르(17일)의 단명한 전쟁대신들을 거치면서 급변하

---

* 8월 30일의 해는 새벽 5시 15분에 뜬다.
** 세르방은 그리모아르 백작과 함께 쓴 책에서 군사적 열세를 묘사한 뒤, 자신이 전세를 바꾸는 데 큰 역할을 했다고 자랑했다. Philippe-Henri de Grimoard et Joseph Marie Servan de Gerbey, *Tableau historique de la guerre de la Revolution 1792-1794*(Paris, 1808).

는 정치적 상황에 따라 군기가 많이 무너졌다.

　프랑스군은 동쪽 국경의 위냉그부터 동북쪽 됭케르크까지 여러 지점을 압박하는 적군 13만 명에게 효과적으로 맞설 수 없는 상태였다. 프랑스군은 랑도Landau에서 포랑트뤼Porentruy까지 4개 기지에 4만 명, 롱위와 티옹빌 Thionville 사이에 1만 7,000명, 스당에 1만 8,000명, 끝으로 모뵈주Maubeuge, 퐁쉬르상브르Pont-sur-Sambre, 몰드Maulde에 1만 8,000명이 주둔하고 있었는데, 뤼크네 대원수는 롱위와 티옹빌 사이의 병력을 메스 뒤쪽으로 물러나 있게 했고, 스당의 병력을 지휘하던 라파예트는 19일에 공식적으로 반역자가 되었기 때문에 라메트·로누아Launoi·빅토르Victor·모부르Maubourg·라콩브 Lacombe·뷔로 드 퓌지Bureau-de-Puzy와 함께 스당의 북쪽 부이용으로 갔다. 그는 네덜란드를 거쳐 바닷길로 프랑스에 잠입해 반혁명활동을 하려는 계획을 세우고 북쪽 50킬로미터에 있는 로슈포르로 갔다가 적군에게 붙잡혀서 갇혔다.* 프랑스군은 9만 3,000명이 똘똘 뭉친다고 해도 수적으로 열세였는데, 동북의 해안에서 동부 라인 강을 따라 스위스까지 긴 방어선을 나눠서 지켜야 했으니 어느 곳이 먼저 뚫릴지는 그야말로 시간문제였다. 역시 뤼크네 대원수가 소심한 작전으로 병력을 뒤로 물린 곳부터 사달이 났다. 8월 20일부터 브룬스비크 공은 롱위를 공격하는 한편, 병력의 일부를 60킬로미터 서남쪽의 베르됭으로 보내 롱위를 고립시켰다. 그렇게 해서 롱위를 열다섯 시간의 포격으로 제압한 뒤 베르됭을 향해 진격했다.

---

* 그는 프랑스에 갇혔다면 살아남지 못했을 텐데, 오스트리아 감옥에 갇힌 덕에 살아남았다. 그는 미국 시민권을 이용해서 미국으로 망명하려 했지만, 오스트리아는 프랑스에 왕정을 회복한 뒤 왕의 심판에 맡기겠다는 뜻으로 그를 잡아두었다가 1797년 나폴레옹과 협상한 뒤 풀어주었다.

8월 30일 목요일에 베르됭 요새 사령관 보르페르Nicolas-Joseph Beaurepaire는 모든 주민이 그 어느 때보다 화합하고 단결해야 한다고 강조하는 한편, 어떤 이유로든 다른 시민의 재산에 손해를 끼치는 사람이나 음모를 꾸민 자들을 엄중히 처벌하고 중대한 범죄를 사형으로 다스리겠다고 포고했다. 이처럼 베르됭 요새의 주민들에게 외적의 침공에 동요하지 말라고 단속했지만, 브룬스비크 공은 이튿날인 31일에 베르됭 요새 사령관과 주민들에게 항복을 권유했다. 그는 한 달 전에 파리를 초토화하겠다고 으름장을 놓았던 성명서에서 이미 의도를 충분히 밝혔듯이 빨리 항복하면 안전을 최대한 보장해주겠다고 말했다. 베르됭 요새 사령관은 다음과 같이 답변했다.

"브룬스비크에게 우리가 해줄 수 있는 대답은 죽느냐, 아니면 우리 도시의 주인으로 남느냐 가운데 하나다. 그가 어떤 위협을 한다 해도 우리에게서 들을 답변은 없다. 성벽이 비록 취약하게 보여도 최소 이틀을 버틸 수 있다. 성은 최소 여드레를 버틸 수 있다. 그동안 우리는 원군을 기다릴 수 있기 때문에 절대로 항복하지 않겠다."

그러나 연합군은 금요일 저녁부터 토요일 아침까지 베르됭을 포격한 뒤, 브룬스비크 공은 다시 한번 항복을 권유했다. 회의를 열어 방어대책을 논의하던 사령관 보르페르는 베르됭 주민들이 대부분 항복하자고 의견을 모았다는 말을 듣고 권총으로 자결했다. 그리고 베르됭은 항복했다. 이 소식은 9월 3일 월요일에 국회에 들어갔다.

파리 코뮌은 2일 낮에 회의를 하는 도중 검찰관 마뉘엘의 보고를 들었다. 마뉘엘은 파리와 적군 사이에 있는 유일한 요새도시인 베르됭의 코 밑에 적들이 몰려와 31일부터 성을 공격하고 있기 때문에 항복할 시간이 임박했다고 말했다. 그는 즉시 모든 시민이 샹드마르스에 저녁때까지 모여 아무리 늦

1792년 9월 22일, 공화국의 원년이 시작되었다. 여성의 모습으로 형상화된 공화국이 자유의 나무 아래 앉아서
국민에게 헌법을 제시한다(작자 미상의 채색 판화, 카르나발레 박물관 소장).

9월 20일, 발미의 풍차 주변에서 프랑스군 장교들이 포격을 지휘하여 승리하는 모습
(모제스Mauzaisse 그림, 베르사유 궁 소장).

10월 7일, 연합군이 물러가자 해방된 릴Lille 주민들이 폐허 속에서 축하연을 벌이는 모습
(와토 드 릴Watteau de Lille 그림, 릴 보자르 미술관 소장).

10월 14일, 사부아가 해방된 것을 기념하기 위해 샹베리에서 축하연을 했을 때,
상퀼로트 복장으로 기수가 된 배우 슈나르Chenard의 모습
(부아이 그림, 카르나발레 박물관 소장).

뒤무리에 군대의 추격을 받으면서 아르덴의 그랑프레 협로를 따라 후퇴하는 프로이센 군대의 모습.
그들은 프랑스군의 저항과 함께 궂은 날씨와 질병에 시달렸다(프랑스국립도서관BNF 소장).

1792년 10월 15일, 루이 14세가 1693년에 창설한 생루이 십자훈장을 국민공회가 폐지하기로 의결함에 따라
생루이 기사들이 훈장을 시청에 반납하는 모습(채색 판화, 카르나발레 박물관 소장).

어도 '내일'(9월 3일)에는 베르됭으로 출발해서 목숨을 걸고 자유와 프랑스를 지켜야 한다고 주장했고, 회의에 참석한 모든 대표가 찬성하는 동시에 시민들이 타고 갈 수 있는 말을 징발하기로 하면서 절박한 심정을 담아 포고문을 작성했다.

> 시민들이여, 적군이 파리 문 앞에 왔습니다. 베르됭은 거의 여드레 정도만 적군을 저지할 수 있습니다. 베르됭 성을 지키는 모든 시민은 항복하느니 차라리 목숨을 버리겠다고 맹세했습니다. 그들이 자신들의 몸으로 적을 막는 성벽을 쌓는 동안, 여러분이 달려가 그들을 돕고 구해야 한다는 뜻입니다.
> 시민들이여, 오늘 바로 이 순간에도 자유의 모든 친구가 깃발 아래 모였습니다. 샹드마르스에 모입시다. 즉시 6만 명의 군대를 편성해서 적을 향해 행군합시다. 우리가 죽든지 그들을 섬멸하든지 어떻게든 끝을 봅시다.

파리 코뮌은 대포를 쏘고 경종을 울리고 북을 쳐서 모든 시민에게 급박한 현실을 알리기로 하고 나서 오후 2시에 일단 정회했다. 두 시간을 쉬고 오후 4시에 회의를 속개했을 때, 국민방위군 장교 한 명이 회의장에 들어와 길에서 여러 명이 살해당했고, 사람들이 여기저기 감옥으로 몰려가기 시작했다고 보고했다. 2시 이후에 큰 사달이 나기 시작했다. 파리 주민들은 실제로 적의 손에 들어간 베르됭의 절박한 소식을 늦게 접했음에도 조국을 지키러 전방으로 떠나기 전에 후환을 남겨놓지 않겠다는 의지로 피바람을 일으켰던 것이다. 파리 코뮌의 어떤 위원이 아베 감옥에서 일어난 일을 보고하면서, 징집된 시민들은 파리가 적의를 가진 사람들 손에 들어갈까봐 두려운 나머지

8월 10일의 모든 흉악범을 몰살하고 떠나기로 마음먹었다고 설명했다.

파리 코뮌은 식료품상이며 포팽쿠르 구 선거인인 당제Dangé, 도자기에 그림을 그리는 화가이며 팔레 루아얄 구의 치안담당관인 마리노Marino, 영어와 기하학 선생이며 카트르 나시옹 구 위원인 젬스James, 청량음료 장수이며 레알 구 위원인 미쇼니Michonis, 노트르담 구 위원인 레기용Lesguillon, 소매상이며 플라스 루아얄 구 위원인 모뇌즈Moneuse를 임명해서 감옥에 갇힌 빚쟁이, 젖먹이를 가진 어미, 민사사건의 수감자들을 보호하라고 명령했다. 몇 명이 파리 시내의 여러 감옥을 다니면서 인명을 보호하는 임무를 제대로 수행하기란 불가능했다. 파리 코뮌은 몹시 당황하고 분주히 움직였다. 왕을 탕플에서 빼내려는 자들이 있을지 모르기 때문에 국민방위군 사령관을 소환했다. 전쟁장관 세르방이 파리 코뮌에 들러서 파리 기지의 참모부를 옛날 귀족들로 구성하지 않았음에도 그들의 성격은 귀족적이라고 설명하고, 군부대로 파견할 위원들을 저녁 8시에 소집했다고 말했다. 국민방위군 사령관이 와서 필요한 조치를 논의했다.

2일 오후부터 일어난 학살사건을 추적해보자. 오후 2시에 퐁뇌프 다리에 설치한 대포를 세 방 쏘고 파리 48개 구의 경종과 북을 쳐서 모든 주민에게 비상사태임을 알렸다. 주민들은 베르됭이 정말 적에게 떨어졌다는 것인지, 그리고 적들이 샬롱으로 진격해 며칠 뒤에는 파리까지 쳐들어올 것인지 불안하게 생각하면서 집 밖으로 나왔다. 그 시점까지 파리에서는 베르됭이 일주일 정도는 버틸 수 있다는 소식을 들었다. 국회에서 법무장관 당통은 베르됭이 아직 적의 손에 들어가지 않았다고 하면서 두고두고 남을 연설을 했다. 그는 아직 베르됭이 적의 손에 들어가지 않았으며, 곧 적을 물리쳐서 나라를 구할 수 있다고 말했다. 모든 인민이 싸우려는 열정에 들떠 있으며, 파리 코민은 그들을 지원할 태세를 갖추었으니, 국회에서는 파리가 프랑스 전체에 지대한 공헌을 했다고 선언하는 동시에 진정한 의미의 전쟁위원회가 되어달라고 말했다. 시민들의 행동지침을 만들고, 법을 제정하고 명령을 내릴 때마다 모든 도에 파발꾼을 보내 알려주며, 누구든 조국을 지키는 일에 몸을 사리는 자를 사형에 처하자고 요구했다.

"밖에서 퍼질 종소리는 경종이 아니라 조국의 적들에게 사격하는 소리입니다. 그들을 무찌르기 위해서 우리는 과감해야 하며, 더욱 과감해야 하며, 언제나 과감해야 합니다. 그러면 프랑스를 구할 수 있습니다."

그러나 그때 파리 시내에 울리는 종소리는 당통이 말한 외적을 향한 총격의 소리가 아니었다. 국회에서 당통이 연설하는 줄 알지 못하는 파리 민중은 종소리를 듣고 자신들의 안전을 위해 행동하기 시작했다. 아직 베르됭이 함락되지 않았고, 북쪽의 국경으로도 적군이 파리로 진격하려면 멀었지만, 주민들은 감옥에 있는 반혁명분자들을 그냥 놔두고 전선으로 출발하는 것을 몹시 불안하게 여겼다. 그들이 어떻게든 파리를 가만 놔두지 않을 것이기 때문이다. 실제로 모든 감옥이 사람들로 빼곡했다. 젖어미에게 돈을 지불하지 못한 가장들이 8월 10일의 범죄자와 음모가들, 선서 거부자나 철회자들과 뒤섞여 있었다. 게다가 왕당파 장교, 도박장의 심부름꾼, 지폐위조범, 국가신용이 폭락하고 풍기가 문란해진 틈을 타서 전 재산을 투기에 쏟은 반사회적인 범죄자들도 있었다.

파리 주민들 사이에는 그들에 대한 경계심에서 나온 소문이 돌았다. 한밤중에 신호를 보내면 파리의 모든 감옥이 일제히 문을 열고, 거기에 갇혔던 사람들에게 무기를 주어 내보낼 것이라는 소문, 파리 코뮌이 가정방문을 해서 무기를 거둔다고 예고했을 때, 오히려 귀족주의자들은 무기를 감출 시간을 벌었다는 소문, 그들은 때를 기다리면서 라포르스의 지하감방에 탄약을 숨겨놓았다는 소문이었다. 아베 감옥에 갇혔던 장교들이 죄수들을 지휘해서 파리를 약탈하고 시민들을 죽일 것이라는 끔찍한 소문은 전방으로 떠날 애국시민들에게 가장 사나운 악몽이었다.

전날부터 파리 도에서는 통행을 자유롭게 했지만, 2일 오후 3시부터 대포소리에 맞춰 파리 시의 세관울타리를 다시 막았다. 거리를 어슬렁거리는 사람을 수상하게 여겨 조사하고, 시 경계를 오가던 마차는 말머리를 돌려야 했다. 수상한 마차를 카트르 나시옹 구 위원회로 끌고 가 조사한 뒤, 스물한 명 가운데 세 명을 길에서 무참히 살해했다. 나머지 열여덟 명을 심층 조사해서 세 명을 제외하고 모두 죽였다. 그들은 대개 변장한 종교인이었다. 아를 대주교, 마르세유의 생페리올Saint-Fériol 보좌주교도 포함되었다. 이것은 서막에 지나지 않았다. 어떤 왕당파가 10년형을 선고받고 9월 1일 하루 동안 그레브 광장에 설치한 말뚝에 공시公示하라는 처분을 받았는데, 그는 왕·왕비·라파예트를 찬양하고 혁명과 애국자에게 온갖 저주를 퍼부었다. 마침 파리 검찰관 마뉘엘이 그 소리를 듣고 정식 재판에 넘겨 2일 아침에 사형대에 세웠지만, 그는 목이 잘리는 순간에도 똑같은 소리를 질렀다.

민중은 그 사건에 유념하고 직접 나서서 재판을 해야겠다고 결심했다. 그들은 위원 열두 명을 임명해 아베 감옥 입구로 가서 "국민의 이름으로 민중이 명령한다. 문을 열라!"고 외쳤다. 안에서 문을 열자, 위원들은 수감자 명단을 가져오라고 명령했다. 그들은 명단을 훑어보면서 거기에 수감된 판사들, 외무대신 출신인 몽모랭, 루이 16세의 시종장이었던 티에리, 샤르트르 주교를 데려오라고 명령했다. 몽모랭은 8월 17일의 혁명법원을 용케 피했지만 파리 코뮌의 반발을 샀기 때문에 8월 31일 국회에서 기소할 이유가 있다는 취지의 판결을 받고 아베 감옥에 갇힌 지 이틀 만에 인민재판의 표적이 되었다. 즉결심판관들은 자신들이 지명한 수감자들을 데려오면 직접 심문하고 콩시에르주리 감옥으로 가라고 명령했다. 그것은 사형언도와 마찬가지였다.

죄수들은 명령대로 아베 감옥의 옥사정에게 패물이나 돈을 맡기고 나갔다. 민중은 문밖에서 기다리다가 그들이 나서는 즉시 죽였다. 처형을 할 때마다 "국민 만세!"를 외쳤다. 민중은 앞다투어 처형에 참가했다. 국회의원들과 시정부 관리들이 아베 감옥으로 갔을 때, 앞마당에 시체가 쌓여 있고 피가 흥건했다. 국회의원들은 다중을 향해 그들 손으로 뽑은 관리들과 판사들을 믿고 더는 직접 재판을 하지 말아달라고 호소했다. 어떤 사람이 피가 뚝뚝 떨어지는 창을 들고 군중 속에서 나와서 말했다.

"이것은 몽모랭과 그 일파가 흘린 피입니다. 우리는 우리가 있어야 할 곳에 있으니, 여러분은 여러분의 위치로 돌아가십시오. 우리가 임명한 사람들이 마땅히 할 일을 수행했다면 우리가 여기 올 일이 없었을 테지요. 우리는 그들이 할 일을 하고 있으며, 원래 그 일은 우리의 일입니다. 우리가 죄인을 더 많이 죽일수록 우리는 더 많이 이기겠지요."

그들은 8월 10일에 튈르리 궁 안에서 총을 쏜 스위스 수비대 장교들을 처형했다. 마침 신문을 받고 있던 장교인 바슈만Bachmann은 루이 16세의 명령을 받고 부하들에게 발포명령을 내렸다고 발뺌했지만, 이튿날 아침 7시에 단두대에 올라야 했다. 수감자 명단은 삶과 죽음을 가르는 기준이었다. 생로랑 축일(8월 10일)의 범죄로 이름을 올린 사람들에게는 조금도 사정을 봐주지 않았다. 왕궁을 수비하던 병사 가운데 한 명은 8월 9일에 갇혔기 때문에 목숨을 구할 수 있었다. 사소한 사건, 주먹다짐, 또는 옛 대신들에게 밉보여간힌 사람들은 풀어주었다. 특히 적폐세력의 희생자를 풀어줄 때는 부축해 주었고, 문 앞에서 무기를 들고 서 있는 사람들에게 "모자를 벗으시오!"라고 말하면서 예우했다. 파리 시내나 외곽의 모든 감옥의 풍경은 이와 같았다.

일요일 오후부터 월요일까지 완전히 하루 동안 민중은 학살과 무죄방면 으로 감옥을 비웠다. 무사히 풀려나는 사람들에게는 먹을 것을 공짜로 제공 하면서 연신 "국민 만세!"를 외쳤다. 라포르스 감옥에서도 크루아루주 구 위 원들이 참사를 막으려고 노력했지만, 민중은 귀족 군인 마이이^{Mailly}를 죽였 다. 그러나 '저급한 신문'*에 궁중과 도시의 이야기를 다룬 메아르^{Méard}를 풀 어줬다. 그들은 메아르를 굶주리고 넝마나 모아서 입에 풀칠하는 불행한 인 간으로 생각했던 것이다. 몇몇 의원과 시정부 관리들은 생브리스 부인과 투 르젤 부인이 임신 중이라고 거짓말을 해서 목숨을 구해주었다.** 이 감옥에 도 상퀼로트 계층은 12인을 뽑아 수감자를 심사했다. 그들은 루이 카페의 시 종이던 샤미이^{Lorimier de Chamilly}를 풀어주었다. 그들은 8월 10일에 샤미이 가 중립을 지키는 모습을 보았기 때문에 그를 풀어준 뒤 집까지 안전하게 데 려다주었다. 살인을 정당화할 생각은 없지만, 인민재판을 실시하는 사람들 이 그 나름대로 기준을 가지고 있었다고 평가할 수 있다.

왕 일가를 따라 탕플에 들어갔다가 8월 19일에 라포르스로 옮긴 랑발 공 작부인은 투르젤 부인과 달리 9월 3일 감옥에서 즉결심판을 받은 뒤 끔찍하 게 죽었다. 민중은 차마 입으로 옮기기 어려울 정도로 시체까지 모욕했다.

---

* 볼테르는 이러한 종류의 신문을 경멸하는 낱말을 만들어서 '주르나이용journaillon'이라고 불렀다.
** 생브리스 부인Marie Danneville, Madame Jorel de Saint-Brice은 베르사유 궁에서 마리 앙투아네트 의 측근이었고, 투르젤 부인은 왕세자의 훈육담당관이었다.

그들은 머리를 잘라 창끝에 꿰어 들고 탕플로 가서 루이의 일가에게 보여주었다. 페티옹과 마뉘엘이 금지선을 설치해놓지 않았다면 그들은 탕플 탑 안으로 들어갔을 것이다. 마리 앙투아네트는 그 끔찍한 광경에 혼절했다. 극작가 출신으로 나중에 국민공회 의원이 된 메르시에Louis-Sébastien Mercier는 『새로운 파리Le Nouveau Paris』에서 랑발 공작부인에게 일어난 일을 이렇게 전한다.

수치심 때문에 묘사하기 어려운 사실이 하나 있다. 그러나 내게는 하나도 빼지 않고 진실을 말할 의무가 있다. 살인자들이 랑발 공작부인을 다양한 방식으로 몸에 상처를 입혀 죽인 뒤 그의 피투성이 몸을 조각조각으로 잘랐을 때, 어떤 괴물은 생식기를 잘라내 마치 콧수염처럼 붙였다. 수많은 사람이 그 모습을 보면서 겁먹고 몸서리쳤다.

당시 파리에는 도형수를 수용하던 베르나르댕Bernardins, 주로 비선서 사제와 추종자들을 수용하던 생피르맹Saint-Firmin이나 카름Carmes, 범죄인을 수용하던 샤틀레Châtelet,* 옛날 군인 감옥이던 아베Abbaye, 남녀를 구분해서 수용하던 라포르스La Force(남자는 Grande Force, 여자는 Petite Force), 옛날부터 병원과 감옥을 겸했던 살페트리에르Salpétrière와 비세트르Bicêtre 같은 곳이 있었다. 인권과 거리가 멀었던 구체제를 타파하고 자유의 시대를 연 혁명기에 파리에 과거보다 훨씬 더 많은 감옥이 생긴 것은 참으로 역설적인 현실이

---

* 샤틀레 감옥에는 269명이 갇혀 있었는데, 216명 이상이 학살당했다. 9월 4일에 파리 코뮌은 샤틀레 감옥을 헐기로 결정하고 토목공사를 입찰에 부치기로 했다.

다. 새 질서를 세우고 적폐를 청산하는 과정에서 죄인이 계속 늘어났고 기존의 감옥만으로 모자랐기 때문에 수많은 종교시설을 국가가 수용해서 감옥으로 만들었던 것이다. 9월 학살이 일어날 당시에 콩시에르주리 감옥에는 가장 많은 500명을 수용했는데 50퍼센트 이상을 처형했고, 비세트르에는 411명, 그랑드 포르스에는 408명을 수용했는데 모두 40퍼센트 정도를 처형했다. 파리 코뮌의 한 위원은 비세트르에서 죄수들이 무기를 들고 시민들을 공격하고 죽인다는 소문을 들었다면서 빨리 진압해야 한다고 다급하게 말했다. 파리 코뮌이 감옥마다 위원들을 파견해 흥분한 민중을 진정시키려고 노력했음에도 오히려 민중을 더욱 자극해서 학살을 부추겼다는 혐의를 받은 것은 이러한 소문 때문이었을 것이다. 그러나 3일 저녁회의에서 파리 코뮌은 비세트르 수감자들의 공격 소문은 누군가 완전히 날조한 것으로 공식 인정했다. 베르나르댕에는 가장 적은 75명을 수용했는데, 희생자는 73명이었다.

종합해서 보면, 9월 2일부터 6일까지 '인민재판'을 실시한 감옥에는 모두 2,500여 명이 갇혀 있었다. 그들 가운데 모두 1,090~1,395명이 학살당했다. 파리에서는 학살이 끝났지만, 인근의 베르사유·오를레앙·모·랭스에서도 학살사건이 일어나 모두 150명 정도가 희생되었다. 그 후 9월의 학살자를 뜻하는 명사 '세탕브리죄르septembriseur', 동사형 '세탕브리제septembriser'라는 새로운 낱말이 등장했다. 학살을 못마땅하게 생각하는 사람들이 쓰던 말인데, 이들은 누구에게 책임을 돌렸던가? 파리 코뮌과 코뮌의 감시위원회(마라는 감시위원이었다), 내무장관 롤랑, 법무장관 당통, 열렬한 상퀼로트 투사들? 주모자를 가려내기란 어려웠지만 며칠 동안의 학살행위와 그 결과는 명백하다. 재판장, 판사들과 배심원단을 급조해 감옥에서 처형과 방면을 결정한 사람 가운데 마이야르Stanislas Marie Maillard가 가장 유명했다. 그는 혁명 초부터 다중 앞에 나섰고 8월 10일에도 참여했으며, 9월 2일 아베 감옥 앞에서 맹활약을 해서 후세에 '아베의 위대한 판사', '학살자들의 두목'이라는 별명을 얻었다. 그러나 학살을 조직하거나 명령하거나 실행한 사람들을 구체적인 증거로 일일이 알아내기란 불가능하다. 당시에도 정치적인 투쟁에서 지롱드파가 몽타뉴파와 급진좌파 언론인들에게 혐의를 씌웠지만 정확한 근거를 제시하지는 못했다. 9월 학살은 정치판에 등장해서 세력을 얻기 시작한 상퀼로트의 행동을 규제할 만큼 공권력이 확고히 뿌리내리지 못한 현실에서 일어난 사건이었다.

6
공화국 선포

8월 10일, 베르니오는 12인비상위원회가 준비한 "국민공회 구성에 관한 법안"을 보고했다. 위험한 상태의 조국을 구하기 위해 모든 조치를 취해야 하기 때문에 무엇보다도 행정부의 권한을 시급히 정지하고, "특별위원회가 내일 국민공회를 구성하는 방법과 시기에 대한 안"을 제출한다는 것이었다. 엔의 드브리Jean-Antoine-Joseph Debry는 12인비상위원회 이름으로 국민공회 의원 선거에서 투표권을 행사할 수 있는 자격에 대해 발의하고, 의원들은 긴급동의로써 통과시켰다.

> 25세 이상으로 1년 이상 국내에 거주하면서 자기 힘으로 생계를 꾸리는 프랑스 시민은 능동시민과 전혀 차별을 두지 않고 코뮌의회와 기초의회에서 국민공회 의원의 선거에 투표권을 가진다.

11일에 12인비상위원회의 가데는 국민공회에 관한 법안을 보고하고 토론에 부쳤다. 유권자의 나이에 대해 오트가론의 멜Jean-Baptiste Mailhe은 25세라는 기준이 너무 높으니, 나라와 자유를 지키는 젊은이들에게도 기회를 준다는 뜻에서 입대할 수 있는 나이면 투표권을 행사하게 하자고 제안했다. 베르니오는 18세에게 투표권을 주는 것은 너무 이르다고 반대했다. 그는 18세의 젊은이가 올바르게 행동할 줄 알고 자유를 열렬히 사랑할 수 있겠지만, 국민공회를 구성하는 투표를 할 정도로 세상을 충분히 알지 못한다는 이유를 들었다. 멘에루아르의 슈디외는 선거권을 21세, 피선거권을 25세로 정하자고 제안했다. 의원들의 지지를 받은 김에 슈디외는 자유와 평등을 유지하겠다고 맹세를 해야 선거권을 행사할 시민의 자격을 얻을 수 있다는 항목도 제안해서 통과시켰다. 8월 26일 일요일에 기초의회가 모여 선거인을 뽑으며, 선거인은 9월 2일 일요일에 모여 국민공회 의원 선거를 시작한다.

　　제12조. 기초의회에 모인 시민들, 선거인회의에 모인 선거인들은 모두 자유와 평등을 목숨 바쳐 유지할 것을 맹세한다.
　　제13조. 국민공회 의원들은 9월 20일까지 파리에 와서 국회 사무처에 등록해야 한다. 등록 의원이 200명을 넘으면, 국회는 국민공회 개원일을 지정할 수 있다.

　　국민공회 의원을 입법의원의 수만큼 뽑는다고 의결한 데 대해, 프뤼돔은 『파리의 혁명』(제163호)에서 전국 7만 개의 기초의회에서 1,200명 정도를 뽑아야 의정활동을 원활히 할 수 있을 텐데 750명을 뽑는 것은 부족하다고 아쉬워했다. 8월 21일 화요일에는 긴급히 선거권과 피선거권에 관해 명확하지 않은 조문을 수정해서 전국에 알리기로 했다. 슈디외가 제안했던 안을 통과시킬 때 명확하게 규정하지 않았던 선거인 자격도 이제는 확실해졌다.

> 21세 이상의 프랑스 남성으로 1년 이상 국내에 거주하면서 스스로 생계를 꾸릴 수 있는 사람은 기초의회에서 투표할 수 있다. 그중에서 25세 이상의 남성은 선거인과 국민공회 의원이 될 수 있다.

이처럼 국민공회의 구성방법과 시기에 관한 법은 일단 통과시킨 뒤에도 분명치 않거나 서로 부딪치는 조항을 보는 대로 수정하거나 보완하면서 9월부터 선거를 시작했다. 지난 선거에서 '수동시민'이었던 사람들도 위의 조건만 갖추면 선거권과 피선거권을 얻을 수 있게 되었으니 유권자가 전보다 두 배 이상으로 늘었다. 입법의원이 될 수 없던 제헌의원 출신 인사들과 제2대 국회의원(입법의원)들, 그리고 파리 코뮌과 83개 도에서 정치에 발을 들인 사람들이 후보가 되기 쉬웠다. 파리에서는 로베스피에르가 1호로 국민공회 의원에 뽑혔다. 사실 그는 파드칼레Pas-de-Calais와 파리에서 뽑혔지만, 파리를 지역구로 선택했다. 그가 제헌의원으로 활동할 때 보여준 태도, 자코뱅 클럽의 활동경력, 8월 10일 이후 파리 코뮌에서 한 역할은 앞으로 그의 영향력을 충분히 예측할 수 있게 해줄 만했다. 파리에서 당선한 의원 스물네 명 가운데 순서대로 몇 명을 소개하면 법무장관 당통, 문필가 콜로 데르부아, 파리 코뮌 검찰관 마뉘엘, 법률가 비요 바렌, 변호사이자 신문발행인인 데물랭, 신문발행인 마라가 있으며, 로베스피에르의 동생도 열아홉 번째로 뽑혔다. 필리프 에갈리테로 이름을 바꾼 오를레앙이 마지막으로 뽑혔다.[*]

입법의회에서 세력을 형성했던 지롱드파Girondins 또는 브리소파Brissotins

라 불리는 의원들에 대해서도 잠시 알아보자. 먼저 브리소Jacques-Pierre Brissot de Warville는 외르Eure, 루아레Loiret, 외르에루아르Eure-et-Loir의 세 군데에 서 뽑혔고, 외르에루아르를 지역구로 선택했다. 그리고 지롱드에서는 모 두 열두 명을 뽑았다. 변호사이자 입법의원인 베르니오, 변호사·파기법원 판사·입법의원인 가데, 파기법원 판사·입법의원인 장소네, 법률가·입법의 원인 그랑주뇌브Jean-Antoine Grangeneuve, 변호사·입법의원인 제이Jean Jay, 도매업자·입법의원인 뒤코Jean-François Ducos fils, 변호사·입법의원인 가로 Pierre-Anselme Garrau, 보르도 도매업자·행정관인 부아예 퐁프레드Jean-Baptiste Boyer-Fonfrède, 카디야크Cadillac 디스트릭트 행정관 출신인 들레르Alexandre Deleyre, 도매업자·입법의원인 뒤플랑티에Jacques-Paule-Fronton Duplantier, 그 리고 리부른Libourne의 도매업자인 라카즈Jacques Lacaze fils aîné와 생마케르 Saint-Macaire Bergoeing aîné는 예비후보로 뽑혔다가 각각 사르트Sarthe를 지역 구로 선택한 시에예스Emmanuel-Joseph Siéyès와 엔Aisne을 지역구로 선택한 콩 도르세의 자리를 차지했다. 국민공회의 초기에 지롱드파는 150명 이상으로 가장 큰 세력을 형성했으며, 루이 카페를 재판하고 사형을 언도하되 집행을

---

* 8. 문필가 라비콩트리Louis-Charles de Lavicomterie 9. 푸주한 르장드르Louis Legendre 10. 외교관 출신 라퐁 뒤 트루이예Nicolas Raffron du Trouillet 11. 법률가 파니스Etienne-Jean Panis 12. 판화 가 세르장Antoine-François Sergent 13. 문필가 로베르Pierre-François-Joseph Robert 14. 비명문 학아카데미 회원·입법의원 뒤조Jean Dusaulx 15. 문필가 프레롱Stanislas-Louis-Marie Fréron 16. 의사·입법의원 보베Charles-Nicolas Beauvais 17. 시인 파브르 데글랑틴Philippe-François-Nazaire Fabre d'Eglantine 18. 소송대리인 오슬랭Charles-Nicolas Osselin 19. 동생 로베스피에르Augustin-Bon-Joseph Robespierre le jeune 20. 화가 다비드Jacques-Louis David 21. 테아트르 프랑세 구 선 거인 부셰Antoine-Sauveur Boucher 22. 문필가 레뇰로Joseph-François Laignelot 23. 법학사 토마 Jean-Jacques Thomas 24. 오를레앙(필리프 에갈리테).

116

유예하자는 의견으로 몽타뉴파와 대립하게 된다.

9월 8일 토요일에 페티옹이 파리 코뮌 대표단을 이끌고 국회에 와서 중요하고 유익한 제안을 하겠다고 다음과 같은 취지로 말했다.

"국회의 회의실은 여러모로 아주 불편합니다. 좁고 비위생적이며, 방청객도 소수만 허용합니다. 국가의 위신에 걸맞지 않으며, 국회의 위상에 조금도 부합하지 않습니다. 국회로 접근하는 길도 복잡합니다. 국회의 위치가 아주 중요하다고 생각해서 튈르리 궁으로 시선을 돌려보았습니다. 옛날 테아트르 프랑세(프랑스 극장)의 공연장이 눈에 들어왔습니다. 여태까지 튈르리 궁은 왕을 위한 공간이었지만, 이제는 인민을 위한 공간으로 만들 때입니다. 우리가 선택한 공간은 아주 넓고 편리하며, 의원들의 목소리를 멀리 깨끗하게 전달할 수 있으며, 전보다 훨씬 많은 방청객을 수용할 수 있기 때문에, 국회의 품위를 지키기에 아주 적합합니다."

10일에 브리소는 공교육위원회와 특별위원회를 대표해서 국회를 튈르리 궁으로 옮기는 방안에 대해 보고했다. 그러나 의원들은 구체적인 예산안을 마련할 때까지 심의를 연기했다. 14일 금요일에 의원들은 국민공회를 위한 공사비로 최대 30만 리브르까지 허용하기로 의결했다. 이제 튈르리 궁의 국민공회 시대를 준비하는 공사를 시작할 수 있었다. 15일에 타른의 라수르스는 국민공회 의원 명단에 관한 법안을 발의했고, 의원들은 원안대로 처리했다.

국회는 입법부가 정치체의 생명과 힘을 보여주는 모든 활동의 중심이라고 생각한다. 또 입법의회의 폐지와 국민공회 개원에 조금이라도 시차가 생긴다면 공공의 적들에게 무질서를 획책할 기회를 줄 수 있다고 생각한다. 그래서 다음과 같이 긴급 명령한다.

제1조. 국회 기록보관실장은 국민공회 의원 200명 이상이 등록하는 즉시 명단을 제출한다.

제2조. 내무장관은 튈르리 궁*에 특별실을 마련해서 국민공회 의원들이 자격심사를 받을 동안 제공한다.

제3조. 입법의회는 국민공회가 구성되었음을 통보받는 즉시 해산한다.

9월 19일 수요일에 국회는 브룬스비크 공과 포로를 교환하는 방안을 논의한 뒤 같은 계급에서 1대 1 교환원칙을 긴급명령으로 발동했다. 잠시 후 국회 기록보관실장 카뮈Camus가 국민공회 의원의 등록자가 201명을 넘겼다고 통보했다.** 의원들은 라수르스가 발의한 국민공회 소집명령을 원안대로 처리했다.

국회의 기록보관실장은 내일, 9월 20일 오후 4시에 국민공회 의원들을 소집한다. 의원들은 튈르리 궁의 회의실에 모인다. 회의실은 중앙계단 위에 있는 두 번째 방이다.

파리 시장은 국민공회 의원들을 보호할 수비대를 구성하는 조치를 취한다.

이 명령은 오늘밤 게시한다.

---

* 국회의원들은 튈르리 궁을 튈르리 국립건물édifice national de Tuileries이라고 부르기 시작했지만, 관행대로 궁으로 부르겠다.

** 카뮈는 제헌의원으로 활동한 뒤, 입법의회가 개원했을 때 국회 활동을 원활히 하기 위해 기록보관실을 맡아서 운영했다. 제7권 제1장 1절 "입법의회 개원과 초기 활동" 참조.

그날 저녁회의에서 의원들은 튈르리 궁에 국민공회 회의실을 마련하는 과정에서 철거하는 미술품을 경매에 부치는 일, 더 나아가 루브르 궁에 미술품을 안치하는 방안을 논의했다. 이렇게 해서 루브르 박물관이 생겼다.

왕의 건축물과 국립 건축물에 있는 미술품을 루브르에 모으고, 베르사유 궁과 정원의 미술품은 별도로 정할 때까지 그대로 둔다.

9월 20일, 내무장관 롤랑은 튈르리 궁에 회의실을 마련하고 국민공회 의원들을 맞이할 준비를 끝냈으며, 파리에서 뽑힌 의원 몇 명의 이름으로 동료들을 오전에 자코뱅 클럽에 모이라고 권유하는 벽보를 게시했다고 보고했다. 그날, 파리에서 동북쪽 220킬로미터 밖에 있는 발미Valmy에서는 프랑스군이 개전 이후 처음으로 프로이센군의 포격을 물리치고 승리했으며, 국회에서는 오랫동안 논란거리였던 이혼을 허용했다. 이튿날인 21일은 입법의회와 국민공회가 공식적으로 자리를 바꾸는 날이었다. 보주Vosges의 프랑수아 드 뇌프샤토Nicolas François de Neufchâteau는 국민공회가 구성되었으니 이제 입법의회는 모든 심의와 보고서 작업을 끝내야겠지만, 마지막으로 국민공회에 대한 믿음과 그들이 제정할 법을 존중한다는 뜻을 만천하에 선언하자고 제안했다. 그는 입법의회가 튈르리 궁에 모인 국민공회로 가서 축하해주고, 그때 자신이 작성한 글을 전달하자고 제안했다. 의원들은 그가 낭독한 글을 승인했다. 정오가 되었을 때 국민공회의 대표단 열두 명이 입법의회에 들어섰다. 의원들은 이제부터 아무도 발언할 수 없다고 의결한 뒤 당장 대표단을 들이기로 했다. 국민공회 대표들은 의장의 맞은편에 섰다. 그레구아르 신부가 대표로 말했다.

"시민들이여, 인민의 대표들이 국민공회를 구성했습니다. 그리하여 우리를 대표로 뽑아 그 사실과 함께, 바로 여기서 회의를 시작한다는 사실을 여러분에게 알려드리라고 보냈습니다."

임시의장인 프랑수아 드 뇌프샤토가 국민공회 대표단에게 답사를 했다.

"시민들이여, 입법의원들과 방청객들은 여러분이 프랑스 인민에게 들려준 소식을 몹시 반갑게 들었고 우렁찬 박수로 환영했습니다. 나는 국회를 대표해서 곧 보고서 낭독과 채택을 끝으로 우리의 임기를 끝내려 한다는 사실을 알려드립니다. 국회는 모든 입법의원이 국민공회로 가서 직접 국민공회 의원들을 회의장으로 안내한 뒤, 주권자인 인민의 대표들이 반포할 법을 존중하겠다는 최초의 모범과 확약을 보여드리겠습니다."

회의장이 떠나갈 듯이 박수소리가 터졌고, 입법의원 대표 열두 명이 국민공회 대표단을 인도해 회의장을 떠났다. 프랑수아 드 뇌프샤토는 캉봉에게 의장석을 물려주었다. 캉봉이 의장석에 앉은 뒤, 비서인 보리Borie가 1792년 9월 21일 오전회의의 내용을 정리한 회의록을 읽었고, 의원들은 이를 채택했다. 캉봉은 회의록을 채택했고, 입법의회의 회의를 끝낸다고 선언했다. 그리고 모든 의원이 튈르리 궁으로 가기 위해 회의장을 나섰다. 그렇게 입법의회의 공식 임기가 끝났을 때는 12시 반이었다.

지금까지 입법의회의 공식 임기가 9월 21일 금요일에 끝나는 과정을 살펴보았다. 그러나 입법의회가 제정한 법에 따라 국민공회는 20일 저녁 5시 반에 튈르리 궁 회의실에서 비공개로 공식 일정을 시작했다. 바랭의 입법의원 출신인 륄Philippe Jacques Rühl이 거기에 모인 의원들 가운데 제일 나이가 많은 55세였기 때문에 의장직을 맡고, 신문기자 출신으로 센에우아즈의 탈리엥Jean Lambert Tallien이 25세 8개월과 입법의원 출신인 코레즈Corrèze의 페니에르Jean-Augustin Pénières가 26세로 제일 젊기 때문에 비서직을 맡았다. 그리고 비서들 사이에 입법의회의 기록보관인이던 오트루아르의 카뮈Armand Gaston Camus가 앉았다. 카뮈는 의원의 참석 여부를 확인하는 일을 하면서 입법의회에서 맡았던 임무를 마지막으로 수행했다. 이렇게 해서 371명이 비공개회의를 시작했다. 먼저 공개회의를 이끌어나갈 의장으로 파리 시장 출신인 외르에루아르의 페티옹과 비서 여섯 명을 뽑았다. 콩도르세, 브리소 드 우아르빌, 제헌의원 출신인 오브Aube의 라보 드 생테티엔, 라수르스, 베르니오, 카뮈가 비서진을 구성했다.

9월 21일 아침 10시에 국민공회는 튈르리 궁에서 공개회의를 시작하고 전날 저녁의 회의록을 읽고 승인했다. 어떤 의원은 입법의회에서 활동하다가 국민공회의 의원이 된 사람은 자기가 소속했던 각종 위원회의 문서를 잘 감시하자고 제안했다. 다른 의원은 빨리 대표단을 꾸려 입법의회에 국민공회의 구성을 통보하자고 제안했다. 그레구아르가 대표단을 이끌고 마네주(입법의회)로 갔다. 르망의 판사 출신인 사르트의 필리포Pierre Philippeaux는 의장과 비서들 사이에 부의장을 두자고 제안했다. 어떤 의원은 비서 중에서 가장 먼저 뽑힌 사람을 부의장으로 임명하자고 제안했고, 의원들은 간단한 토론을 거쳐 부의장도 의장을 뽑는 방식대로 호명투표로 뽑는다고 결정했다. 어떤 의원은 입법의회의 노고에 감사하자고 제안했다. 그사이에 입법의회의 대표단이 도착했다. 프랑수아 드 뇌프샤토는 20일에 보고하고 승인받은 글을 국민공회 의원들 앞에서 읽었다.

"국민의 대표 여러분,

입법의회 구성원들은 국민공회가 구성되었다는 사실을 알고 모든 업무를 끝내면서 마지막으로 다음과 같이 의결했습니다. 우리는 단체로 튈르리 궁에 모인 여러분 곁으로 가서 직접 여러분이 회의할 장소로 인도하고, 여러분의 손에 모든 권위의 고삐를 넘겨준 것을 자축하겠으며, 여러분이 대표하는 존엄한 인민 앞에 머리를 숙이는 모범을 보이겠습니다.

국민은 우리의 목소리에 화답해서 여러분을 뽑았습니다. 그리고 우리의 권유를 받아들여 단 한 사람의 배신행위에서 2,400만 명을 구하기 위해 우리가 취한 비상대책을 한마음으로 받아들였습니다. 그래서 우리는 여러분이 모인 것을 보면서 특히 기뻐했습니다.

8월 10일 이후 나라가 어려운 상황에 처해 있기 때문에, 여러분은 오늘부터 여러분이 소유한 권력과 능력을 완전히 발휘해주셔야 합니다. 그래서 우리는 국민이 여러분에게 맡긴 권위를 하나도 잠식하지 않으려 애쓰면서도 국민의 이익을 위해 긴급조치를 취했음을 이해하시기 바랍니다.

끝으로, 의원 여러분은 위대하고 고귀한 국민의 무한한 신뢰를 받으면서 이곳에 오셨으며, 외적에게 우리 국민의 자주적인 목소리를 들려주는 동시에 국내의 무정부상태를 바라는 괴물의 손발을 묶고 모든 장애를 제거하며, 법의 칼날 앞에 모든 사람이 고개를 숙여 징벌과 구원을 받도록 해야 합니다.

국내외의 혼란이 평계가 되지 않도록 해주시고, 분열도 사라지게 만들어주십시오. 오직 자유와 평등을 바라는 국민의 명령을 받들어 굳센 반석 위에 세워주시기 바랍니다. 여러분의 위대한 운명을 받아들이고, 우리가 여러분을 위해 했던 약속을 이행해주십시오. 하늘이 인간에게 주는 가장 으뜸의 값진 선물인 자유·법·평화를 프랑스 인민에게 주시기 바랍니다. 자유가 없으면 프랑스인은 더는 살 수 없으며, 법은 자유의 가장 확고한 기초이며, 평화는 전쟁의 유일한 목적이고 전쟁을 끝내는 길입니다. 그리스인들이 자유·법·평화, 이 세 가지 말을 델포이 신전의 문에 새겼듯이, 여러분은 프랑스 땅에 지울 수 없는 글씨로 새겨주십시오. 이제 우리는 뿔뿔이 흩어져 집으로 돌아가지만, 어디에 있든지 여러분의 지혜를 믿고 기존의 법을 존중하면서 앞으로 프랑스를 수호할 여러분이 권위 있게 법을 반포하기를 기다리겠습니다. 우리는 앞으로 여러분이 세울 자유로운 인민의 정부에 복종하겠으며, 여러분의 존귀한 의회가 이 대제국을 구성하는 우리 모두의 구심점이며 우리를 보존해주는 통일체이기 때문에 여러분이 한마음으로 뭉치는 것을 가장 공식적으로 바라겠습니다.”

국민공회 의원들은 감동해서 우렁찬 박수로 환영했다. 의장 페티옹이 답사를 했다.

“여러분은 힘겨운 일을 모두 마치셨습니다. 여러분은 모든 수단을 동원해서 끊임없이 발목을 잡고 작업을 무력화하며 공공정신을 부패시키는 적폐 세력과 끈질기게 싸웠습니다. 사람들은 여러분의 무력함이 열의를 얼마나 꽁꽁 묶었는지 충분히 알아차리지 못했습니다. 여러분은 국민이 맹목적으로 신성시하면서 맡긴 국회를 반드시 지키겠다고 맹세했지만, 그것을 수호할 수 있는 권위를 부여받지 못했습니다. 여러분은 국회가 위험해지고 그와 함께 자유가 사라지는 위기를 맞이했을 때 국가를 구할 수 있는 고상하고 용감하고 오직 하나뿐인 해결책을 찾았습니다. 여러분은 국민에게 위험을 알렸고, 국민은 일제히 일어났습니다. 그리고 더욱 굳건한 기초 위에 자기 권리와 행복을 확립해달라고 우리를 이곳으로 보냈습니다. 우리는 그들이 맡겨준 존엄한 임무를 수행하는 일에 전념하겠습니다. 우리 손에 위대한 인민, 전 세계, 그리고 미래세대의 운명이 달려 있음을 한시라도 잊지 않겠습니다. 이런 생각만 해도 우리 영혼이 고결해지는 것 같아 용기가 솟습니다. 인간을 타락시키는 사소한 정념이 사라집니다. 질투와 자만에서 나오는 의도를 경멸하겠습니다. 우리가 인류를 위해 일하려면 오직 그들을 행복하게 만들어주겠다는 야심만 가지면 충분합니다."

의장 페티옹은 입법의원들의 노고를 치하한 뒤 긴급제안을 했다.

"우리가 다른 결정을 내리기 전에 입법부의 회의장으로 옮겨 대중이 보는 앞에서 안건을 심의하는 편이 낫겠다고 생각합니다. 국민공회는 한시바삐 인민의 행복을 위해 공식적으로 업무를 시작해야 합니다."

국민공회 의원들과 입법의원들이 함께 튈르리 궁의 회의실을 나와서 마네주를 향해 움직였다. 국회의 정리들이 인도하는 대로 페티옹이 맨 앞에서 마네주의 회의장으로 들어가 의장석에 앉았고, 그 뒤를 따라온 콩도르세, 브리소, 라보 드 생테티엔, 베르니오, 라수르스, 카뮈가 비서들의 자리에 앉았다. 국민공회는 입법의회의 의장석을 그대로 쓰지 않고 맞은편에 새로 마련했기 때문에, 좌파와 우파의 자리가 바뀌었다. 정적이 앉던 자리에 서로 앉지 않으려고 했기 때문에, 국민공회에서는 좌파가 의장의 오른쪽에, 우파가 왼쪽에 앉았다. 모두 자리에 앉은 뒤, 의장이 공식적으로 말했다.

"의원님들은 국민공회가 어제 했던 활동에 대한 회의록을 읽기를 원하십니까?"

대다수 의원이 찬성하니 비서 중 카뮈가 21일 새벽 1시에 첫 회의를 마칠 때까지의 회의록을 낭독했다. 그러고 나서 자연스럽게 의사진행에 관한 의견이 나오기 시작했다. 파리의 검찰관 출신 마뉘엘은 장 자크 루소의 말*을 인용이나 하듯이 의원들이 신들과 같은 지혜로 인류의 행복을 준비해야 하며, 그렇게 하려면 왕이 아닌 철학자가 되어야 할 것이라고 말한 뒤, 국민공회 의장의 권위를 드높이는 방법으로 튈르리 궁에 관사를 마련해주고, 국민주권을 대표하는 의원들의 권리와 의무를 항상 기억하자는 취지로 말했다. 종교인으로 바랭의 시몽Philibert Simond은 앞으로 "인민이 보는 앞에서만 심의와 의결을 할 것"임을 선언하자고 제안했고, 의장은 마뉘엘이 발의한 문제와 상관없으니 다음에 논의하자고 일축했다. 페티옹은 첫날부터 과거 궁전에 자기가 살 관사를 마련하자는 말을 받아들이기 어려웠을 것이다. 파리의 판사 출신으로 우아즈Oise에서 당선된 마티외는 마뉘엘의 발의를 우선순위로 논의할 이유를 모르겠다고 말했다. 제헌의회와 입법의회에서 의원들은 의장과 왕의 의자 크기를 놓고 토론하느라 시간을 보냈는데, 그보다 더 급히 해결할 문제가 있다고 말했다. 국민공회는 국민이 모든 권력을 파면했음을 가장 먼저 선언하고, 과감하게 국민공회의 이름으로 모든 권력이 임시로 존재하는 것임을 선언해야 한다고 주장했다. 알리에Allier의 샤보Georges-Antoine Chabot는 마뉘엘과 마티외의 말을 모두 반박했다. 그는 마뉘엘이 의원을 왕과 비교하지 말자고 해놓고, 나중에는 왕과 비슷한 권위를 주자고 말했는데, 의원이 인민의 권한을 위임받은 단순한 관리임을 명심해야 한다고 비판했다. 그는 마티외의 말을 반박하기 위해 국민공회 의원들의 임무를 상기시켰다. 그는 국민공회가 인민에게 헌법을 주는 임무가 아니라 헌법을 제안하는 임무를 가지고 있으며, 주권자 인민으로부터 직접 나오는 모든 권위를 해산할 수 없으며, 그 반대로 그러한 권위를 인정해야 한다고 말했다.

"이러한 이유에서 여러분은 어제 '우리는 국민공회를 구성했다'가 아니

---

* "인간에게 법을 주려면 신들이 필요할 것이다Il faudroit des dieux pour donner des loix aux hommes." J.-J. Rousseau, *Contrat social*, Livre II, Chapitre VII Législateur.

라 '국민이 우리를 구성했다'고 선언했던 것입니다. 프랑스가 여러분에게 유익한 개혁을 맡겼습니다. 그러나 여러분의 창조자로부터 나오는 권위를 무너뜨리는 것은 제3의 반란을 낳을 위험한 이단이 될 것입니다. 그러므로 국민공회는 앞으로 인민에게 법을 제시할 때 인민의 점검과 채택을 거치겠다고 선언해야 합니다."

마뉘엘은 자기 말을 곡해한 모양이라고 하더니, 단지 의장에게 관사를 제공해서 시민들이 필요할 때마다 그와 쉽게 소통할 수 있게 만들어준다면 의장이 늘 당당하고 소박한 태도를 유지할 수 있을 것이라는 취지였다고 변명했다. 신문기자로 파리 코뮌에서 일한 센에우아즈의 탈리엥Jean-Lambert Tallien은 마뉘엘의 제안을 부결로 이끈 뒤에 다음과 같이 발의했다.

"국민공회는 프랑스 인민에게 자유와 평등에 기초한 정부를 수립하기 전에 헤어지지 않겠다고 엄숙히 약속해야 합니다. 앞으로 이 기초와 동떨어진 법을 절대 제정하지 않겠다고 맹세할 것을 제안합니다. 인민의 대표들은 활동을 마치는 날까지 이 맹세를 지켜야 합니다."

제헌의원 출신인 노르Nord의 메를랭Philippe-Antoine Merlin de Douai은 맹세를 하지 말고, 인민을 구하겠다고 인민 앞에 약속한 뒤 당장 그 작업을 시작하자고 말했다. 입법의원 출신인 퓌드돔의 쿠통Georges Couthon은 국민공회가 사회계약의 계획을 기초하려고 모였음을 강조했다. 헌법의 모든 조치를 인민에게 승인받아야 하기 때문에 국민공회는 계획을 마련하는 임무에 충실해야 한다는 말이었다. 그는 인민이 온전하고 완전한 주권을 가졌음을 선언하고, 이러한 주권을 변화시키거나 제한하려는 왕정·독재·삼두정, 그리고 어떤 종류의 개인적인 권력을 모두 저주한다는 맹세를 하자고 제안했다. 입법의원 출신인 코트도르의 바지르는 지난 4년 동안 했던 모든 맹세가 모독당했으니, 이런 식으로 선언한다고 해서 인민을 안심시킬 수 있겠는지 묻고는 좀더 강력한 제재안을 제시했다.

"국민공회는 자유와 인민주권을 해치는 자, 개인적이고 세습적인 권력을 수립하자고 제안하는 자는 누구든 사형을 선고하자고 제안합니다. 이 법은 쿠통이 한탄하던 모든 폐단을 확실히 사라지게 만들 것입니다."

입법의원 출신인 에로의 루예Jean-Pascal Rouyer는 맹세를 100번 하는 것보다 강력한 법적 제재가 더 효과적이라고 거들었다. 마티외는 맹세가 필요하다고 반박했다. 당통은 대포소리가 날 때 긴급히 법무장관직을 맡았지만, 이제 질서와 평화를 회복한 시점에 인민의 대표로 말하게 되었다고 운을 뗐다. 그는 헌법이 절대다수의 기초의회가 받아들일 때 비로소 존재할 수 있는 것임을 국민공회가 엄숙히 선언해야 한다고 말했다. 그리고 나서 자유와 공공의 안녕을 위한 조치를 취해야 한다고 강조하고, 지금까지 인민에게 폭군에 대한 경각심을 일깨워주려고 노력했다면, 지금부터는 자유를 해치는 자들을 두렵게 만드는 법이 필요하다고 역설했다. 그러한 법이 모든 죄인에게 벌을 내려 인민이 더는 아무것도 바랄 게 없도록 만들어야 한다고 말했다. 당통은 8월 10일에 인민이 봉기한 이유가 국회 활동에 불만이 있었기 때문이라고 분석하면서, 앞으로 그런 일이 일어나지 않게 하려면 자유의 적들부터 철저히 응징해야 한다고 강조했다. 훌륭한 시민들은 자유를 열렬히 사랑하는 사람들이 사회질서를 해칠 만큼 그 원칙을 과장했다고 생각하는데, 이제 모든 사람이 과장을 삼가도록 하자, 그리고 토지재산, 개인재산, 산업재산을 영원히 유지하고 세금을 지속적으로 걷겠다고 선언할 것을 제안했다.

"우리는 모든 것을 다시 봐야 하고 다시 창조해야 합니다. 인권선언문 자체에도 흠이 없지 않으며, 진정 자유로운 인민이 수정해야 합니다."

사르트의 필리포는 프랑스 인민을 안심시키고 안정시키려면 맹세만 해서는 안 되며, 국가가 모든 재산권과 신체의 자유를 보호해준다는 원칙을 선언해야 한다고 당통이 말했음을 상기시킨 뒤, 인민이 헌법을 받아들여야 헌법이 존재할 수 있다는 첫 번째 원칙부터 먼저 토론하자고 제안했다. 여러 의원이 제안과 토론을 거듭한 끝에, 쿠통의 안과 제헌의원 출신인 마른의 프리외르Pierre-Louis Prieur가 발의한 안을 차례로 통과시켰다.

1. 인민이 승인한 헌법만 인정한다.
2. 국가는 인신과 모든 형태의 재산을 보호한다.

한마디로 말해서, 국민공회 의원들은 자신들이 가장 먼저 해야 할 일이 무엇인지 규정하고, 입법의회 시절의 모든 법과 권력기관의 존재이유가 타당한지 아닌지 결정하려고 노력했다. 바지르는 국민공회가 프랑스의 정치적 현황을 잠정적으로 유지할 것을 선언하자고 제안했으며, 프리외르는 바지르의 안을 좀더 명확히 해서 표결에 부치자고 발의했다. 의원들은 엔Aisne의 키네트Nicolas-Marie Quinette, 필리포, 카뮈의 의견을 종합하고 제헌의원 출신인 드페르몽Jacques Defermon의 안을 심의해서 통과시켰다.

국민공회는 다음과 같이 선언한다. 지금까지 폐기하지 않은 법률, 철회하지 않거나 정지하지 않은 모든 권력을 앞으로 새로운 법을 제정할 때까지 유지하며, 공공의 세금을 예전처럼 계속 징수한다.

리옹에서 배우·극단장으로 활동하다가 혁명이 일어나자 파리에 정착해

정계로 나선 콜로 데르부아가 중대한 의사진행 발언이 있다면서 왕의 문제를 상기시켰다.

"우리는 지금까지 현명하게 의사를 결정했습니다. 그러나 아직 중대하고, 유익하고, 반드시 필요한 문제를 결정하지 않았습니다. 그 문제를 내일로 미룰 수 없습니다. 아니, 국민이 바라는 것을 충실히 따른다면 한순간도 미룰 수 없습니다. 바로 왕정을 폐지하는 문제입니다. 나는 왕정을 폐지해야만 앞으로 국민공회가 하는 모든 일이 튼튼한 기초 위에 바로 설 것이라고 생각합니다."

키네트는 즉시 반론을 제기했다. 그는 왕정을 심판하는 것은 의원이 아니라 인민이라고 주장했다. 그는 이미 의원들이 목숨을 바쳐 왕들과 왕정에 반대해 싸우겠다고 맹세했으며, 그것으로 충분하다고 말했다. 그러자 그레구아르가 개입했다.

"우리는 아무도 프랑스에 왕들의 계보를 유지해야 한다고 주장하지 않습니다. 우리는 모든 왕조는 인민의 피를 마셔야만 존속할 수 있는 탐욕스러운 족속임을 잘 압니다. 그러나 우리는 자유의 친구들을 충분히 안심시켜야 합니다. 왕은 아직도 수많은 사람을 겁먹게 만드는 마법의 힘을 가진 부적 같은 말이므로 폐기해야 합니다. 그러므로 우리는 왕정을 영구히 폐지한다는 사실을 법으로 엄숙하게 선언해야 합니다."

의장이 그레그루아의 안을 표결에 부치겠다고 하자, 모든 의원이 일제히 일어났다. 그들은 조국에 해를 끼치는 정부를 배격하겠다는 의지를 한마음으로 천명했다. 바지르가 의사진행 발언이라면서 한마디 하자 의원들이 웅성거렸고, 바지르는 자기 말을 곡해하지 말라고 부탁했다.

"물론 왕정을 폐지해야 합니다. 인민이 그것을 원합니다. 반드시 폐지해야 합니다. 그러나 유럽의 모든 인민도 틀림없이 우리에게 동의할 결정을 내리려면 먼저 엄정하게 토론을 거쳐야 할 것입니다."

그레구아르가 다시 나섰다.

"모든 사람이 동의하는 문제를 굳이 토론할 필요가 있습니까? 괴물은 육체적으로 그렇게 보이는 존재일 뿐이지만, 왕들은 도덕적인 괴물입니다. 모든 궁정은 범죄와 부패의 온상이며 폭군의 소굴입니다. 왕의 역사는 국민의 수난을 말합니다. 우리 모두가 이 진실을 알고 있는 마당에 무슨 토론이 필요합니까? 나는 이 엄숙한 법안에 상응하는 전문을 기초하는 문제는 일단 제쳐놓는다손 치더라도 내 제안만이라도 표결에 부칠 것을 요청합니다."

의장은 그레구아르 신부의 제안을 즉각 표결에 부치고, 의회는 만장일치로 "국민공회는 프랑스에서 왕정을 폐지한다"는 법안을 가결했다. 의원뿐만 아니라 방청객까지 기뻐서 "국민 만세!"를 수없이 외쳤다. 이로써 1792년 9월 21일은 왕정을 공식적으로 폐지한 날이 되었다. 프뤼돔은 『파리의 혁명』(168호)에서 이렇게 말했다.

지난 4년 동안의 역사를 가지고 미래를 판단하지 말라. 군주정 시대의 예속상태에서 벗어나 공화주의의 자유로 오는 길은 수많은 암초와 폭풍을 만날 수밖에 없었다. 그러나 우리는 마침내 항구에 도착했다.

프뤼돔이 생각한 것처럼 이번 항구가 과연 정착지일까? 그럴 리가 없다. 이제부터 새 헌법을 만들어야 한다. 과연 그 길은 순탄할 것인가? 그 길을 짚어가기에 앞서 공화국을 선포하는 과정에 문제는 없었는지 살피기로 하자. 무엇보다도 국민공회 의원을 뽑는 과정에 문제가 있었음을 알 수 있다. 자유와 평등에 충실하겠다고 맹세한 사람만 투표할 수 있었으며, 파리는 그 어느 곳보다 이 기준을 엄격히 지켰다. 왕당파를 억압하는 도département가 많았고, 이렇게 해서 투표율은 아주 낮았다. 전국에서 유권자 700만 명 가운데 60만 명만 투표에 참여했고, 파리에서는 자코뱅파 5,000여 명이 파리 주민 60만 명의 의견을 지배했다. 아직 민주주의를 정착시키지 못한 시대였음을 감안하더라도, 이렇게 뽑힌 의원 가운데 상당수가 아직 파리에 도착하지 않은 상태에서 회의가 열렸다.* 9월 20일의 비공개회의에는 749명 가운데 371명이 출석했기 때문에 회의를 시작해도 법적으로 문제는 없었다. 그러나 의원 749명의 절반이 안 되는 371명이 참석한 회의에서 253명이 투표하고 235표를 얻었다고 의장이 될 수 있는가, 그날 뽑은 서기 여섯 명도 과연 합법적으로 뽑았다고 할 수 있는가 하는 문제제기가 있었다.

또한 22일 토요일 아침 10시에 회의를 시작했을 때, 그동안 사건을 제대로 맡지 못한 변호사로서 무대에 작품을 올렸다가 비웃음만 산 경력이 있는 비요 바렌이 일어나 9월 21일부터는 '자유의 제4년'이라는 말 대신 '프랑스 공화국의 원년l'an premier de la République'이라 하자고 제안했다. 다른 제안도 있었지만, 결국 국민공회는 앞으로 모든 법안과 공문서에 '프랑스 공화국 원년'이라 쓰고, 1792년 9월 21일 금요일 저녁의 의사록부터 그렇게 고쳐 써넣도록 의결했다.** 전체 의원의 절반도 모이지 않은 상태에서 왕정을 폐지하고 아무런 후속조치도 없이 해산했다가 이튿날에야 프랑스는 전날부터 공화

---

* Henri Beausoleil, "La mort de Louis XVI", in R. Escande (dir.), *Le Livre Noir de la Révolution française*, Paris, Les Editions du Cerf, 2008, pp. 111~112.
** A. P., t. 52, p. 80.

국이 되었다고 슬그머니 회의록을 고쳤던 것이다. 됭케르크의 의사 출신인 노르의 포케데Jean-Jacques Fockedey 의원은 9월 21일 됭케르크를 떠나 24일 파리에 도착했는데, 출입증을 받고 보니 번호가 304호였다고 한다. 국민공회 의사록에 20일 371명이 참석했다고 공식 선언한 것과 차이가 난다. 아무튼 당시 프랑스의 도로사정 때문에 전국 각지에서 출발한 의원들이 도착하는 날짜가 각각 달랐다.

"9월 22일, 23일에도 의원 여럿이 도착했다. 국민공회 의원은 총 749명이었다. 따라서 전체 의원의 5분의 2만이 왕정의 폐지와 공화국 선포에 참여했다. 이처럼 급한 행보가 합법적이었을까? 대답은 간단하고 쉽다. 이처럼 중요하고 큰 변화에 의원이 전부 참여해서 의사결정을 했다면, 입헌군주정을 폐지하고 공화정을 세우는 일을 성공하지 못할지 모른다고 개혁자들은 두려워했던 것이다."

포케데 의원의 기억과 달리, 탕플 감옥에서 루이의 시중을 들던 클레리 Jean-Baptiste Cléry는 "9월 21일 오후 4시, 뤼뱅이 탕플 탑 앞에 와서 왕정이 폐지되었고, 공화국이 섰다"라는 포고문을 읽었다고 회고했다.* 그의 기억이 정확하다면, 당시 사람들은 왕정을 폐지하는 순간이 곧 공화국을 세우는 순간이라고 믿었던 것 같다.

국민공회의 전체 의원 가운데 47퍼센트가 변호사·검찰관·공증인·판사·법률가였고, 10퍼센트가 과거 공직에 있거나 법률 훈련을 받은 사람으로 구성된 국민공회에는 왕당파가 한 명도 발을 붙이지 못했다. 상업과 제조업에

---

* *Mémoires de Cléry*, p. 41.

서 10퍼센트 정도, 의사와 종교인 6퍼센트, 교육과 문화예술과 과학 분야에서 6퍼센트, 군인 8.5퍼센트, 지주 6퍼센트, 노동계급에서 6명, 후작과 왕족이 8명이었다.* 이들의 정치적 성향을 보면, 몽타뉴파 그리고 이들이 정적을 숙청한 뒤 이름을 붙인 지롱드파, 이들 중간에 다수파인 평원파가 있었다. 몽타뉴파와 지롱드파는 8월 10일까지는 협력했지만, 그 뒤에는 계속 부딪쳤다. 지롱드파는 일관성 있는 파벌은 아니었고, 1792년에는 지도자의 이름을 따서 롤랑파 또는 브리소파로 불렸지만, 최대 200명 정도에 60여 명이 핵심이었다. 몽타뉴파는 아직 소수였고, 그들이 주로 활동하는 자코뱅 클럽 출신 의원은 110명 정도였다. 지롱드파가 국민공회 초기에 정국을 이끌었지만, 루이 카페를 재판하는 과정에서 주도권을 잃었다.

국민공회의 초기 위원회에 대해 알아보자. 9월 22일 토요일 오전회의에 제헌의원 출신인 일에빌렌의 랑쥐네는 앞으로 활동할 위원회의 구성에 대해 연구할 위원 네 명, 심의 의결방법과 내부규율에 대한 지침을 마련할 위원 네 명을 임명하고 24시간 안으로 보고하라고 의결했다. 이튿날인 23일에 의원들은 전쟁위원회나 군사위원회의 필요성에 대해 논의했다. 어떤 의원은 전쟁을 하려면 돈이 필요한데, 수많은 행정관리가 국세의 징수를 소홀히 했다고 불평했다. 그는 전쟁을 수행하는 동안 세금징수를 각별히 감독해야 하므로, 국세위원회 설치문제도 논의하자고 제안했다. 입법의원 출신인 바랭의 아르보가Louis-François-Antoine Arbogast가 발의한 대로 의원들은 군사위원회 comité militaire 또는 전쟁위원회comité de la guerre를 설치하기로 합의했지만,

---

* D. Jordan, *The King's Trial. Louis XVI vs. the French Revolution*, pp. 46~47. 왕족인 필리프 도를레앙조차 루이 16세 편이 아니라 몽타뉴파에 가담했다.

곧 몇 명으로 구성하느냐로 잠시 논란을 벌였다. 입법의원 출신인 지롱드의 베르니오는 군사위원회만 운영하려면 열두 명이면 충분하겠지만, 2개 분과에 24명으로 구성하는 전쟁위원회를 만들면 모든 의원이 만족할 것으로 생각한다고 말했다. 그는 12인의 군사위원회와 역시 12인의 무기위원회를 전쟁위원회에 두면 좋겠다고 제안했다. 그에 따라 의원들은 24인의 전쟁위원회를 두고, 2개 분과로 나누어 하나를 무기와 관련한 업무를 관장하게 한다고 의결했다.

9월 28일 금요일에 마티외는 위원회 구성방법에 관한 법안을 보고했다. 의원들은 29일에 모두 21개조 가운데 1조부터 6조까지 심의하기 시작했지만, 입법의원 출신인 센에우아즈의 케르생Armand-Gui-Simon Kersaint과 캉봉의 의견을 듣고 당장 위원회를 구성할 이유가 없다고 의결하고 마티외가 보고한 안을 더는 심의하지 않았다. 몽펠리에의 목사 출신인 가르Gard의 라보포미에Jacques-Antoine Rabaut-Pomier는 헌법위원회comité de Constitution에 대해 발언했다.

"여러분이 심의할 헌법안은 프랑스와 유럽 전체에 관련된 것이며, 아마도 모든 민족의 정치규범이 될 것입니다. 우리가 바라는 것은 모든 사람의 자유입니다. 여러분은 모든 민족의 지혜와 프랑스인의 염원을 모아야 합니다. 제헌의회는 헌법안을 공개하지 않았으며, 시민들이 검토하기 전에 여러 부분을 법으로 반포하는 잘못을 저질렀습니다. 그들이 이런 잘못을 저지르지 않았다면, 우리의 자유를 위험에 빠뜨리지 않았을 것입니다. 따라서 나는 헌법위원회가 마련하는 헌법 초안을 적어도 두 달 동안 프랑스와 유럽의 자유로운 교양인들이 충분히 검토한 뒤에 토의하자고 제안합니다. 프랑스인들은 헌법을 제정하는 일을 자신들의 과업으로 여기면서 헌법에 더욱 애착을 가지고 받아들일 것입니다."

에로 형사법원장 출신인 캉바세레스Jean-Jacques-Régis Cambacérès가 즉시 재청했으며, 의원들은 라보 포미에의 안을 의결하고 헌법위원회를 구성하기로 했다.

> 9인의 헌법위원회를 구성하고, 위원회가 만든 헌법안을 일괄 인쇄해서 제출하고 배포하며, 그로써 임무를 끝내고 해산한다. 또한 인쇄와 배포를 하고 두 달 뒤에 토론에 부친다.

10월 1일에 오트 비엔의 라크루아Jean-Michel Lacroix는 위원회에 대해 검토할 사항이 많기 때문에 때로는 6부 장관, 행정부와 사법부의 협조를 얻어야 하므로, 각 위원회가 필요한 정보를 그들로부터 직접 구할 수 있게 하자고 제안했고, 의원들은 잠시 논란 끝에 그렇게 하기로 의결했다.

> 6부 장관, 행정부와 사법부는 국민공회의 위원회와 소속 위원들이 필요한 자료를 요구할 때 제공해야 한다.

입법의원 출신인 노르의 고쉬앵Constant-Joseph-Eugène Gossuin이 입법의회에서 활동하던 위원회의 목록에서 남겨야 할 위원회와 소속 위원의 수를 결정하자고 발의했으며, 의원들은 그 안을 채택했다. 가장 먼저 남길 위원회는 회의관리감독·비서·인쇄 위원회comité des commissaires inspecteurs de la salle, du secrétariat et de l'imprimerie이며, 소속 위원의 수를 18인으로 확정했다. 농업위원회comité d'agriculture와 국토계획위원회comité de division*도 존속시키고

각각 24인으로 구성하기로 의결했다. 고쉬앵은 12인의 식민지위원회comité colonial, 16인의 통상위원회comité de commerce, 9인의 법령위원회comité des décrets, 18인의 해군위원회comité de la marine, 26인이 2개 분과에서 일할 전쟁위원회comité de la guerre, 30인의 안보위원회comité de sûreté générale**의 여섯 개 위원회를 제안해서 통과시켰다. 그리고 어떤 의원이 발의한 대로 기존의 아시냐위원회를 재정위원회의 한 분과로 만들어서 통합한 42인의 재정위원회comité des finances를 만들기로 했다. 고쉬앵은 계속해서 자신이 준비한 안을 발의했고, 그렇게 해서 의원들은 24인의 국유지위원회comité des domaines, 9인의 외교위원회comité diplomatique, 24인의 공교육위원회comité d'instruction publique, 24인의 공공구호위원회comité de secours publics, 봉건위원회comité féodal를 합쳐 48인의 입법위원회comité de législation, 24인의 국채상환위원회comité de liquidation, 통신위원회comité de correspondance를 합쳐 24인의 청원위원회comité des pétitions, 모든 위원회 소속 위원 한 명씩이 모여 의사일정을 조절하는 중앙위원회comité central를 두기로 했다.

---

* 제헌의회는 구체제에서 행정·사법·세무·종교의 관할구역이 제각각이었기 때문에 전국을 83개 도로 나누고, 주교의 수를 83명으로 줄이면서 모든 관할구역을 합리적으로 조정하기 시작했다. 국토계획위원회는 이 과업을 완성하기 위한 기구였다.

** 이 위원회가 맡은 임무를 생각하면 마땅히 '공안위원회'라 부르고 싶지만, 일본과 우리나라에서 전혀 다른 개념의 위원회Comité de Salut Public를 이렇게 부르기 때문에 혼동을 피하기 위해 차선책으로 '안보위원회'라 부르기로 한다. 이 위원회는 제헌의회 시절의 '조사위원회Comité des recherches'와 입법의회에서 구상한 '감시위원회Comité de surveillance'의 전통을 물려받아 국내 치안과 사법, 인물에 관한 모든 사항을 결정하는 임무를 수행했으며, 공포정 시기까지 계속 발전하면서 주로 체포와 가택수색을 하고, 혐의자를 혁명법원에 넘기거나 석방을 결정했다. '공안위원회'의 올바른 개념에 대해서는 제9권 '구국위원회'에서 따로 다루겠다.

7
공화국은 하나다

프뤼돔은 『파리의 혁명』(168호)에서 국민 공회가 수많은 위원회 활동으로 어떤 헌법, 어떤 권력구조와 정부를 마련해 주든지, 국민주권의 원칙을 훼손하지 말아야 한다고 주장했다. 그는 공화국이란 스스로 모든 일을 처리하는 인민의 정부임을 강조했다.

국민공회가 우리에게 어떤 방식의 공화정부를 제안하고, 우리가 그것을 승인하더라도, 우리의 기초의회들nos assemblées primaires이 우리의 운명을 구해줄 것이다. 기초의회는 공화국의 기둥이다. 우리는 앞으로 조직할 권력구조에서 다시 한번 길을 헤맬 가능성이 있다. 그러나 기초의회만 있으면 새 정부의 폐단을 충분히 고칠 수 있다. 우리는 공화국을 세우고 있음을 항상 기억해야 한다. 다시 말해 우리가 스스로 모든 일을 처리할 때 조국을 구할 수 있음을 명심하자.

프뤼돔처럼 프랑스가 풀뿌리 민주주의에 바탕을 둔 공화국이라고 생각하는 사람은 얼마나 많았을까? 전국의 유권자 700만 명은 모두 자신들이 활동하는 기초의회가 새 정부의 폐단을 고칠 수 있다고 믿었을까? 국민공회는 출범하자마자 곧 파리의 48개 구 기초의회들과 파리 코뮌의 활동 때문에 압박을 받기 시작했다. 국민공회는 그들 덕에 탄생했지만, 그들이 툭하면 개별적으로 대표단을 보내 청원하고 개입했기 때문에 무척 부담스러웠다. 더욱이 국내외 정세가 몹시 불안하므로 질서를 회복하고 국민공회가 안전한 상태에서 국사를 논의해야 한다는 의원들이 계속 안정화 방안을 내놓았다. 9월 24일 월요일에 의원들은 전방의 각 부대로 몇 명씩 파견해 국방 현황을 점검하기로 하는 한편, 입법의원 출신인 센에우아즈의 케르생의 발의와 제헌의원 출신인 외르의 뷔조François-Nicolas-Léonard Buzot의 재청으로 국민공회의 안전을 지키기 위한 안을 토론했다. 뷔조는 도발적으로 말했다.

"모든 의원이 파리 출신 의원들의 노예가 되기 위해 모였다고 생각하는 사람들이 있는데, 국민공회가 그들로부터 독립하고 안전하게 활동하기 바란다면 83개 도가 공동으로 구성하는 수비대의 보호를 받아야 합니다."

의원들은 케르생과 뷔조의 제안을 토론에 부친 뒤 다음과 같이 의결했다.

국민공회는 위원 여섯 명을 임명해서 1. 공화국의 현황과 특히 파리의 현황을 조사하고, 2. 살육과 살인을 사주하는 자에 대한 법안을 제출하고, 3. 83개 도에서 선발한 인력을 동원해 국민공회를 보호할 수 있는 방안을 보고하게 한다.

25일에 이욘Yonne의 모르Nicolas Maure l'aîné는 국민공회를 보호할 부대 창설에 필요한 인원을 83개 도에서 뽑는 안을 비판했다. 그는 부패한 왕의 세력과 언제나 단호하게 싸워온 파리 시민들의 품에 있는 국민공회가 그처럼 가공할 장치를 갖추겠다는 말을 듣고는 놀랐다고 말했다. 입법의원 출신인 모젤의 메를랭이 모르의 말을 끊었다. 메를랭은 모든 도에 국민방위군을 모집해서 파리 기지에 믿을 만한 병력을 주둔시키고자 했을 때 국민공회를 지켜달라는 뜻이 아니라 파리가 공격받을 때를 대비하려는 뜻이었다고 설명한 뒤, 이것이 의원들이 하루 전에 의결한 법령의 취지라고 주장했다. 모르와 메를랭은 이처럼 뷔조의 말을 아주 다르게 해석했다. 그렇다면 뷔조의 안에 찬성한 사람들 가운데 모르처럼 해석했음에도 법령에 찬성한 의원들이 있었을 터. 그리고 찬성자 가운데 메를랭처럼 해석한 사람이 얼마나 될 것인지 알기는 어렵다. 이 사례에서 우리는 표결의 결과가 단순히 찬반으로만 나타나기 때문에 민주적 표결방식에서 의견을 표현하는 방법을 정교하게 다듬을 필요가 있음을 배울 수 있다. 의원들은 모르의 의견을 더 들어보자, 아니 의사일정으로 넘어가자고 제각기 떠들었다. 메를랭은 모르가 발언을 마치면 자기 차례라고 발언신청을 했다. 모르는 자기 말이 끊긴 데서부터 다시 시작하겠다고 했다.

"만일 이렇게 만든 부대가 자만심과 허영심을 표현하는 것이라면 쓸모없습니다. 더욱이 그것은 자유민의 대표들, 진정한 공화주의자들에게는 어울리지 않습니다."

모르는 국민공회의 안전을 위해 부대를 둘 필요가 절대 없다고 강조했다. 그는 국민공회의 운영규칙을 제정할 때 발언순서를 정확히 지키고, 발언을 조용히 경청하며, 발언자는 자신이 하고자 하는 말을 예고해야 한다고 명문화하는 동시에, 앞으로 국민공회의 안전을 위해 부대를 창설하자는 법안을 절대로 제안하지 말자고 발의했다. 그가 내려가자 의원들이 너도나도 발언대로 몰려들었다. 의장은 간신히 질서를 회복한 뒤 메를랭을 지목했다. 메를랭은 의원들이 서로 의심하는 태도를 버려야 진지하게 의사일정을 처리할 수 있다고 일침을 가한 뒤에 본론을 말했다.

"어제 뷔조는 국민공회를 보호하기 위해 공화국의 83개 도에서 보낸 수비병력이 필요하다고 말했습니다. 나는 이렇게 말했지요. 우리의 동료 시민들이 자유의 적들과 싸우러 갈 때, 그들은 폭군이나 삼두정을 위해서가 아니라 공화국을 구성하는 모든 개인을 위해 싸운다고 확신한다고 말입니다. 국민공회 안에서 삼두정이나 독재정을 요구할 만큼 사악한 자들이 누구인지 아는 사람은 부디 내게 알려주십시오. 나는 그들을 단도로 찌르겠습니다. 따라서 어제 내게 독재를 추구하는 파벌이 있다고 말한 라수르스 의원에게 그 파벌이 누구인지 알려달라고 요청합니다. 나는 부당하게 독재권을 차지하려는 자가 누구건 칼로 찌를 준비가 되었습니다."

타른의 라수르스는 독재자나 독재정에 대해 한마디도 하지 않았으며, 단지 권모술수에 능하고 지배욕이 강한 교활한 사람들이 추구하는 독재권력에 대해서만 발언했는데도 메를랭이 자기를 비방한다고 말했다. 그럼에도 그는 메를랭이 자신에게 그 점에 대해 해명할 기회를 줘서 고맙다고 덧붙였다. 평소 인민의 친구라고 말하면서도 그늘에 숨어 법의 심판을 피하면서 인민에게 복수를 꿈꾸는 자들만이 국민공회의 안전을 수비대에게 맡기는 법을 두려워한다고 말했다. 라수르스나 메를랭이나 수비대 창설에는 반대하지 않는다는 사실을 알 수 있다. 그러나 라수르스는 메를랭에게 수비대의 성격에 대해 물었다.

"당신은 감시위원회에서 며칠 안에 일어날 일이라면서 내게 속내를 털어놓지 않았던가요? 내가 집으로 돌아갈 때 집 앞에서 살해당할 것이며, 내 동료 의원 몇 명도 같은 운명이 될 것이라고 하지 않았습니까? 그러므로 모든 도가 공동으로 구성하는 수비대는 파리 민중이 아니라, 조국의 적들이 부추기는 살인자들의 손에서 국민공회를 보호하려는 목적을 가진 것이 아니겠습니까?"

라수르스는 파리의 전제주의가 두려우며, 사람들을 조종하는 사람들이 국민공회와 프랑스를 지배하는 것을 원치 않는다고 강조했다. 파리 중심주의에 물든 사람이 그의 말을 들었다면 위험하다고 생각할 만하다. 그는 모사꾼들의 사주를 받는 파리가 로마제국에서 로마가 누렸던 지위를 프랑스에서 누리지 않기를 바라며 국민공회가 해결해야 할 중대한 화두를 던졌다.

"파리는 다른 도처럼 83분의 1의 몫만 누려야 합니다. 나는 결코 파리가 씌우려는 멍에를 쓰지 않겠습니다. 나는 파리가 공화국에 폭정을 도입하려고 시도하는 것을 결사반대합니다. 나는 어떤 종류의 폭군에 대해서도 입을 다물지 않을 것이기 때문에, 모사꾼들이 파리를 폭군으로 만들고자 한다면 가장 먼저 반대하고 나서겠습니다."

그의 말에는 입법의회 시절부터 품은 원한이 서려 있었다.

"나는 자유의 명분을 가장 확고히 지켰던 입법의원들에게 끊임없이 살해 위협을 하던 사람들을 원망합니다. 국민공회에서 입법의원 출신들이 저항하고 열성적으로 일하는 것을 두려워한 나머지 그들을 따돌리려는 사람들에게 원한이 있습니다. (······) 인민의 한결같은 친구들에게 칼끝을 겨누는 사람들을 과연 인민의 친구라 할 수 있겠는지요. 그들이야말로 공화국의 유일한 적입니다."

그는 국민공회의 신망을 잃게 만들려고 애쓰는 당파가 국민공회를 지배하고 몇 명의 손에 국가 권력을 집중하기 위해 노력한다고 주장한 뒤, 자기 말이 사실인지 아닌지는 앞으로 사건이 일어나면 알게 될 것이라고 말을 끝냈다.

파리에서 소송대리인으로 활약하다가 의원이 된 오슬랭은 라수르스의 말이 끝나기 무섭게 발언대에 섰다. 그는 국민공회 안에 독재자·호민관·삼두정을 원하는 파벌이 있다고 말하는 사람들이 그 혐의를 파리의 의원들에게 씌우는데, 그러한 불안과 의심을 없애려면 24명이 제각각 솔직하게 자기 혐의를 벗어야 하겠는지 물었다. 그는 사악한 인간만이 그런 계획을 세운다고 믿으며, 파리의 모든 의원은 자유와 평등에 목숨 바칠 수 있다는 맹세를 국민 앞에 당당히 할 수 있다고 선언했다. 먼 남쪽 부슈뒤론의 르베키François-Trophime Rebecquy는 단도직입적으로 로베스피에르와 그 일파를 거론했다. 그는 동향의 바르바루Charles-Jean-Marie Barbaroux도 자기처럼 그들과 싸우기 위해 뽑혔다고 말했다. 당통은 만일 동료 시민들을 억누르고 독재자가 되려는 자가 있다면 국민공회가 심판해서 가면을 벗기고 당장 내일이라도 목을 잘라야 한다고 주장했다. 그는 목숨이 달린 일이니 막연하게 혐의를 씌우면 안 되며, 따라서 고발자의 서명을 받아야 한다고 덧붙였다. 르베키가 당장 서명하겠다고 비서의 자리로 달려갔다. 당통은 자기가 고발자라 해도 똑같이 했을 것이라고 말했다. 그는 이 같은 혐의로 말미암아 가장 소중한 친구의 머리가 떨어질지 모르지만, 그렇게 해서 프랑스가 명예를 회복한다면 좋겠다고 전제하고 나서, 파리의 의원을 싸잡아 비난해서는 안 되고, 자신도 모든 의원을 하나하나 변호하고 싶지 않기 때문에 자기 얘기만 하겠다고 말했다. 그는 자신의 애국심과 활동을 설명한 뒤 단결을 해치는 자에 대해 피의 응징을 하자고 제안했다.

"공공의 자유를 해치는 자를 엄격히 다스리는 법이 필요합니다. 독재정이나 삼두정을 옹호하면 누구든 사형에 처합시다. 그러나 평등의 정치를 보장하는 기초를 놓은 뒤에는 우리를 파멸시킬 당파정신을 사라지게 만듭시다. 어떤 이는 프랑스를 조각내려는 의견을 가진 자들이 우리 사이에 있다고 말합니다. 그렇게 생각하는 사람을 사형에 처한다고 선언해서 그 생각 자체를 사라지게 합시다. 프랑스는 나눌 수 없는 존재입니다. 프랑스의 대표들도 통일성을 유지해야 합니다. 마르세유 시민들이 됭케르크 시민들과 손을 잡고 싶어합니다. 따라서 나는 프랑스의 통일성을 파괴하고자 하는 자를 사형에 처하자고 요구하며, 국회와 행정부의 통일성을 수립할 정부의 기초를 마련할 법을 제정하자고 제안합니다. 오스트리아인들이 이처럼 신성한 조화에 대한 소식을 듣고 두려워 떨게 합시다. 여러분께 맹세하노니 우리의 적들은 죽었습니다."

법률가 출신인 파리의 비요 바렌이 당통의 말을 받아 프랑스 영토에 적을 끌어들이는 사람을 사형시키자고 제안했다. 뷔조는 비요 바렌이 이미 형법전에 있는 말을 했으며, 당통의 말대로 독재정이나 삼두정을 도입하는 자를 사형에 처하는 것은 독재자의 처형과 별개라고 지적했다. 이미 독재자가 되어 시민들을 마음대로 억압할 때 그를 처벌할 시간이 없다는 뜻이다.

"선의를 가진 사람에게 죄인이라는 오명을 씌우지 않도록 해야 합니다. 우리가 광분하지 않도록 모든 사항을 정확히 표현하고 설명해줄 법이 필요합니다."

뷔조는 당통이 공화국의 통일성을 해치는 사람을 사형에 처하자고 했는데, 자신이 전날 국민공회가 83개 도에서 보낸 병력의 보호를 받자고 제안했을 때 바로 당통이 생각하는 통일성을 강조한 것이 아니겠느냐고 주장했다.

"나는 프랑스 공화국을 연방제 국가처럼 분할하는 일을 막기 위해 오직 도로 나눌 필요가 있다고 말했으며, 각 기초의회가 이 통일성을 보장하기 위해 한 명씩 보내자고 제안했습니다."

뷔조는 라파예트나 라메트 같은 사람도 맹세를 했다가 어겼지만 선량한 사람은 맹세를 하지 않고서도 나라를 사랑할 수 있다는 예를 들면서 굳이 법으로 프랑스 공화국의 통일성을 지키려고 노력하는 것은 충분하지 않다고 말했다.

"통일성은 국민공회를 보호하기 위해 83개 도에서 보낸 사람들이 모일 때 현실로 존재합니다. 그러나 지금까지 내가 말한 모든 것을 조심스럽게 종합해야 합니다. 여섯 분의 위원들은 이 문제를 깊이 연구해서 빨리 보고해주십시오."

로베스피에르*는 자유와 평등의 원칙을 파괴하는 자이며 국가의 적이라고 자기를 고발한 르베키에게 사사로운 변명이나 늘어놓을 생각은 없다고 강조한 뒤, 오직 공적 명분을 지키려는 목적에서 말한다고 주장했다. 그럼에도 그는 인민의 권리를 지키려고 노력하는 장소에서 인민의 대표들을 앞에 놓고 자신을 나라의 적으로 고발할 용기를 발휘한 시민(르베키)에게 고맙다고 비꼬았다. 그는 르베키의 고발행위에서 그를 의원으로 뽑아준 유명한 도시(마르세유)의 특별한 시민정신을 볼 수 있다고 싸잡아 조롱하고, "당신, 나, 그리고 조국이 이 고발에서 모두 승리할 것이므로 당신에게 감사합니다"라고 빈정댔다. 그러고 나서 의원들을 향해 말했다.

"여러분, 분명히 이처럼 명확하지 않은 고발에 어떻게 대답할지 난감합니다. 그러나 대답만이 내 의무라 생각하고 성실히 해명하겠습니다."

그는 제헌의원으로서 지난 3년 동안 모든 파벌과 왕과 싸웠으며, 애국자의 가면을 쓰고 자유를 억압하려는 파벌의 유화책을 무시했다고 말했다. 의원들이 핵심에서 벗어난 얘기를 하지 말라고 말했다. 파리 코뮌에서 활약하다 센에우아즈에서 당선된 탈리엥은 고소당한 사람에게 변명할 기회를 주는 것이 도리라고 로베스피에르를 거들었다. 로베스피에르는 자기보다 더 열심

---

* 앞으로 별도로 동생 로베스피에르라고 밝히지 않는 한, 형 막시밀리엥 로베스피에르를 지칭한다.

히 인민의 권리를 지켜준 시민들이 많겠지만 자기만큼 적을 많이 가지고 박해를 많이 받은 사람은 없을 것이라고 불평했다. 그는 자신을 조직적으로 박해하는 분위기는 제헌의회가 끝날 무렵 파리 민중이 페티옹과 함께 자신을 몰아낼 때 절정에 달했으며, 그 생각만 하면 고통스러울 뿐이라고 말했다. 그는 제헌의원들이 자기를 박해한 이유를 그 나름대로 분석하면서 말을 마쳤다.

"여론으로 굴복시키기 어려운 시민이 있었다면, 그는 내가 방금 잘잘못을 솔직하게 묘사한 시민이었을 것입니다. 그는 제헌의회에서 언제나 확고한 신념을 가지고 역량을 다해 명예로운 길을 걸으려고 노력했습니다. 그는 제헌의회 의원이 임기를 마친 뒤 2년이 지난 뒤에야 내각에 들어갈 수 있다는 법을 발의해서 통과시켰습니다."

로베스피에르는 '나'를 '그'로 객관화시켜 말하는 사람이었다. 오슬랭은 장광설kyrielle을 늘어놓지 말고 짧지만 좀더 솔직하게 설명하지 않겠느냐고 비꼬았다. 의원들이 오슬랭을 박수로 지원했다. 입법의원 출신인 되세브르의 르쿠앵트 퓌라보Michel-Mathieu Lecointe-Puyraveau는 제헌의회에서 했던 일 말고 독재정이나 삼두정을 원한 적이 있는지 없는지만 간단히 말하라고 다그쳤다. 로베스피에르는 "나는 독재정이나 삼두정을 제안한 적이 없습니다"라고 분명히 말한 뒤, 단순한 질문이라고 해서 '예, 아니오'라고 간단히 대답할 수 없다고 덧붙였다. 왜냐하면 그런 대답은 사실상 아무 대답도 하지 않은 것과 마찬가지기 때문이다. 그는 자신이 고소나 고발을 당할 일을 하지 않았으며, 불순한 음모를 감추고 자신을 고발한 것은 결국 국가를 굴복시키는 일이기 때문에 고발 자체가 범죄라고 비난했다. 그가 자신과 국가를 동일시하자 의원들이 웃고 웅성거렸다. 로베스피에르는 자기를 반대하기 위해 수많은 사람이 동원된 것을 보니 그날이 가장 영광스러운 날이라고 빈정댔다. 어떤 의원이 의장에게 제발 로베스피에르의 발언을 멈추게 해달라고 말했음에도 그 뒤로 오랫동안 그를 고발한 대가를 치러야 했다. 로베스피에르 자신도 '이 치사한 혐의'에 대해 너무 말이 많았다고 인정했다. 실은 말이 많았음을 인정했다기보다 '치사한 혐의'를 다시 한번 강조하기 위해 한마디 더 했던 것 같다. 마침내 그는 이렇게 제안했다. 누군가 말했듯이, 프랑스 공화국이 채택한 자유의 체제를 거부하고 독재체제를 도입하는 자를 사형에 처하고, 프랑스 공화국의 통일성을 선언하자고.

"프랑스 공화국은 단일 헌법과 그것을 기초로 일관성 있는 법을 가진 단일 국가임을 선언합시다. 적을 힘차게 물리칠 수 있는 방법은 프랑스의 모든 부분이 가장 강력하고 확실하게 단결하는 데 있습니다. 나는 이처럼 간단하고 자연스러운 제안을 당장 채택하자고 제안합니다."

그의 연설이 끝나자 우레와 같은 박수가 터졌다. 그러나 마르세유의 바르바루는 로베스피에르의 고소장에 서명하려고 나섰다가 한마디 했다.

"우리는 8월 10일 전후에 파리에 왔습니다. 여러분은 애국자들이 어떻게 결탁해서 폭군 루이 16세를 거꾸로 엎었는지 아십니다. 마르세유 사람들이 이 혁명을 성공했기에, 당시 파리에 난립한 수많은 파벌이 그들을 서로 모셔 가려고 애썼습니다. 우리는 로베스피에르의 초대를 받았습니다. 거기서 사람들은 우리에게 인기를 끈 시민들 편에 서야 한다고 말했습니다. 시민 파니스는 분명히 로베스피에르를 지목하면서 그가 프랑스의 독재자가 되어야 마땅할 만큼 덕스러운 인물이라고 말했습니다. 그러나 우리는 그에게 마르세유 사람들이 왕이나 독재자 앞에 머리를 숙일 일이 없을 것이라고 대답했습니다. 나는 이 말로써 로베스피에르의 말을 반박하며 그를 고소합니다."

파리의 법률가 출신인 파니스Jean-Etienne Panis*가 로베스피에르를 청렴한 인물로 높이 평가하고 비록 독재자가 되어서도 사심 없이 정치를 할 것이라고 믿었지만, 남부에서 박해를 당하고 중상비방에 시달리던 아를 사람들과 마르세유 사람들을 변호하는 바르바루에게는 '독재자'라는 표현만으로도 혐오의 대상이었다. 바르바루는 파리 코뮌이 그동안 입법의원들과 공인들을 공격하고, 방방곡곡에 위원들을 파견해서 다른 코뮌들을 지배하려 노력했다고 비판했다. 여러 의원이 그의 연설문을 인쇄하라고 요청하자, 탈리엥은 파리 코뮌이 다른 코뮌에게 연방제를 추천했다는 말을 한 적이 없다고 항변하고, 오류가 있는 연설문을 인쇄하면 안 된다고 말했다.

에로의 캉봉은 입법의원 시절에 마라가 공식적으로 삼두정을 요구하는 글을 썼으며 파리 코뮌이 정부 행세를 했다고 고발했다. 마라와 파니스가 앞다투어 자기변명을 했다. 특히 파니스는 자신이 속했던 파리 코뮌의 감시위원회도 까닭 없이 비방을 받는다고 변명했다. 마라가 연단에 오르자 여러 의원이 당장 내려가라고 외쳤다. 그러나 들라크루아가 누구를 비난하든 변명할 기회를 준 다음에 판단하자고 제안한 덕에 마라는 연설할 기회를 얻었다. 그는 첫마디에 "그러니까 국민공회에 내 적이 많다는 뜻이지요?"라고 물었고, 의원들은 "모두요, 모두!"라고 일제히 외쳤다. 그러나 그는 평소 피비린내 나는 글을 쓸 때와 달리 차분하게 변명을 늘어놓아서 의원들을 놀라게 했다.

"내 동료 의원들, 특히 로베스피에르, 당통 같은 사람들은 끊임없이 호민

---

* 국민공회 의원 명단과 달리 일반적으로는 Étienne-Jean Panis라고 알고 있다.

관, 삼두정 또는 독재정에 대한 생각을 비난했다고 이 자리에서 분명히 말할 수 있습니다. 이러한 생각을 공중 앞에서 퍼뜨린 죄인이 있다면 그것은 바로 나입니다. 나는 혁명이 일어난 뒤 줄곧 역적과 음모가들을 분쇄할 유일한 방법을 군사적 호민관·독재관·삼두정에서 찾아야 한다고 제안했습니다. 내가 최초로 그런 주장을 한 정치평론가이며 유일한 사람일 것입니다. 만일 국민이 내 의견을 비난하신다면 나는 벌을 달게 받겠습니다. 그러나 치욕을 안겨주시든 칼로 내려치시든 먼저 내 말을 들어주시기 바랍니다."

착한 사람의 최대 약점은 타인의 양심을 믿는다는 데 있기 때문에, 역사상 거의 모두 패배자가 된다. 마라의 논리는 "악당을 물리치려면 악당의 한 배 반 이상 나빠야 한다"라는 서양 속담을 생각나게 한다. 그는 지난 3년 이상 그런 얘기를 해왔는데, 왜 이제 와서 갑자기 그 말을 물고 늘어지는지, 또 무엇을 비난하려는 것인지 의아하다고 말했다. 지금까지 모든 헌법기관이 자유를 구속하고, 법의 이름으로 애국자들의 목을 조르는 것을 보고도 아무 말도 하지 않던 사람들이 자신에게 역적들의 머리를 도끼로 내리치라고 인민을 부추긴 죄를 추궁한다면, 인민이 직접 나서서 진실을 밝혀줄 것이라고 장담했다.

"인민은 내가 제안한 방법만이 조국을 구할 수 있다고 느끼고, 스스로 독재자가 되어서 역적들을 몰아냈습니다. 7월 14일, 10월 6일, 8월 10일, 9월 2일의 피비린내 나는 장면이 바로 프랑스를 구했습니다."

마라는 교활한 자들이 그러한 장면을 연출하지 말기 바라는 마음에서 인민에게 슬기롭고 정의롭고 단호한 시민을 임명해 오직 나라를 구하는 데 전념하라고 했고, 더 나아가 인민이 직접 독재자, 군사적 호민관이 되면 더 좋겠다는 글을 썼다고 말했다. 그는 아직 자기 말뜻을 알아들을 만한 수준이 못

되는 의원들이 있다면 안타까운 일이라고 말해서 일부 의원들의 실소를 자아냈다. 그는 아직 혼란이 끝나지 않았으니 계속해서 피를 흘려야 할 텐데, 그때 잘못을 깨달아도 너무 늦었다고 경고했다. 자기 말을 진작 들었다면 좋았을 텐데, 그렇지 않았기 때문에 이미 10만의 애국자가 살해당했고, 또 그만큼 살해당할 위협을 받고 있다고 하면서, 마라는 인민이 약해지면 무정부 상태가 결코 끝나지 않을 것이라고 말했다. 이처럼 그는 의원들에게 자기변명을 하는 대신 의사당 밖의 인민에게 호소했던 것이다. 글로 선동하던 마라가 국민공회 의원이 되어 연단을 활용하는 때가 왔으니, 프랑스 혁명도 많이 급진화했음을 알 수 있다. 마라가 말을 끝내자, 지롱드의 베르니오와 이욘의 자크 부알로*는 마라가 발행한 글을 제시하면서 공격했다. 수많은 의원이 수없이 공방을 펼친 끝에, 마라가 연단에 올라 자기는 해를 우러러 한 점 부끄러움도 없다고 말하더니 갑자기 권총을 꺼내 자기 머리에 겨누었다.

"만일 나를 기소하는 법을 통과시킨다면 이 자리에서 방아쇠를 당기겠습니다. 지난 3년 동안 내가 조국을 구하려고 지하감옥과 온갖 고통을 감수한 결과가 고작 이것이란 말입니까! 감시를 게을리 하지 않고 부지런히 일하면서도 비참하게 살고 고통과 위험을 감내한 결과가 말입니다. 좋습니다, 이 자리에 버티고 서서 여러분의 분노에 당당히 맞서겠습니다."

의사당이 발칵 뒤집혔다. 의원들이 마라를 연단에서 내려오게 하라고 요구했다. 탈리엥은 이처럼 부끄러운 토론을 잠시 멈추고, 대국적인 차원에서 나라의 안녕에 힘쓰자고 제안했다. 어떤 의원은 마라를 가장 사악한 인간이

---

* 부알로 형제(Boilleau l'aîné Jean-Pierre-Edme, Boilleau le jeune Jacques)는 모두 이욘에서 의원이 되었다. 둘을 구별하기 위해 동생을 자크 부알로로 표기한다.

아니면 가장 미친 사람이라고 하면서, 위원회를 임명해 마라를 기소하는 안과 마라의 변명을 검토해 보고하게 하라고 요구했다. 쿠통은 개인이 아니라 공화국의 운명이나 다루자고 제안했다. 다른 의원들도 분위기를 바꾸는 데 동참했다. 쿠통은 공화국의 통일성을 법으로 선포하자고 말했고, 장소네는 거기에 덧붙여 공화국의 모든 부분이 평등하다는 점을 분명히 하자고 제안했다. 시인이며 극작가인 센에우아즈의 셰니에도 장소네의 의견에 공감한다고 말했다.* 어떤 의원은 차라리 "공화국을 구성하는 모든 부분의 정치적 평등"을 제안했고, 또 다른 의원은 "프랑스 공화국은 하나이며 나눌 수 없다"고 말했다. 제헌의원 출신인 오랭의 뢰프벨Jean-François Rewbell은 이렇게 중요한 문제를 졸속으로 처리하면 안 되니 위원회에 맡기자고 제안했다. 여러 의원이 계속 의견을 발표한 뒤, 결국 "공화국은 하나이며 나눌 수 없다"는 안을 만장일치로 통과시켰다. 이렇게 해서 새 헌법에 담을 가장 기본적인 원칙을 결정했다. 프랑스 공화국은 하나의 통일체라는 원칙. 캉봉은 이에 대해 중대한 제안을 했다.

"국민공회는 지금까지 나온 부수적인 제안을 위원회에 넘기도록 합시다. 새 헌법의 기본 원리를 이처럼 빨리 법으로 제정해서는 안 되기 때문입니다. 이처럼 중요한 법을 제정하기 전에 토론을 해서 인민에게 그 동기를 충분히 알려주고 판단할 수 있게 해주어야 합니다. 우리는 유권자들에게 제시할 헌법에 대해 심사숙고하도록 그들에게 해명해야 합니다."

의원들은 여러 가지 제안을 검토할 위원회를 만들기로 하고, 위원회가 공

---

* 그러나 그는 부분이라는 말을 section이 아니라 partie로 바꾸자고 말했다.

화국의 기본 원리를 인민에게 충분히 설명할 방법을 찾으라고 명령했다. "공화국은 하나이며 나눌 수 없다"는 말은 앞으로 공포정의 구실이 되는 중대한 명제였다. 국민공회가 파리에 있는 한, 파리 코뮌의 간섭을 받지 않을 수 없었기 때문에, 지방에서 파리가 프랑스 전체에서 차지하는 몫이 83분의 1이어야 한다고 주장하는 목소리가 터져 나오기 일쑤였다. 그때마다 그러한 주장을 하는 사람들을 연방주의자로 규정하고, 반혁명주의자로 탄압했다. 국민공회가 준비하는 새 헌법의 기본 원리는 프랑스가 나눌 수 없는 하나이기 때문에, 동등한 권리를 가진 구성원들의 연방이 절대 아니었다. 자유와 평등의 모순을 형제애로 보완했듯이, 83개 도의 차이가 있다 해도 단결이 중요했던 것이다.

루이의
재판과 처형

제 2 부

1
루이의 하루

　　루이 16세가 탕플 탑에 갇히기 전부터 그를 루이 카페라고 부르기 시작했다. 987년 위그 카페가 왕으로 뽑힌 뒤 14세기 초(1328년)까지 장자상속법에 따라 3세기 이상 직계 자손이 왕위를 물려받았다. 그러다가 직계손이 없게 되자, 카페 왕조의 방계 가문에서 후계자를 찾았고, 그렇게 해서 발루아 가문, 발루아 앙굴렘 가문, 부르봉 가문이 차례로 왕위를 물려받았다. 부르봉 가문의 왕위는 앙리 4세에서 아들 루이 13세, 손자 루이 14세, 5대손 루이 15세, 7대손 루이 16세로 넘어갔는데, 혁명이 일어나고 특히 왕이 폐위된 뒤, 사람들은 그를 카페 왕조 사람이라는 뜻으로 루이 카페라 불렀다. 파리 코뮌은 루이 카페와 그 가족을 탕플의 아성으로 옮기고, 그들을 감시하는 책임을 국민방위군 사령관 상테르에게 맡겼다. 그리고 8월 15일에는 마르세유 구(테아트르 프랑세 구의 새 이름)의 청원을 받아 생펠릭스Saint-Félix*를 탕플 총관으로 임명했다. 루이의 가족을 탑에 가두려고 3층과 4층의 칸막이 공사를 하는 동안, 파리 코뮌은 8월 17일에 루이와 가족의 수비에 대한 조치를 내렸다.

＊ 전통이 깊은 귀족 가문인데, 18세기에 활동한 사람의 정보가 많지 않아서 정확히 누구를 가리키는지 알 수 없다. 생펠릭스 부제독Armand-Philippe-Germain, marquis de Saint-Félix은 카자르 백작 아르망의 열다섯 번째 자식이었으므로, 탕플 총관이 이 사람의 형제일 가능성이 있기는 하지만 확인하기는 어렵다.

1. 18일까지 탕플의 경내에 있는 모든 시민을 밖으로 내보낸다.
2. 매일 정오에 위원 두 명이 루이 16세를 방문하고 소지품을 검사하여, 그가 타인과 의사소통을 하지 못하게 한다.
3. 탕플에 감시위원회를 구성하여 왕의 주변에서 일어나는 일을 감시하고, 파리 코뮌에 알려야 할 일이 있으면 알리도록 한다.
4. 이 위원회는 나흘마다 절반씩 새 인원으로 교체한다.

파리 코뮌은 8월 19일 저녁에 체포영장을 발부해서 랑발 공작부인, 마담 드 투르젤, 시녀들을 라포르스 감옥으로 데려다 가두었다.* 이튿날에는 탕플을 관리하는 위원을 네 명 더 늘려서 모두 여덟 명이 근무하도록 조처했다. 앞으로 네 명이 24시간씩 교대로 근무하고, 탑에 들어갈 때는 혼자가 아니라 반드시 두 명이 짝지어 들어가라고 명령했다. 위원들끼리도 감시하라는 뜻이었다. 루이는 이렇게 삼엄한 감시를 받으면서 세상과 격리되었다. 그는 탑의 본관으로 옮길 때까지 북쪽에 덧댄 작은 탑에서 살아야 했는데, 그 건물은 본관과 달리 긴 네모꼴이었다. 본관처럼 이 부속건물 양쪽에 달린 작은 탑 둘 중 하나가 내부의 아래위를 이어주는 층계를 감추고 있었다. 이 5층짜리 건물의 2층에는 부속실, 식당, 그리고 기록관리인이 살았던 곳답게 1,200권

---

* 이 감옥은 한때 라포르스 가문의 저택이었는데 1780년부터 주로 남성을 수용하는 곳이 되었다. 1785년, 그 근처에 창녀를 수용하는 작은 감옥을 지어 '작은 라포르스'라 했기 때문에, 먼저 감옥을 자연스럽게 '큰 라포르스'라 불렀다. 마담 드 나바르Navarre, 마담 바지르Bazire는 공주의 시녀들, 마담 티보Thibault는 왕비의 수석시녀, 마담 생브리스Saint-Brice는 왕세자의 시녀, 마담 투르젤과 폴린 투르젤은 왕 자녀의 훈육관과 딸, 랑발 공작부인은 거물급 왕족, 로리미에 드 샤미이는 왕과 왕세자의 시종이다.

에서 1,500권 정도의 장서를 갖춘 사무실이 있었다.* 3층도 2층과 거의 비슷하게 나눠놓았다. 그중에서 제일 큰 방에 마리 앙투아네트와 왕세자의 침실을 마련했다. 여기서 한 가지 문제의 소지가 있음을 눈여겨보자. 왕세자는 1785년 3월 27일에 태어났으므로 만 일곱 살이 되었다. 엄격한 법도를 지킨다면, 그를 여성과 함께 재우면 안 되었다. 그럼에도 마리 앙투아네트와 같은 방을 쓰게 했던 것은 누구의 책임인가? 파리 코뮌이 배정해준 방에서 함께 잔 것은 마리 앙투아네트의 선택이 아니었음에도, 1년 뒤에 그의 재판에서 '저승사자' 푸키에 탱빌은 수많은 죄목에 '근친상간'도 추가했으니 말이다. 두 번째 방은 어두운 곁방을 사이에 두고 큰 방과 떨어져 있었는데, 거기는 공주인 마담 루아얄과 그의 고모인 마담 엘리자베트가 썼다. 그 방을 지나야 갈 수 있는 변소가 있었다. 왕의 가족뿐만 아니라 시에서 파견한 감시인, 감시병까지 모두 그곳을 이용했다. 루이는 4층에 살면서 제일 큰 방에서 잤고, 사무실로 배정한 방에서 책을 읽었다. 그의 방 옆에 어두운 작은 방이 있고, 부엌이 잇따라 붙어 있었다. 그곳에서 왕의 시중을 드는 샤미이와 위 François Hue가 살았는데, 그들이 잡혀간 뒤로 부엌은 잠그고 5층을 폐쇄했다. 1층에 부엌이 있었지만 아무도 이용하지 않았다. 루이는 탑의 본관으로 옮기는 날까지 거기서 살았다. 9월 29일, 파리 코뮌에서 보낸 대여섯 명이 왕의 가족이 모여 있던 왕비의 방에 나타났다. 그중 샤르보니에Charbonnier가 파리 코뮌의 명령을 읽어주었다.

수용자 전원의 몸이나 방, 그리고 시종과 탑에서 봉사하는 사람에게서 모든 종이·잉크·펜·연필·문서를 압수한다. 만일 필요한 것이 있다면, 클레리가 아래층으로 내려가 물품요청서를 작성하도록 한다.

클레리Jean-Baptiste Cant-Hanet(일명 Cléry)는 1782년부터 왕실에 봉사하다가 왕세자의 시중을 들었다. 8월 10일 튈르리 궁에 민중이 쳐들어갈 때 외부 사정을 알아보려고 밖으로 나갔다가 왕실과 헤어졌다. 나중에 그는 페티옹에게 편지를 써서 탕플에 들어가 왕실에 봉사하게 해달라고 부탁했다. 페티옹은 루이의 승낙을 받아 그를 탕플로 들여보냈다. 그는 회고록*을 써서 탕플에서 몇 달 동안 살았던 루이의 생활을 기록했다. 왕과 가족은 몸에 지니거나 방에 둔 모든 종이, 연필, 그 밖의 필수품을 꺼냈다. 코뮌 관리들은 모든 방과 장롱을 뒤져 명령서에 적힌 물품을 가져갔다. 눈치 빠른 클레리는 그들 가운데 한 사람을 통해 루이가 그날 저녁 본관으로 옮길 것이라는 사실을 알아내고, 마담 엘리자베트를 거쳐 루이에게 그 사실을 전해줄 방법을 찾았다. 과연 저녁상을 물린 뒤, 오전에 명령을 집행한 관리들이 다시 그들 앞에 나타나 루이만 본관으로 옮긴다는 명령을 읽었다. 루이는 이미 그 소식을 귀띔받았지만 현실로 나타나자 몹시 슬퍼했다. 가족은 그다음에 무슨 일이 일어날지 예상할 수 있을 만한 실마리를 찾으려는 듯 관리들의 표정을 살폈다. 왕의 가족은 그동안 수없이 생명의 위협을 받고 온갖 모욕을 당하면서 한 치 앞도 내다볼 수 없는 나날을 보냈던 만큼 루이만 따로 데려간다는 말에 곧 죽음을

---

* 『프랑스의 왕 루이 16세가 구속된 탕플 탑에서 일어난 일에 대한 일지Journal de ce qui s'est passé à la Tour du Temple pendant la captivité de Louis XVI, Roi de France』.

떠올렸다. 루이를 본관으로 옮겼지만 본관의 공사는 채 끝나지 않은 상태였기 때문에, 공사를 마무리하는 일꾼들이 계속 드나들었다. 마침내 10월 26일에 본관 공사를 끝내고 루이의 가족을 옮겼다.

5층짜리 본관에서 3층이 루이, 4층이 가족의 공간이 되었다. 1층은 코뮌 관리, 2층은 경비대가 각각 차지했다. 루이가 머무는 3층의 첫 방은 부속실이며, 들어서면서 맞은편 문으로 들어가면 왕의 방이 있었다. 루이의 방에는 왕세자의 침대를 놓았다. 부속실에서 왼쪽 문으로 나가면 클레리가 쓰는 방이고, 오른쪽 문으로 나가면 식당이 있었다. 왕의 방에는 벽난로가 있었다. 그리고 부속실에 큰 난로를 놓아 다른 방까지 덥혔다. 방마다 십자형 유리창을 내서 빛을 끌어들였지만, 창밖에는 쇠창살과 덧문을 달아 맑은 공기가 들어오지 못하게 했다. 창을 낸 벽 두께는 9자pied나 되었다. 우리가 익숙하게 쓰는 미터법이 나오려면 1793년 8월 1일까지 기다려야 하니까, 불편하지만 참아야 한다. 굳이 미터로 바꾸면 벽 두께는 약 2.7미터 남짓했다. 루이가 머문 3층은 썰렁해서 그랬는지 천으로 천장을 만들었다. 그리고 칸막이는 벽지를 발라놓았다. 서민도 집에 새로 도배를 하고 기분 좋게 살 수 있는 시대에, 탕플 감옥의 부속실은 감옥의 내부를 표현하는 벽지를 발라서 루이가 파리 코뮌이 가둔 죄인임을 잊지 않게 만들었다. 18세기의 벽지에는 주로 정물이나 전원 풍경을 인쇄했고, 혁명기에는 폼페이 유적의 프레스코에서 영감을 받았는데, 감옥 내부를 표현하는 벽지는 특별히 주문해서 제작한 것이 아닐까 추측해본다. 또 벽에는 아주 굵은 글씨로 「인권선언」을 인쇄해서 삼색 틀에 끼워 붙여놓아, 마치 가톨릭 영세지망생이 교리문답을 외워야 하듯, 루이도 혁명의 상징을 늘 마음에 새기도록 만들었다. 가구라고는 장, 작은 사무용 책상과 그에 딸린 걸상 네 개, 안락의자, 짚을 채운 의자 몇 개, 밥상, 벽난

로에 걸린 거울, 초록색 능직을 덮은 침대가 전부였다. 이러한 가구나 집기는 원래 탕플 대수도원장의 공관에 있던 것이다. 게다가 루이의 침대는 그의 동생 아르투아 백작의 수비대장이 쓰던 것이다.

마리 앙투아네트는 4층을 썼다. 4층의 구조는 3층과 거의 같았다. 마리 앙투아네트와 딸의 침실은 왕의 침실 바로 위였고, 작은 탑의 공간은 작은 방으로 쓰였다. 루이의 여동생 마담 엘리자베트의 방은 클레리의 방 바로 위에 있었다. 입구의 방은 부속실로 쓰였는데, 코뮌 관리들이 낮과 밤을 거기서 보냈다. 파리 시장 페티옹이 허드렛일을 시키라고 보낸 티종Tison과 그의 아내는 왕의 식당 바로 위에 머물렀다. 클레리는 티종 부부가 하는 일은 따로 있다고 말했다. 티종 부부는 파리 코뮌에서 보낸 감시인이 놓칠 수 있는 사실을 낱낱이 보고하는 일을 맡았던 것이다. 앙시앵레짐 시대에도 그랬듯이 티종 부부같이 수용자/수형자의 비밀을 캐는 임무를 맡은 부류를 불어로 '양mouton'이라 하고, 영어로는 '새어리 비둘기stool pigeon'라 한다. 비밀을 캐낼 사람의 곁에서 양순하고 어수룩하게 보이면서 마음을 사로잡은 뒤, 그의 비밀을 알아내 일러바치는 사람을 가리킨다. 대개 경찰 끄나풀로 활동하던 사람이기도 하지만, 감옥에 갇힌 사람 가운데서 뽑히기도 했다. 그러나 티종 부부는 감옥에서 뽑힌 사람이 아니라, 파리 코뮌에서 혁명과 조국에 충성하는 마음을 증명하고 임무를 맡았다. 루이 카페에게는 아직 캐내야 할 비밀이 많았기 때문이다. 무엇보다도 그가 혁명에 마지못해 끌려다니고, 파리 코뮌의 감시를 받으면서 지내는 신세였지만, 국내외에서 왕당파가 기회를 엿보는 만큼, 그들과 어떤 식으로든 끈이 닿든지, 아니면 연결하려고 애쓰든지 할 것은 빠한 이치였다. 티종 부부는 여느 감시인이 임무를 제대로 수행하지 않을 경우 그들까지 고발할 수 있었다. 그러니까 탕플 감옥에서 감시받지 않는 사람은 한 사람도 없었다.

　루이의 맏딸은 가족 중에 유일하게 살아남아 사촌 오빠와 결혼해서 앙굴
렘 공작부인Marie Thérèse Charlotte de France, duchesse d´Angoulême이 되었는데,
특히 탕플의 아성 본관에 들어가지도 못한 채 북쪽에 덧댄 건물에서 살던 시
절을 이렇게 회상했다.

> 우리는 하루를 함께 지냈다. 아버지는 내 동생에게 지리를 가르치고, 어
> 머니는 역사를 가르치고 또 시를 배우도록 했다. 고모는 산수를 가르쳤
> 다. 아버지는 다행히 책꽂이를 발견하고 거기에 빠져들었다. 어머니는
> 수를 놓아 장식융단(타피스리)을 만들었다. 파리 코뮌 사람들은 너무 격
> 식을 무시했고, 아버지를 별로 존중하지 않았다. 그리고 언제나 아버지
> 를 감시했다.

　앙굴렘 공작부인과 클레리의 회고록을 바탕으로 루이 가족이 아성의 본
관으로 옮기기 전 북쪽 건물에서 보낸 하루를 재구성해보자. 루이는 보통 아
침 6시에 일어나 자기 손으로 면도를 했다. 시종 클레리가 머리를 손질해주
고 옷을 입혀주면, 루이는 곧 독서실로 들어갔다. 이 방은 아주 작았지만, 파
리 코뮌이 파견한 감시인이 침실에서 그를 감시할 수 있게 문을 열어놓아야
했다. 그는 먼저 무릎을 꿇고 5~6분 동안 기도한 뒤 9시까지 책을 읽었다.
그사이 시종은 침구를 정리하고, 마리 앙투아네트가 있는 아래층으로 내려
갔다. 그는 클레리가 내려갈 때까지 문을 열어놓고 기다렸다. 감시인이 함부
로 문을 열고 들어가지 못하게 하려는 뜻이었다. 클레리는 먼저 마리 앙투아
네트의 머리를 손보고 화장을 도와준 뒤, 공주와 고모를 차례로 도와주었다.

이 기회를 이용해서 클레리는 이 사람 저 사람에게 듣거나 직접 본 일을 그들에게 알려주었다. 클레리는 감시인의 눈을 피해 어떤 신호를 하면, 그들 가운데 한 사람이 감시인에게 말을 걸어 주의를 끄는 사이에 클레리가 소식을 전했다. 9시가 되면 루이 가족의 여성들이 루이의 방으로 아침을 먹으러 올라갔다. 클레리는 그들과 함께 올라가 밥상을 차려준 뒤, 다시 아래층으로 가서 침구를 정리했다. 티종 부부는 이 일을 주도적으로 하지 않고, 단지 클레리를 돕기만 했다.

10시가 되면, 루이는 부인의 거처로 내려가 가족과 함께 시간을 보내면서 아들을 교육시켰다. 혁명 전과 직후에는 대귀족 가문의 여성들(게메네 공작부인, 폴리냐 백작부인, 투르젤 후작부인)이 차례로 루이의 아들과 딸의 교육을 책임졌으나, 이제는 루이와 아내가 자식교육을 맡아야 했다. 루이는 아들에게 코르네유Corneille나 라신Racine의 작품에 나오는 구절을 들려주기도 했다. 그리고 왕자의 교육에서 지리는 가장 중요한 과목이었다. 장차 왕이 될 사람은 자기가 다스릴 나라를 자세히 알아야 했기 때문이다. 루이는 아들에게 카드놀이로 지리를 가르쳤다. 루이가 문제를 내면 아들은 프랑스의 도·지역·도시·강·산이 적힌 카드 가운데 한 장을 집어 들었다. 그들 곁에서 마리 앙투아네트가 공주를 가르쳤다. 자녀교육은 11시에 끝났다. 정오까지 마리 앙투아네트는 벽걸이 장식융단을 짰다. 정오에 마리 앙투아네트와 공주, 고모는 옷을 갈아입으러 갔다. 이때는 감시인이 따라붙지 않았다.

오후 1시, 날이 좋으면 온 가족이 산책을 나섰다. 탕플의 아성 본관에 루이 가족을 수용하기 위한 준비를 하거나, 바깥세상과 격리하는 공사를 하는 일꾼이 많았기 때문에 그들은 2시까지 마로니에 나무를 심은 호젓한 길을 따라 걸어다녔다. 이때 감시인 네 명이 그들의 뒤를 따랐다. 2시에 밥을 먹을 때, 어김없이 국민방위군 사령관 상테르가 부하 두 명을 데리고 나타나 모든 방을 샅샅이 둘러보았다. 어쩌다 루이는 그에게 말을 걸었지만, 마리 앙투아네트는 한마디도 하지 않았다. 루이가 아내와 주사위 놀이를 하는 동안 클레리가 밥을 먹었다. 4시에 루이가 낮잠을 잘 때, 나머지 가족은 제각기 책을 읽었다. 루이가 깨어나면 클레리는 그가 보는 앞에서 왕자의 글씨쓰기를 봐주었다. 가끔 루이는 클레리에게 몽테스키외의 『법의 정신』이나 다른 작가의 작품에서 좋은 구절을 베껴서 왕자를 교육시킬 때 활용하라고 명령했다. 날이 저물면 온 가족이 둘러앉고, 마리 앙투아네트가 자녀의 흥미를 끌 만한 역사책이나 재미있는 책을 큰 소리로 읽은 뒤, 루이의 여동생이 그 뒤를 이어 읽었다. 8시에 왕자에게 밤참을 주어 먼저 재웠다. 그때 마리 앙투아네트가 기도를 올렸는데, 끔찍하게 죽은 랑발 공작부인의 안식을 비는 말도 잊지 않았다. 그러나 그때는 감시인이 듣지 못하게 낮은 소리로 기도했다. 9시에 루이가 밤참을 먹었다. 그동안 어린 왕자가 잠자는 침대 곁을 어머니나 누나가 지켜주었고, 거기서 밤참을 먹었다. 왕자를 재우기 전 기도를 올릴 때나 밤참을 가져다줄 때, 클레리는 그들에게 새 소식을 전하기도 했다. 밤참을 먹은 루이는 아내에게 가서 손으로 잘 자라는 인사를 한 뒤 침대에 들었다. 그때, 감시인이 확인했다. 그렇게 루이는 하루하루를 지워나갔다.

탕플 감옥에서 루이와 그의 가족은 얼마 전까지만 해도 상상하지 못하던 모욕을 날마다 견뎌야 했다. 정원에서 일하는 일꾼들도 가끔 연장을 들어 보이면서 그것으로 마리 앙투아네트의 머리를 벨 수 있다고 장담했지만, 루이의 가족은 아무런 대응도 할 수 없는 신세였다. 가족이 흩어지지 않고 함께 밥을 먹을 수 있는 것만 해도 그나마 다행이었다. 9월 초 파리의 감옥에서 일어난 학살사건도 그들에게 큰 두려움을 안겨주었다. 루이의 맏딸은 이렇게 회고했다.

9월 2일, 욕설을 더 많이 들었다. 우리는 무슨 일이 일어나는지 몰랐다. 사방의 창문으로 돌이 날아왔다. 누군가 아버지께 던진 돌이지만 다행히 아무도 맞지 않았다.

페티옹은 클레리를 탕플에 보내면서 간수도 한 명 딸려 보냈는데, 그는 6월 20일 튈르리 궁에서 루이 16세의 방문을 부수고 들어간 장본인이었다. 그 사람은 틈만 나면 루이를 위협하고 모욕했다. 루이의 앞에서 카르마뇰 Carmagnole을 부르면서 놀리기도 했다. 카르마뇰은 입법의회에서 국민공회를 설립하고 왕을 체포하는 법령을 통과시킨 뒤에 피에몬테 지방에서 생겨 마르세유를 거쳐 파리로 퍼진 춤과 노래였다. 노랫말은 루이 16세가 헌법으로 보장받은 거부권veto을 행사하면서 혁명을 방해하다 탕플에 갇힌 신세를 놀려대고, 마리 앙투아네트를 비방하고 나서 루이 16세를 비방한다. 민중의 노래에서 루이보다 마리 앙투아네트에 대한 반감이 훨씬 깊었음을 엿볼 수 있다. 혁명이 일어날 때까지 마리 앙투아네트는 결코 프랑스인으로 동화되지 못한 채, 왕실금고를 축내는 적자부인Madame Déficit이었고, 온갖 음탕한 짓으로 왕조의 미래를 불확실하게 만든 탕녀로 비난받았다. 혁명기의 노래는 그 같은 비난의 연장선 위에 있었다.

마담 거부권은 약속했지Madam' Veto avait promis (반복)

파리를 전부 목 조르겠다De faire égorger tout Paris (반복)

그러나 실패했지Mais son coup a manqué

우리의 포병부대 덕분에Grâce à nos canonniers

(후렴) 카르마뇰 춤을 추세Dansons la carmagnole

대포소리 만세, 대포소리 만세Vive le son, vive le son

카르마뇰 춤을 추세Dansons la carmagnole

대포소리 만세!Vive le son du canon!

거부권 선생(루이 카페)은 약속했지Monsieur Veto avait promis

나라에 충성하겠노라고D'être fidèle à son pays

그러나 그러지 않았지Mais il y a manqué

더는 살려주지 말자Ne faisons plus quartier

이어서 나오는 노랫말은 적을 두려워하지 말고 함께 뭉쳐서 무찌르고, 승리자나 된 듯이 거만한 태도로 국민을 무시한 뚱보 루이를 탕플 감옥에 가두자, 왕실 근위병들이 우리 친구에게 총을 쏘겠다고 약속했지만, 민중은 오히려 그들에게 총알을 퍼부어서 그들을 춤추듯이 팔짝팔짝 뛰게 만들었다는 내용으로 이어진다.

9월 21일 오후 4시 파리 코뮌에서 파견한 뤼뱅Lubin이 기마경찰과 민중을 데리고 탕플에 나타났다. 그는 아성 앞에서 나팔을 불게 한 뒤 선언문을 낭독했다.

왕이 폐위되고, 공화국이 섰다.

탕플에 갇힌 뒤 이미 껍데기만 왕으로 남았던 루이가 그 뒤 하루하루 얼마나 지옥같이 살았는지 충분히 상상할 수 있다. 전국신분회가 국민의회를 선포한 뒤부터 그는 줄곧 혁명을 진심으로 인정하지 않았고, 게다가 조상이 지은 죄까지 한 몸에 뒤집어썼기 때문에 그런 벌을 받았다. 어느 나라나 조국을 배반하면 중형을 내린다. 루이가 가족을 데리고 국경 쪽으로 도망치다 잡혔다는 사실만 가지고도 당시로서는 죽을죄였다. 그때는 제헌의회가 어떻게든 도주가 아니라 납치라고 사건을 무마해주었고, 헌법을 지키겠다고 맹세한 뒤 자격을 되찾을 수 있었지만, 1년 뒤에는 결국 올 것이 오고야 말았다. 공화국이 섰으니 이제 왕좌를 되찾을 희망은 프랑스가 대외전쟁에서 패할 때까지 어떻게든 살아남는 데 있었다. 그러나 자신의 지지자들에게 둘러싸여서 그날을 기다려도 소망을 이루기란 어려울 텐데, 탕플 감옥에 갇힌 몸이었으니 절망적인 상태였다. 20여 일 전에 학살의 피바람이 감옥을 휩쓴 것을 보면, 앞으로 프랑스가 패색이 짙을수록 폭풍우 속의 등불처럼 희망을 찾을 길이 없었다.

2
루이가 죽어야
나라가 산다

루이는 파리 코뮌과 국민의 대표기관 사이에서 이중으로 위협을 받게 되었다. 10월 27일 토요일에 국민공회는 회의실 천장에 걸어둔 깃발에서 루이의 이름을 지우기로 의결했다. 어떤 의원은 "날마다 조국을 향해 무기를 드는 반역의 증거가 늘어나고 있는 이때 반역의 원흉인 루이 16세를 기소하는 법안을 의결하자"고 제안했다. 의원들은 입법위원회에서 연구한 뒤 보고하도록 했다. 11월 1일 목요일에 "루이 16세에 대해 다음 주 수요일(7일)까지 보고하며, 만일 보고서를 준비하지 못할 경우 루이 16세 재판에 대해 모든 의원이 자유로이 제안할 수 있다"고 의결했다. 11월 6일, 오른의 뒤프리슈 발라제Charles-Eléonor Dufriche-Valazé가 공소장을 읽었다. 혁명 전 그는 척탄부대 장교였다가 평민이기 때문에 장교직에서 물러난 뒤 몽테스키외·루소·베카리아를 연구하고, 책을 출판하면서 계몽사상을 전파하다가 알랑송의 제3신분을 위해 진정서를 작성했다. 혁명이 시작된 뒤 그곳 국민방위군의 지휘관이 되었고, 1791년 말에는 시장이 되었다. 그는 오른의 선거인단 단장으로 활동하면서 국민공회에 발을 들였다. 왕이 바렌에서 잡힌 사건을 보고 쓴 글은 이듬해 루이 16세의 자격을 정지하는 청원서를 의회에 제출할 때 본보기로 활용될 만했다. 그는 국민공회에서 파리 코뮌이 9월 초의 학살사건을 주도했다고 맹렬히 비난했고, 코뮌의 감시위원회 활동보고서와 그들의 문서를 검토하는 24인위원회Commission des Vingt-Quatre 위원으로 활동했다.

파리 코뮌과 사이가 나빴던 발라제는 브리소파와 가까이 지냈다. 브리소파는 그의 집에서 자주 모였기 때문에, 마라는 그를 "정치가 도당의 두목chef de la faction des hommes d'Etat"이라고 비난했다. 1793년 공포정이 시작된 뒤 감옥에 갇혔다가 10월 30일 지롱드파 지도자들과 혁명재판소에서 사형을 언도받을 때 숨겨간 칼로 자결했다. 뒤프리슈 발라제는 공소장에서 24인위원회가 서류더미를 조사하면서 겪은 일을 보고하고, 어떻게 범죄의 실마리를 풀어나가게 되었는지 설명하면서, 제일 먼저 증거물로 궁부대신이며 왕실비총관인 라포르트가 왕실비출납관 셉퇴이Septeuil에게 보낸 2월 7일자 편지를 읽었다. 그 편지는 왕실비에서 몇 사람에게 돈을 주라는 내용이었다. 그는 이러한 편지의 성격을 파악하기 어려웠지만 다른 서류와 비교하면서 그 내용을 하나하나 이해하고 범죄의 실마리를 풀었다고 보고했다. 셉퇴이의 집에서 압수한 서류는 루이의 죄를 더욱 구체적으로 드러내주었다. 거기에 는 부이예 장군이 99만 3,000리브르를 받아서 쓴 증빙서류도 끼어 있었다.

11월 7일, 오트가론에서 당선된 입법위원회의 멜이 루이의 재판형식에 대해 마련한 14개조의 법안을 보고했다. 루이를 국민공회가 재판하고, 투표 로 위원 세 명을 뽑아 루이 16세의 혐의를 증명할 모든 증거를 모으고, 루이 16세에게 알려줄 공소사실을 적은 보고서를 작성하게 한다. 위원 세 명이 작 성한 보고서·증거서류·고소장을 인쇄해서 배포하고 8일 뒤에 의원들은 고소 장에 대해 논의하고 한 사람씩 의견을 물어 절대다수의 의견을 좇아 채택 여 부를 결정한다. 고소장을 채택할 경우, 루이 16세와 그가 선임한 변호인들에 게 읽도록 하고, 위원들이 작성한 보고서와 모든 증거서류의 원본과 대조한 사본을 루이 16세에게 제공한다.

제9조. 루이 16세가 원본 서류를 원할 때, 국민공회의 12인위원이 국립 문서보관소에서 꺼내 탕플로 가져가 보여준 뒤 원래 장소로 되돌려준다. 이때 루이 16세에게 서류를 넘겨주거나 서류에서 한시도 눈을 떼서는 안 된다.

제10조. 원본과 다름없는 사본을 만든 뒤에만 원본을 국립고문서보관소 에서 꺼낼 수 있으며, 이때 사본을 원본의 자리에 둔다.

제11조. 국민공회는 루이 16세가 출석할 날을 결정한다.

제12조. 루이 16세는 자신을 변론하는 글을 쓰고 서명한 뒤, 직접 또는 변호인이 대신 국민공회에 제출해야 한다.

몽에서 제마프 사이에 있는 퀴에슴Cuesmes 수문 앞에서 벌어진 전투(채색 판화, BNF 소장).

1792년 11월에 프랑스군이 몽에서 오스트리아군을 몰아내고 입성하는 모습
(이폴리트 벨랑주Hippolyte Bellange 그림, 베르사유 궁 소장).

외르 도의 국민공회 의원으로 로베스피에르와 대립한 뷔조의 초상
(가르느레Garneray 그림, 카르나발레 박물관 소장).

앙시앵레짐에 집착하는 귀족주의자들이 마라에게 붉은 탄환을 퍼붓는다.
마라는 그들을 글로써 공격했을 뿐이다(채색 판화, BNF 소장).

1792년 9월 2일에 벌어진 학살자들의 만행(BNF 소장).

공화국이 유럽 열강의 왕과 교황을 무차별 공격하는 모습.
공화국의 자신감과 적을 멸시하는 감정을 함께 표현했다(동판부식화[에칭], 카르나발레 박물관 소장).

변호사 마통 드 라바렌(Maton de La Varenne)이 9월 학살자의 손에서 겨우 벗어나
『마라와 살육자들의 범죄 또는 나의 부활』을 썼다.
마라가 학살자들을 이끄는 모습은 그의 책에 실린 삽화다(BNF 소장).

제13조. 루이 16세와 변호인은 필요한 경우 구두변론을 할 수 있으며, 이 경우 국민공회 비서들이 그 내용을 정리해서 루이 16세의 확인서명을 받아 국민공회에 제출한다.

제14조. 루이 16세가 변론서를 제출하는 기한이 끝난 뒤, 국민공회는 의원의 의견을 일일이 묻는다.

국민공회는 만장일치로 원안 그대로 받아들이고 나서, 곧바로 "루이 카페와 관련된 보고서를 모든 언어로 옮기고 인쇄해서 모든 도·지방정부·군대에 배포한다. 그리고 국민공회 의원에게 10부씩 나눠준다"고 의결했다. 여기서 눈치 빠른 사람은 이렇게 물을 것이다. "왜 같은 나라에 보내는 글을 모든 언어로 옮겨야 하는가?" 18세기 중엽까지 프랑스 인구 2,500만 명 가운데 프랑스 말을 일상적으로 쓰면서 생활하는 사람은 40퍼센트 정도였고, 나머지는 외국어에 가까운 사투리를 썼다. 그러므로 혁명지도자들은 혁명정신을 드높이고 의식을 통일하려고 두 가지 일을 함께 해야 했다. 예를 들어 1789년 8월 26일의 「인권선언」을 빨리 보급하려고 각 지방 언어로 옮겨서 배포하는 한편, 국민국가를 만들려고 언어통일 정책을 세웠다.

그러나 루이 카페의 재판을 기다리는 사람들은 몹시 화가 났다. 특히 8월 10일의 주역들은 '9월 학살'처럼 신속한 재판을 기대했지만 속절없이 시간만 흘러가는 것을 보고 참다못해 11월 28일 수요일에 국민공회에 직접 항의했다. "용감한 상퀼로트가 국민공회에 드리는 글"의 제목은 그들의 말투를 닮았다. "우리가 우습나요?"*

입법가들이여, 우리 상퀼로트는 여러분이 서로 반목하는 것을 보면서 몹시 애통합니다. 그래서 우리는 평상시처럼 힘차게 여러분을 비난합니다. 여러분은 너무 무기력하고, 너무 느려터지고 일을 제대로 처리하지도 못합니다. 아무래도 여러분은 우리를 하찮게 생각하는 것 같습니다.

우리는 헌법을 만들고, 필요한 것을 마련하고, 조국을 구하라고 여러분에게 명령했습니다. 여러분은 도대체 무슨 일을 하고 있습니까? 아무래도 여러분은 내전의 불씨를 살리고 무정부상태를 퍼뜨리려고 온갖 수단을 동원하는 것 같습니다.

상퀼로트는 점잖은 말 속에 분노와 조급한 마음을 담았고, 심지어 의원들을 위협했다. 자신들이 의원들에게 막중한 임무를 맡겼음에도 감히 자신들을 우습게 여긴다고 화를 냈다. 의원들은 허구한 날 서로 고발하고 헐뜯는다. 특히 로베스피에르가 독재자가 되고자 한다고 상퀼로트를 그럴듯한 말로 설득해서 사회적 제재를 가하도록 부추긴다. 거리마다 서로 위협하는 격문으로 도배하는데, 아무리 좋게 봐도 입법가의 고상한 역할은 아니다. 상퀼로트는 이미 자신들에게 이제 주인은 없다고 분명히 말했다. 그러므로 로베스피에르가 독재자가 되고자 한다거나 마라가 군림하려 한다고 의원들이 아무리 떠든대도 아랑곳하지 않는다. 무슨 대수인가? 의원들은 마라가 피에 굶주린 인간이며, 끊임없이 민중을 부추겨 살육과 학살을 저지르게 만든다고 말한다. 인민이 마라 같은 사람의 교사를 받고 살육을 저지른다고 생각하는 사람은 도대체 누구인가? 그 정도로 "당신들은 우리가 우스운가?"

---

* Vous foutez-vous de nous? Adresse des braves Sans-Culottes à la Convention nationale.

민중이 공정하다는 사실, 여러분이 힘을 합처 민중에게 부당한 일을 하라고 할 때, 민중은 여러분의 무모한 시도를 처벌할 수 있음을 알아두서야겠습니다.

상퀼로트는 국민공회가 모인 지 두 달 동안 도대체 무슨 일을 했느냐고 따졌다. 물론 그동안 왕의 자격을 정지시켰고, 군주정을 공화정으로 바꾸면서 민중의 염원에 보답했다. 그래서 민중은 평화와 질서를 기대했고, 올바른 선택을 했음을 확신하고 감사했지만, 행복한 시간을 더는 누리지 못했다. 모든 프랑스인이 루이를 벌해야 한다고 생각했지만, 아직도 심판하지 않았다. 아침 9시에 회의를 시작하고, 하루에 겨우 두 시간을 왕의 심판에 쓰겠다고 의결했을 뿐이다. 그런데도 이렇게 의결한 대로 실행한 적이 있는가? 11시가 되어도 회의에는 겨우 50명도 참여하지 않았다. 이제 이렇게 생각해볼 수 있다. 하루 두 시간도 많으니, 일주일에 두 번만 역적을 심판하자고 의결해서 앞서 의결한 법을 무효로 만들 수 있다. 민중이 아직도 잠이나 자고 있다고 생각하면 가능한 일이다. 그러나 민중은 의원들이 자신을 얼마나 깔보는지 잘 안다.

여러분은 헌법이 루이에게 면책특권을 인정해줬다고 말하지만, 우리가 언제 그런 헌법을 승인했습니까? 우리는 그것을 얼마 전에 폐지했습니다. 여러분은 우리에게 다른 나라 얘기를 하는 것 같은데 부질없는 일입니다. 예전부터 지금까지 우리는 그 누구도 법 위에 있을 수 없는 공화체제를 원했습니다. 그를 심판하지 않는 것은 잔인한 일입니다. 왕은 유죄거나 무죄입니다. 그런데 무죄인 경우, 그를 감옥에 계속 가둘 수 있습니까? 여러분처럼 자유와 평등의 혜택을 누려야 하지 않겠습니까?

의원들이 위기의식을 부추기면서 민중을 속이려 해도, 민중은 바보가 아니다. 농산물을 풍부하게 수확했음에도, 아직까지 외국에서 밀을 수입해야 한다고 거짓말을 할 것인가? 언제까지 외국에서 돈을 빌려와야 한다고 말할 것인가? 민중을 우습게 보지 말라! 생필품이 부족한 것은 투기꾼 때문이다. 그들은 노르망디에 가까운 영국의 저지Jersey 섬이나 다른 곳에 창고를 두고 공급을 조절한다. 국내의 창고에도 곡식을 쌓아놓고 풀지 않는 재산가, 대농장주들에게 밀을 시장에 내놓으라고 명령해야 한다. 감시를 강화하고 최고 가격제를 실시하라. 물론 그것은 자유주의에 역행하는 정책이다. 그러나 지금까지 자유와 평등을 고양시키지 못한 사람들에게 무슨 할 말이 남아 있는가? 투기꾼 100명이 전 국민을 굶주리게 해서 노예로 만드는 것은 일도 아니다. 지금이라도 투기꾼을 단속하라. 그렇게 하지 않으면, 민중은 의원들 중에 투기꾼의 두목이나 공모자가 있다고 생각할지 모른다. 언제나 인민이 의심하기 시작하면 결국 사실임이 밝혀졌다.

우리가 절망하면 결국 국민공회도 옛날의 파리 시정부와 똑같은 운명을 겪게 만들 것이라고 경고할 수밖에 없습니다. 우리는 누가 투기꾼인지 알고 있습니다. 지금은 호의를 베풀어 그들의 이름을 밝히지 않겠습니다. 그들이 공화국을 불행하게 만들려고 노력했지만, 이제부터라도 그 불행을 보고 제정신을 차려서 우리의 요구를 받아들여야 할 것입니다. 만일 우리의 청원이 기대하는 만큼 성과를 거두지 못한다면, 우리는 마지막으로 한 번 더 청원하겠습니다. 거기서 우리는 애국자인 척하면서 실제로는 자유와 평등의 기초를 엎으려는 역적을 낱낱이 밝히겠습니다. 그때도 여러분이 우리를 우습게 여길지 두고 보겠습니다.

12월 2일 일요일에 파리의 48개 구를 대표해서 팡테옹 프랑세Panthéon français 구* 대표가 국민공회에 들어가 파리 코뮌의 의지를 전달했다.

"우리는 용감하게 구조적인 멍에를 부수고, 거대한 괴물 같은 정권을 뒤집어엎었으며, 국민주권을 노예상태에서 끌어냈습니다. 우리는 거기서 멈췄습니다. 자유로운 국민이라면 복수를 해도 엄숙하게 해야 하고, 이 폐허를 공공의 행복을 건설하는 바탕으로 이용해야 한다고 생각했기 때문입니다. 그리고 곧 인민이 모여 국민공회에 주권을 대행하게 했고, 의원님들은 자유의 사로 국민의 의지를 좇아 중대한 임무를 맡았습니다. 이제 인민은 국민공회에 말합니다. 어서 국민을 행복하게 만드시오. 자유와 평등을 확고한 바탕 위에 세우시오. 자유와 평등을 짓밟으려 하던 괴물은 지금 사슬에 묶였습니다. 의원님들은 곧 그를 심판할 것입니다. 당신들 손에 복수의 칼을 맡깁니다. 우리의 고통을 기억하십시오. 우리의 요구를 고려하십시오. 우리의 안녕과 행복만을 기준으로 삼아주십시오. 우리를 죽인 사람들을 벌해주십시오. 면책특권은 인민에게만 있는 것입니다.

국민의 의견에 대해 당신들이 두려워할 것이 무엇입니까? 국민의 의견은 분명해지고 성숙했습니다. 제발 막연한 두려움 때문에 뒷걸음치지 마십시오. 아, 시민들이여, 여러분의 열의를 무기력으로 묶으시렵니까? 여러분의

---

* 이 구는 원래 생트주느비에브 구였다가 8월 10일 이후 이름을 바꾸었다.

사려 깊은 행동을 마비상태에 두시렵니까? 루이가 거짓말로 감추려 한 범죄가 아직도 충분히 드러나지 않았습니까? 무엇 때문에 이렇게 늦어지는 것입니까? 왜 수많은 반도叛徒가 되살아날 시간을 주는 겁니까? 한때 프랑스인의 왕이었던 사람을 재판할 수 있는지 묻는 것은 정치적인 불경죄입니다. 그것은 끝없는 토론을 낳기 때문입니다. 그것은 국민의 의지를 꺾고, 국민의 영광을 바래게 만듭니다."

의원들은 파리 민중의 압박을 받아 루이 카페의 재판에 대해 본격적으로 논의하지 않을 수 없었다. 로베스피에르는 12월 3일 월요일에 연단에 올라 발언했다.

"우리는 지금까지 진짜 문제에서 멀리 벗어났습니다. 문제는 재판을 하느냐 마느냐가 아닙니다. 루이는 피고인이 아닙니다. 의원은 판사가 아닙니다. 의원은 정치가이며 국민의 대표일 뿐입니다. 의원에게는 한 인간에게 유리하거나 불리한 판결을 내릴 권한이 없습니다. 오직 구국의 조치를 내놓아야 할 뿐입니다. 국가의 앞날을 밝혀줄 행위만 해야 합니다."

그는 뛰어난 연설가였다. 그러나 그를 싫어하는 사람은 그의 능력을 비웃기도 했다. 예를 들어 파리에서 태어나 극작가로 이름을 날리다가 파리가 아니라 센에우아즈에서 의원이 되었고 지롱드파와 가까이 지내던 루이 세바스티앙 메르시에는 그를 "일곱 시간짜리 변호사"라고 불렀다. 메르시에는 로베스피에르가 말을 한 번 시작하면 별로 중요하지도 않은 얘기를 일곱 시간이나 할 수 있다는 뜻으로 빈정댔지만, 아무튼 로베스피에르는 (이날 7시간 동안 연설했다는 뜻은 아니지만) 한번 마음먹으면 남보다 오랫동안 연설을 했고, 그것도 아주 설득력 있게 잘했다. 변호사 출신이 국민의 대표로 활동한 경우가 많았지만, 특히 로베스피에르는 원칙을 중시하는 성품으로, 또 민중의 편에서 생각하려는 태도—그것은 민중을 이용하려는 태도로 공격받을 수 있는 태도이기도 했다—로 생활했고, 그러한 마음을 담은 뛰어난 연설로 수많은 사람을 휘어잡았다. 그는 동료 의원들의 힘찬 응원의 박수소리를 들은 뒤 곧 말을 이었다.

"공화국은 폐위된 왕을 오직 두 가지로 이용할 수 있습니다. 그가 국가의 안정을 해치고 자유를 흔들도록 내버려두든지, 아니면 그를 이용해서 국가와 자유를 더욱 굳게 만들든지. 그런데 지금까지 내가 본 결과, 의원님들은 국가와 자유를 더욱 굳게 만들려는 목표를 거스르는 결정을 내렸습니다. 루이는 왕이었지만, 이제 공화국이 섰습니다. 우리가 해결할 문제는 바로 여기 있습니다. 루이는 죄를 지었기 때문에 폐위되었습니다. 루이는 프랑스 국민을 반도로 고발했습니다. 그는 국민을 벌하려고 외국 군대를 불렀습니다. 그러나 승리한 국민은 그가 반도라고 결정했습니다. 그러므로 우리는 루이를 심판할 수 없습니다. 그는 이미 유죄판결을 받았기 때문입니다. 그렇지 않으면 공화국은 죄를 면할 수 없습니다."

의원들이 그에게 다시 한번 박수를 보냈다.

"어떤 형식으로든 루이를 재판하자고 한다면, 옛날 입헌 전제왕정으로 되돌아가게 됩니다. 그것은 반혁명적인 사고방식입니다. 그것은 우리의 혁명 자체를 문제 삼기 때문입니다. 시민들이여, 우리는 정신을 바짝 차려야 합니다. 유감스럽지만 루이는 죽어야 합니다. 조국이 살아야 하니까요."

여기서 우리는 '조국'이라는 낱말에 귀를 기울여야 한다. 계몽주의 시대의 경험적 지식을 추구하는 흐름을 상징하는 『백과사전*L'Encyclopédie*』에서 슈발리에 드 조쿠르Chevalier de Jaucourt가 쓴 '조국patrie'을 참고할 수 있다.

여느 사람들은 조국을 한 사람이 태어난 장소라고 이해하는 경향이 있지만, 철학자들은 아버지를 뜻하는 라틴어 파테르pater를 어원으로 생각했다. 그러므로 어떤 사람에게 조국은 어버이와 같다. 그것은 가족, 사회, 자유로운 상태état libre와 관련되었기 때문에, 전제주의의 멍에가 있는 한 조국이라 할 수 없다.

조국은 이처럼 앙시앵레짐의 신분사회의 개념, 나라의 축소판이라 할 가부장제적인 가족 개념에서 멀리 벗어나 있었다.

사람들이 조국에 바치는 사랑은 풍습을 선하게 만들며, 선한 풍습은 조국을 사랑하게 만든다. 조국 사랑이란 바로 국가의 법률과 행복을 사랑하는 것이다. 그것은 오직 민주주의에 대한 사랑이며, 정치적인 덕성이다. 그 덕성을 갖춘 사람은 자기 이익보다는 공공의 이익을 먼저 생각해 몸을 바친다. 그것은 감정이지 지식의 체계는 아니다. 국가의 맨 밑바닥에 사는 사람이라도 공화국의 지도자처럼 이 감정을 가질 수 있다.

이처럼 이미 혁명 전에도 '조국'은 자유로운 상태에서 어버이 섬기듯 사랑해야 할 대상이며, 지식인이건 아니건 모두 사랑할 수 있는 대상이었다. 1792년 프랑스가 외국과 전쟁을 시작하면서 '조국이 위험하다la patrie en danger'라는 말을 공식적으로 쓰기 시작했다. '프랑스France', '국가nation'에는 이질적인 사람이 수없이 많다. 프랑스에서는 저마다 절대군주정, 입헌군주정, 공화정, 대의제 민주주의, 직접 민주주의, 무정부주의를 외치면서 살았다. 외적의 침입을 은근히 반기는 사람은 왕당파·반혁명세력이며 비록 '프랑스인'이지만 '애국자patriote'는 아니었다. '조국patrie'은 '애국자'만의 나라였고, 그러므로 조국을 구하려면 애국자가 뭉칠 필요가 있었다. 로베스피에르는 "조국이 살려면 루이가 죽어야 한다"고 못 박아 말했다.

"나는 이제 루이의 운명에 대한 법령을 제정하자고 제안합니다. 그의 아내도 똑같은 죄를 저지른 사람들과 함께 각각 법정에 세웁시다. 그의 아들은 평화와 공공의 자유가 확실히 자리 잡을 때까지 탕플에 보호합시다. 나는 국민공회가 이 순간부터 루이를 프랑스 국민에 대한 반역자, 인류에 대한 범죄자로 선언하자고 요청합니다. 그렇게 해서 8월 10일에 자유를 지키려다 수많은 희생자가 생긴 이 세상에서 중요한 본보기로 삼읍시다."

로베스피에르의 의견에 맞장구를 치는 의원도 많았지만, 의원들은 루이를 재판에 부치는 문제를 놓고 끝없이 토론했다. 어떤 의원은 왕이란 하느님 앞에서만 책임을 지는 신성한 존재이기 때문에 재판을 할 수 없다고 주장했다. 그는 앙시앵레짐에 내린 뿌리를 자르지 못한 의원이었다. 왕을 당장 죽여야 한다고 주장한 사람 가운데에도 특이한 주장을 한 사람이 있었다. 혁명 전 몽펠리에에서 포목 도매업을 하던 캉봉Pierre Joseph Cambon은 "루이 16세를 오늘밤 교수형에 처할 것을 제안한다"라고 말했다. 교수형? 이미 '국민의 면도날'이라는 기요틴이 공식적으로 작동하고 있었는데 교수형이라니. 이것은 무슨 뜻인가? 앙시앵레짐의 형벌은 혁명기에 합리적으로 개선되었다. 앙시앵레짐 시대에는 신분과 죄를 고려해 자격박탈dégradation·죄인공시대pilori·말뚝형carcan·조리 돌리기amendement honorable·화형autodadé·능지처참형écartèlement·차형roue 같은 다양한 형벌이 있었는데, 대체로 평민은 교수형, 귀족은 참수형을 받았다. 그러나 의사 출신 의원 기요탱이 처음 제안했던 대로 누구에게나 똑같은 죄에 똑같은 벌을 내리게 되었다. 그런데 캉봉 의원은 앙시앵레짐 시대 평민을 죽이는 방식을 적용해 루이 16세를 교수형에 처하자고 했다. 루이를 왕도 아니고 시민도 아닌, 앙시앵레짐의 퇴물로 취급하는 태도가 아니었을까? 더욱이 그를 평민 같은 존재로 취급한 캉봉의 제안에서 분노를 읽을 수 있다. 의원들이 이 문제를 놓고 긴 토론을 하고, 일부 의원이 앙시앵레짐의 절대군주에게 적용하던 신성한 성격을 루이에게 인정해주는 것을 본 로베스피에르는 그들을 다음과 같이 비판했다. 1791년에 제정한 헌법이 입헌군주정을 인정했음에도, 그것을 무시한 채 모든 일을 저질러 왕까지 폐위시킨 사람들이 아직까지 그 문제에 얽매이고 있으니, 그렇다면 "당신들에겐 그를 감옥에 가둘 권리도 없었습니다." 국민은 루이 16세를 프랑스 공화국의 적으로 보았기 때문에, 그 뜻을 받들어 그를 탕플 감옥에 가둔 것임을 잊지 말아야 한다고 로베스피에르는 거듭 주장했다.

3
루이의 비밀금고[*]

루이의 취미는 베르사유에서 열쇠를 직접 만들어 방문을 열고 다니는 것이었다. 그는 자물쇠공 프랑수아 가맹François Gamain에게 열쇠 만드는 법을 배우면서 즐거워했다. 가맹은 아버지의 뒤를 이어 베르사유 궁의 자물쇠와 열쇠를 관리했으며, 베르사유 궁에 자물쇠 공방을 가질 정도로 왕의 신임을 얻었다. 루이 16세는 가맹과 함께 시간을 보

---

* 철제 붙박이장을 뜻하는 'l'armoire de fer'라고 한다.

내는 경우도 많았다. 루이는 어느 날 그에게 직접 만든 자물쇠를 보여주면서 자랑을 했다. 열쇠공은 "전하께서 평민이나 하는 일을 하시면, 평민은 왕의 일을 하게 됩니다"라고 말했다. 루이 일가가 1789년 10월 6일 베르사유 궁을 영원히 떠나 파리의 튈르리 궁으로 옮긴 뒤에도, 가맹은 베르사유에 머물렀지만 여전히 왕실 전속 자물쇠공이었다. 루이는 튈르리 궁이 공격받을지 모른다는 생각에 불안해했기 때문에 시종 뒤레Durey를 베르사유로 보내 가맹을 불러갔다. 뒤레는 가맹을 부른 때가 1791년 5월이라고 말했다. 그러나 가맹은 금고를 만든 날짜를 1792년 5월이라고 말했다. 왜 이렇게 1년이나 차이가 날까? 그리고 누구의 말을 믿어야 할까? 가맹보다는 뒤레의 말이 좀 더 믿음직스럽다. 뒤레는 루이가 1791년 6월 파리를 빠져나갈 계획을 세우면서, 자기만의 비밀을 간직할 금고를 만들어 미라보 백작·뒤무리에 장군·라파예트의 편지를 넣어두려 했다고 말했다. 루이가 바렌에서 잡혀 파리로 되돌아간 뒤에는 전보다 더욱 심하게 감시받았기 때문에, 가맹이 말한 대로 1792년 5월보다는 뒤레가 말한 대로 1791년 5월 하순에 금고를 만들었다고 보는 편이 합리적이다.

가맹의 말은 1년 차이가 나지만, 아무튼 금고 제작에 관한 진실을 조금이라도 담고 있으리라고 생각할 수 있다. 그는 "1792년 5월 22일에" 뒤레를 따라 튈르리 궁으로 갔다. 왕은 자기 침실에서 왕자의 침실로 가는 복도의 벽에 지름 60센티미터 정도의 구멍을 보여주면서, 자기가 뒤레와 함께 직접 팠으며 거기에 돈을 감추겠다고 말했다. 왕은 가맹에게 튼튼한 문을 만들어달라고 요청했다. 가맹의 말을 직접 들어보자.

나는 곧 작업을 시작했다. 뻑뻑한 자물쇠의 모든 부분을 다시 조립하고,

183

보통 열쇠와 전혀 다른 방식으로 정교한 열쇠를 만들었다. 그러고 나서 문을 여닫을 때 소리가 나지 않도록 경첩을 확실하게 달았다.

왕은 나를 열심히 도와주면서, 망치질을 할 때마다 조금 소리를 죽이라거나 서둘러달라고 간청했다. 그는 하루 종일 걸리는 일을 한순간의 부주의로 그르칠까봐 두려워했다.

금고 열쇠는 작은 철제함에 넣어 잠근 뒤 복도 맨 끝의 타일 밑에 숨겨놓았다. 금고의 문을 닫는 순간 안에서 빗장이 걸리게 만들었기 때문에, 열쇠는 오직 문을 열 때만 필요했다.*

그는 마무리 작업으로 문에 대리석 느낌이 나는 그림을 그려 원래 벽처럼 위장했다. 그는 하루 종일 쉬지 않고 작업을 했기 때문에 땀을 흠뻑 흘렸고, 아침부터 거의 먹은 것이 없어서 기진맥진한 상태였다. 왕은 그에게 의자를 권하고 잠시 쉬게 하더니 200만 리브르를 가죽자루 네 개에 나눠 담는 것을 도와달라고 했다. 둘이 돈을 세는 동안 뒤레가 부지런히 서류를 가져다 금고에 넣었다. 가맹이 보기에 금고를 만든 목적은 돈이 아니라 서류를 감추는 데 있었다. 그가 돌아가겠다고 하자, 왕은 궁에서 저녁을 먹고 가라고 권했다. 그러나 그는 시종들과 같은 밥상에 앉기 싫어 거절하고 빨리 베르사유의 집으로 돌아가겠다고 했다. 갑자기 마리 앙투아네트가 비밀 문으로 포도주와 브리오슈를 들고 나타나더니 그에게 권했다. 그는 포도주를 마시고, 과자는

---

* J. Hippolyte Daniel Anthoine, *Biographie des hommes remarquables de Seine-et-Oise depuis le commencement de la monarchie jusqu'à ce jour*, Paris, 1837; P. L. Jacob, *Curiosités de l'Histoire de France, deuxième série*, Paris, 1858.

집에 가지고 가서 아이들에게 나눠주려고 주머니에 넣었다. 8시에 궁을 나서서 밤길을 한참 걷는데 갑자기 배가 몹시 아팠다. 거의 죽을 것 같은 통증에 억지로 기어서 강가에 가서 물을 마시고 토하기를 반복했다. 인적이 드문 벌판에서 운 좋게 영국인 의사의 마차를 얻어 타고 약방까지 가서 겨우 목숨을 구했다. 가맹의 이야기는 마리 앙투아네트의 사악한 일면을 드러낸다. 그가 무사하기 위해서 털어놓은 이야기를 어디까지 믿어야 옳은가? 구술사口述史는 어렵다. 기억에 의존하는 진술, 그것이 얼마나 솔직할 수 있을까? 진술자의 경험은 일방적이라서 제아무리 진솔해도 부족한데, 더욱이 그는 미래의 평가를 예측하면서 과거를 각색하고 사실을 왜곡할 수 있다.

가맹이 점점 애국심을 증명해야 하는 처지가 되면서 일이 꼬였다. 그는 1792년 1월부터 베르사유의 기초의회 의원으로 활동했는데, 혁명의 전반적인 흐름이 루이에게 더욱 불리하게 돌아가자 가맹은 점점 겁이 났다. 자기가 루이와 가깝게 지냈다는 사실을 베르사유에서 모르는 사람이 없었기 때문이다. 게다가 8월 10일 상퀼로트가 튈르리 궁을 정복하고 '제2의 혁명'을 성공시킨 뒤, 그는 9월 24일 베르사유에서 왕과 전제주의를 생각나게 만드는 모든 기념건축물과 함께 그림·조각·명문을 제거하는 임무를 맡았다. 그리고 베르사유 코뮌은 파리 코뮌과 긴밀히 협조하고 결정사항을 공유했다. 그는 "그 일을 잊었다가"* 루이가 탕플 감옥에 갇히고, 국민공회에서는 폐위된 왕을 재판하는 문제를 거론할 때부터 금고의 비밀을 알고 있다는 걱정 때문에 잠을 이루지 못했다. 마침내 그는 금고의 비밀을 털어놓기로 결심했

---

* 바로 이 부분이 1792년 5월 하순에 만든 금고에 대해 8월이나 9월에 까맣게 잊고 있었다는 가맹의 말보다는 1791년 5월 하순에 만들었다는 뒤레의 말에 더 신뢰가 가는 이유다.

다. 루이의 재판 애기가 나돌자, 마음의 짐을 벗어버리려고 상관인 국립건축물 감독관 외르티에Heurtier에게 모든 사실을 털어놓았고, 11월 19일에 파리로 불려가 내무장관 롤랑에게 금고의 제작경위에 대해 밝혔다. 그는 다음 날인 11월 20일 내무장관의 명령을 받아 금고를 열었고 수많은 서류를 찾아냈다고 진술했다. 롤랑은 루이 16세가 내무대신에 임명했다가 6월에 해임했지만, 8월 10일 이후 입법의회의 임명을 받아 장관직을 수행했다. 그는 국민공회 의원으로 뽑혔을 때 의원직을 사양하고 내무장관직을 유지했다. 그러나 그는 계속 파리 코뮌과 사이가 나빠지면서 인기도 잃어갔다. 그는 지롱드파의 정책을 밀고 나갔기 때문에 좀더 급진적인 몽타뉴파와 파리 코뮌에게 시달리게 되었다. 그런 상황에서 그는 가맹으로부터 비밀을 얻어냈던 것이다. 11월 20일 화요일에 롤랑은 국민공회로 서류를 가지고 들어가 말했다.

"나는 국민공회에 서류상자를 여럿 가져왔습니다. 서류를 찾아낸 장소로 보나 서류의 성격으로 보나 아주 중요하다고 판단했습니다. 나는 이 서류가 지난 8월 10일의 사건, 아니 어쩌면 혁명 전체, 그리고 지금까지 가장 중요한 역할을 하던 인물들에 대한 비밀을 밝혀줄 것으로 믿습니다. 제헌의회와 입법의회의 여러 의원이 거기에 연루된 것 같습니다. 또 라포르트의 편지와 왕에게 충성하는 수많은 인물의 편지도 들어 있습니다. 폐위된 왕이 직접 쓴 편지도 있고, 그의 근위대·궁부Maison du Roi·군대에 대한 방대한 계획서는 물론 혁명과 관련한 온갖 종류의 문서도 포함되었습니다.

만일 이 문서를 비밀금고가 아니라 여느 방에서 찾아냈다면, 국민공회의 위원들에게 맡겼을 테지요. 그러나 그 중요성으로 봐서 기존의 위원들에게 맡길 수 없었습니다. 그것은 아주 특별하고 은밀한 곳에 보관되었기 때문에, 그 장소를 아는 사람이 알려주지 않았다면 결코 찾아낼 수 없었을 것입니다.

그것은 대리석판 뒤에 벽을 뚫고 설치한 철제문 뒤에 있었습니다. 그것을 만든 장인이 내게 알려주었습니다. 나는 오늘 아침 그 금고를 열라고 했고, 거기서 나온 문서를 빨리 훑어보았습니다. 나는 국민공회가 이 문서를 검토할 위원회를 구성해야 한다고 믿습니다."

라포르트는 해군경리관과 고등법원 심리부 판사로 일하다가 혁명이 일어나자 에스파냐로 망명했다. 루이 16세는 1791년 1월 3일에 그를 불러 왕실비총관과 궁부대신으로 임명했다. 그는 루이 16세가 파리에서 도망친 이튿날 제헌의회에 왕의 편지를 가지고 나타나 자신이 아무런 잘못이 없음을 증명하려고 했다. 왕의 비밀을 많이 알고 있던 그는 1792년 8월 10일 이후 체포되었다. 그는 붙잡히기 전에 두 차 분량의 문서를 태워버렸다. 그는 재판을 받을 때 자기가 태운 문서가 마리 앙투아네트를 모함하는 중상비방문일 뿐이라고 주장했다. 그는 8월 17일에 재판을 받고 23일에 처형되었다.

사람들은 라포르트의 문서보다 미라보 백작이 루이 16세에게 돈을 받았다는 사실을 증명하는 문서 때문에 더욱 충격을 받았다. 그때 나온 풍자화는 금고를 강제로 열고 난 직후의 장면을 보여준다. 벽에 친 장막을 왼쪽으로 걷으니 금고가 있고, 그 위에는 위아래로 긴 타원형 그림이 걸려 있다. 그림은 루이 16세의 얼굴을 한 뱀이 혁명의 상징인 붉은 모자에 침을 뱉는 모습을 표현했다. 가맹이 도끼와 망치를 이용해 금고 문을 열고 보니 수많은 편지와 장부 문서가 쏟아져 나왔고, 그 위에 백골이 걸터앉았는데, 얼굴은 미라보 백작이다. 미라보는 왼손으로 왕관을 짚고, 오른손에는 돈주머니를 들고 있다. 금고 앞에 앉아서 안을 들여다보던 롤랑은 깜짝 놀란다. 그림은 미라보 백작의 눈부신 의정활동을 기억하는 수많은 사람이 받은 충격을 표현했다. 사실 미라보가 죽기 전부터 왕과 왕비에게 매수되었다는 얘기가 나돌았고, 정보통이면 그 얘기를 알고 있었지만, 일반인은 비밀금고에서 나온 증거를 가지고 몹시 충격을 받았다. 그날 어떤 의원은 국민공회에서 미라보 흉상과 팡테옹에 안장한 그의 유해를 철거하자고 제안했다. 의원들은 이 문제를 공교육위원회에서 검토해서 결론을 낼 때까지 흉상에 장막을 덮어놓기로 의결했다.

내무장관 롤랑은 금고의 문서와 관련해서 큰 잘못을 저질렀다. 그는 금고의 문서를 살피기 전에 먼저 국민공회에 알려야 했지만, 자기가 먼저 보고 난 뒤에 국민공회로 가져갔기 때문에, 몽타뉴파 의원들로부터 왕과 지롱드파가 내통한 증거를 미리 빼돌렸다고 비난받을 만했다. 실제로 빼돌리지 않았다 할지라도, 그는 사려 깊지 못하게 행동했다. 아직은 롤랑이 속한 지롱드파가 그럭저럭 정국에서 중요한 몫을 차지하던 때였음에도, 그들의 정적은 정황만 가지고도 반역죄라고 공격했고, 이듬해 파리의 민중이 정치에 더욱 깊이 개입하게 될 때, 그 같은 행동 때문에 생긴 의심이 하나둘 모여 결국 그들이 몰락하기 때문이다.

롤랑이 제안한 대로 국민공회는 곧바로 12인위원회를 구성해서 철제 금고에서 나온 625가지 문서를 정리하고 목록을 만들도록 했다. 12월 3일 월요일, 12인위원회의 륄은 며칠 동안 금고의 문서를 분류한 결과를 국민공회에 보고했다. 문서 속에는 몇몇 의원도 의심받을 만한 자료가 들어 있었다. 예를 들어 제헌의원 출신인 바레르Bertrand Barère de Vieuzac의 이름이 나왔다. 그는 오트피레네와 센에우아즈에서 당선되었지만 오트피레네를 지역구로 선택했다. 그가 마침 그날의 의장이었다. 그의 이름이 편지에 단 한 번 지나는 길에 나왔지만, 어쨌든 해명할 사안이었기 때문에, 그는 잠시 가데에게 의장자리를 물려준 뒤 해명했다. 의원들은 그의 말을 듣고, 다시 그가 의장직을 수행하도록 의결했다. 메를랭·케르생·루이예는 혐의가 없다고 의결했다. 그러나 여러 의원과 유명한 사람을 매수한 혐의로 이미 체포되어 조사를 받은 국채상환부 총재directeur général de la liquidation 뒤프렌 생레옹-Dufresne Saint-Léon, 아르투아 백작의 재정감독관을 지낸 뒤 루이 16세를 위해 비밀조직을 이끌던 라디 드 생트푸아-Charles-Pierre-Maximilien Radix de Sainte-Foix, 외국 군대와 싸우는 뒤무리에 장군에게서 몸을 피한 탈롱-Antoine Omer Talon은 기소하기로 의결했다. 탈롱은 샤틀레재판소의 민사대리관으로 일하다가 귀족 대표로 전국신분회에 나가 제헌의원이 되었고, 1792년까지 영향력 있는 혁명가들을 매수한 인물이었다.

12월 5일에 12인위원회는 놀라운 사실을 보고했다. 보고자로 다시 나선 릴 의원은 먼저 탈롱이 루이 16세에게 올린 보고서를 낭독한 뒤, 미라보와 관련된 편지를 읽었다.

이제 미라보가 반혁명에 봉사하려고 애썼음을 증명하는 자료를 읽겠습니다. 그것은 라포르트가 왕에게 쓴 편지입니다.

1792년 3월 2일 수요일
제가 오늘 아침에 전하를 뵙고 어제 뤼셰Jean-Pierre-Louis de Luchet*와 주고받은 이야기를 말씀드렸습니다. 그때까지만 해도 제가 진정 알아내야겠다고 판단한 것을 이토록 빨리 들으리라고는 생각하지 못했습니다. 전

---

* 뤼셰 후작(1739/40년~1792년 4월 6일)은 신문발행인과 극장장으로 활동했다.

하, 제가 2시에 알아낸 것을 보내드립니다.

요구사항은 아주 분명합니다. 미라보는 장래를 확실하게 보장해줄 수입을 원합니다. 국고에서 평생 연금을 받거나, 그가 정확히 액수를 정하지 않았지만, 상당한 수입을 올릴 수 있는 부동산을 원합니다. 당장 이 문제를 처리해야 한다면, 저는 그에게 평생 연금을 주는 편이 낫다고 말씀드립니다.

뢸은 왕이 라파예트에게 1790년 6월 29일에 미라보를 천거하는 편지도 읽었다.

나는 당신을 완전히 믿소. 그러나 당신은 내게 아주 유익한 일을 하는 자리에서 모든 의무를 수행하느라 바쁘기 때문에, 당신이 모든 일에 만족하기 어려우리라 생각하오. 따라서 재능 있고 활동적인 사람을 곁에 두시오. 그 사람은 당신이 바빠서 제대로 처리하지 못할 일을 도와줄 것이오. 나는 미라보가 국민의회에서 모든 일을 처리하는 것을 지켜보면서 그야말로 힘과 재능과 체질을 두루 갖춘 최적임자라고 확신하오. 따라서 나는 라파예트 공이 국가의 안녕과 관련된 모든 문제, 특히 나에게 봉사하는 일에 미라보와 함께 나서서 열의와 충성심을 보여주기를 바라고, 또 강력히 요구하오.

역사가 알베르 소불Albert Soboul이 분석했듯이, 금고에서 나온 문서의 한 부분은 교회문제를 다루었다. 거기서 '독실한 기독교도'인 왕이 얼마나 큰 정신적 고통을 받았는지 알 수 있다. 그다음은 궁부에 관한 문서로서 왕세자의 교육, 왕실에 고용된 사람, 바렌으로 도주할 때 쓴 비용에 대한 문서가 포함되었다. 그리고 뢸의 보고서 일부를 읽었듯이, 왕실비총관 라포르트가 왕과 주고받은 편지는 루이 16세가 라파예트·탈롱·뒤무리에, 그 밖에도 반혁명과 관련된 사람들과 연결되었음을 밝혀주었다. 루이는 혁명이 일어나기 전에 이미 영국으로 망명한 칼론과 편지를 주고받았다. 칼론은 자신의 지지자가 다수 망명하도록 도왔고, 탈롱과 미라보를 매개로 대대적인 반혁명 선전을 하고 중요한 인물을 매수했다. 금고의 문서가 오랫동안 미라보가 받던 의심을 확인해주고, 뒤무리에 장군을 위험하게 만들었다 해도, 왕이 적국과 공모했다는 공식적인 증거는 보여주지 못했다. 그럼에도 루이는 더욱 위험한 상태로 떨어졌다. 왜냐하면 루이가 겉으로는 혁명과 1791년 헌법에 따르는 체하면서도 오랫동안 얼마나 고집스럽고 능숙하게 사람들을 속였는지 드러났기 때문이다. 루이는 거물급 귀족인 푸아 공*에게 자기 행동을 변명했다고 한다.

나는 어쩔 수 없는 상황 때문에 그렇게 처신할 수밖에 없었소. 내 행동을 마음속으로 인정하지 않는 사람들이 있다는 사실을 알고 있소. 그러나 그들은 내가 행동하기 전에 그렇게 하지 말라고 말하지 않았고, 내가 행동한 뒤에도 자기 마음을 드러내서 나를 비난하지 않았소. 그러므로 나는 그 방법이 바람직하다고 믿었을 뿐이오.

---

* 푸아 공Philippe-Louis-Marc-Antoine de Noailles de Mouchy, prince de Poix은 라파예트의 큰처남으로 왕실근위대장을 지냈고 제헌의원으로도 활약했지만 동생과 달리 귀족의 명분을 지키려고 애썼다.

금고에서 나온 문서는 왕이 여론을 자신에게 유리하도록 바꾸려고 노력했다는 사실도 보여주었다. 12인위원회는 탈롱이 파리에서 일어나는 운동을 인쇄물로 지방에 알릴 임무를 맡았음을 알았다. 그들은 거기에 쓸 예산을 각각 19만 4,000리브르, 16만 4,000리브르, 10만 리브르로 편성한 증거를 확보했다. 그것은 1년치가 아니라 한 달치 예산이었다. 달마다 10만 리브르를 쓰면서 여론을 조작하려는 계획만 보더라도, 작가 두 명에게 620리브르, 왕당파가 계속 소란을 피우도록 500리브르, 주간지 발행에 2,000리브르, 주간지를 지방에 돌리는 데 3,000리브르, 파리에 보급소를 운영하고 배포자를 두는 데 900리브르, 노래 짓고 부르는 가수에게 1,500리브르, 신문기자 세 명에게 1,500리브르, 국민의회 의원 네 명, 자코뱅파 위원회 소속 한 사람, 다른 정치클럽과 단체 소속 20명, 파리의 위원회 소속 한 사람에게 모두 5,000리브르를 주도록 예산을 배정했다. 탈롱은 그들을 돈으로 관리하다가 필요할 때 적절한 지시를 내려 반혁명을 부추기도록 했다. 게다가 일어나는 일에 아무런 영향을 끼치지 않으면서 단지 보고만 하도록 고용한 사람도 많았다. 파리의 48개 구 가운데 25~30개 구와 국민방위군의 부대에 속한 능동시민 300명과 연설가 48명에게 4만 3,000리브르, 튈르리 궁, 팔레 루아얄, 카페, 그 밖에 사람이 모이는 장소에 드나드는 사람 250명에게 2만 리브르, 지방에서 시시각각 일어나는 일을 정확히 보고하는 사람에게 4,000리브르, 각종 신문 구독료, 비상금, 그리고 각 조직책의 임금으로 1만 8,000리브르를 썼다. 이처럼 매달 10만 리브르 이상을 쓰면서 왕정에 유리한 여론을 만들고 이끌어나갔음을 알 수 있었다. 간단히 만든 매달 10만 리브르짜리 예산명세서를 보자.

1. 작가와 지방에 배포자.....1만 리브르

2. 국민의회, 각종 단체, 정치클럽에서 일어나는 일을 순전히 보고만 할 최소 인원.....5,000리브르

3-1. 각 구마다 연설자 1명과 박수꾼 6명.....4만 3,000리브르

3-2. 그러나 각 구에 7명으로는 사실상 별로 힘을 쓰지 못할 것이다. 그러므로 모두 336명을 24개 구에 14명씩 나누어서 배정하는 방법도 가능하다. 그리고 각 구와 같은 인원을 부대마다 배정한다.....5만 8,000리브르

5. 튈르리, 카페, 사람이 많이 모이는 곳에 대한 비용을 줄일 수 없다.....2만 리브르

6. 지방과 연락 유지.....4,000리브르

7. 신문 구독료, 계산원, 환전, 비상금, 심부름꾼.....1만 8,000리브르
   합계 10만 리브르

우리는 현 상황에서 정부가 여론을 알고 이끌어나가야 한다는 사실을 모른 척할 수 없다. 그렇게 하려면,

1. 파리와 지방의 중요 도시에서 일어나는 일을 정확히 알아야 하며,

2. 산책로, 카페 같은 곳에 모이는 집단이나 사람들에게 영향을 끼쳐야 하고,

3. 1번, 5번, 6번 항목의 지출은 반드시 필요하며, 만일 여론을 알고 조금이라도 이끌기 원한다면, 모든 구와 부대에 사람을 심어야 하는데, 3번 항목의 비용이 가장 빈약하므로 증액이 필요하다.

이처럼 여론을 조작할 계획을 먼저 세운 사람은 라포르트가 아니라 리

바롤이었다. 1753년에 태어난 리바롤은 당대 유명한 마르몽텔Jean-François Marmontel*이나 라아르프Jean-François de La Harpe,** 콩도르세, 쉬아르Jean-Baptiste-Antoine Suard*** 같은 사람보다 더 명민하다는 평을 들었다. 가난하고 족보가 의심스러운 귀족의 아들(16남매의 맏이)인 그는 가르 지방 위제스Uzès의 주교가 뒤를 봐준 덕에 공부를 하고, 1777년 파리로 가서 살롱을 드나들며 빼어난 외모에 재치를 발휘해 인기를 끌었다. 그는 1784년 문학의 길로 들어서 대뜸 세상의 주목을 받았다. 베를린아카데미에서 "프랑스어를 세계어로 만든 요인은 무엇인가?Qu'est-ce qui a rendu la langue française universelle?"를 주제로 현상논문을 모집할 때, 『프랑스어의 보편성에 대한 논고Discours sur l'universalité de la langue française』를 써서 당선되었기 때문이다. 루이 16세는 그에게 은급 4,000리브르를 주었다. 1785년에 단테의 『지옥』을 번역하고, 1787년에는 네케르가 쓴 『종교사상의 중요성』에 답하는 글을 쓰고, 1788년에는 '작은 문학'의 대가들을 비웃는 『위대한 인물들의 작은 연감 Petit Almanach des grands hommes』을 써서 물의를 빚었다. 그는 헌사에서 벌써 자신이 다룰 시인들을 조롱한다.

이 『연감』은 그들에게 생명의 책이 될 것입니다. 왜냐하면 가장 알려지지

---

* 마르몽텔(1723년 7월 11일-1799년 12월 31일)은 역사가이며 작가로서 『백과사전』편찬에 참여했다.
** 라아르프(1739년 11월 20일-1803년 2월 11일)는 극작가이며 문학비평가로서 평소 존경하던 볼테르를 비판했다가 문단에서 뭇매를 맞았다. 그는 아카데미 프랑세즈 회원이 되었고, 혁명기에는 급진파의 편이었다.
*** 쉬아르(1732년 1월 15일-1817년 7월 20일)는 문필가·신문잡지 발행인·번역가였다.

않은 이에게도 우리는 불멸성의 증서를 내줄 것이기 때문입니다.

그는 이처럼 자기가 다룰 인물은 세상에 알려지지 않았지만, 자기 책에 올려 자손만대까지 유명하게 만들어주겠다고 빈정댔다. 그 시대에 가장 말을 잘하는 사람이라고 칭송받고, 또 영국인 에드먼드 버크가 이 시대의 타키투스처럼 글을 쓴다고 칭찬한 리바롤의 글을 읽으면서 그 시대 사람들처럼 웃거나 화를 내기란 힘들다. 오늘날 독자가 당시 사람과 공유하는 지식이 부족하기 때문이다.

여기서는 수많은 인물 가운데, 혁명기에 활동한 고르사스Antoine Joseph Gorsas에 대한 평을 살펴보겠다. 고르사스는 1752년 리모주에서 태어나 혁명 전에 베르사유에다 반은 군사적이고 반은 민간 형태의 성격을 가진 학교를 세웠고, 혁명기에는 대중 앞에서 두각을 나타냈다. 그는 마침내 오른과 센에우아즈에서 국민공회 의원으로 당선되었고, 센에우아즈를 지역구로 선택했다. 그는 로베스피에르의 자질을 제일 먼저 인정해주었지만 지롱드파와 가깝게 지내다가 1793년 10월에 그들과 함께 처형되었다.

고르사스. 그는 이 시대의 라블레Rabelais다. 아니, 정확히 말해서 그는 라블레보다 낫다. 왜냐하면 고르사스 선생은 시인이기 때문이다. 그러나 우리는 과연 그의 작품으로 알려진 모든 글을 그가 홀로 모았을까 의심한다. 고르사스 선생의 운명은 이 시대를 매력 있게 만드는 동시에 모욕하는 것이다.

평소 아내의 음식에 불만인 남편이 어느 날 "오늘 저녁은 참 맛있게 먹었소. 당신이 직접 사왔소?"라고 물었다는 우스갯말을 떠올리는 글이다. 고르사스가 작품을 직접 쓰지 않고 모은 글인지 의심하는 리바롤의 비꼬는 말투가 돋보인다. 리바롤은 유명한 계몽사상가와 작가에 대한 평도 썼는데, 볼테르보다는 몽테스키외를 더 위대한 인물로 생각했다. 그는 몽테스키외의『법의 정신』을 마치 나일 강처럼 처음에는 미약하게 시작하다가 점점 넓어지고 커지며 풍요롭게 흐르는 강이라고 평했다. 볼테르는 서사시를 납으로 만든 펜으로, 역사를 연필로, 하찮은 시를 붓으로 썼다고 혹평했다. 루이 세바스티앵 메르시에가 혁명 전 익명으로 출판해 성공을 거둔『파리의 풍경』*에 대해서는 이렇게 말했다.

> 거리에서 구상하고, 경계표 위에서 쓴 작품이다. 작가는 살롱을 빼고 지하실과 다락방을 그렸다.

한마디로 '시궁창의 루소'가 쓴 작품이라는 것이다. 루소의 흉내를 내지만, 결코 루소만큼 위대한 작품을 낼 수 없는 사람들, 루소처럼 불우한 환경에서 위대한 작가가 되겠다고 꿈을 꾸지만, 결코 그 꿈을 실현하지 못한 사람의 작품. 리바롤은 이런 식으로『위대한 인물들의 작은 연감』에서 516명을 무차별 조롱했다.

리바롤은 1790년 초 라포르트에게 지배적인 여론을 완전히 뒤바꾸려면

---

* Louis-Sébastien Mercier, *Tableau de Paris*. 메르시에는 극작가라서 인생의 본질을 꿰뚫어봐야 하는 'Tableau'라는 말을 제목에 써서, 자기는 파리의 진면목, 본모습을 보여주겠다고 했다. 우리나라에서는 이 책을『파리의 풍경』으로 옮겼다.

몇 가지 방법을 써야 한다고 말했다.

> 작가, 신문기자, 거리의 가수를 이용해야 할 뿐 아니라 국민의회와 의원
> 들의 사무실, 자코뱅 단체, 그들의 위원회, 모든 정치 단체에 충실한 부하
> 를 심어놓고, 파리의 구민회의마다 박수꾼을 보내고, 연설가와 그들에게
> 원고를 써준 작가를 고용하고, 모든 단체에 발의자를 심고, 공공장소에
> 서 큰 소리로 글을 읽을 사람을 고용한다. 중요한 일터에서 일하는 노동
> 자와 보고자를 고용하고, 그들을 통솔할 우두머리 한 사람과 그를 도와
> 줄 부책임자도 여럿 고용해야 한다.

이렇게 해서 모두 1,500명 정도 고용해야 하는 계획을 실천하려면 달마
다 20만 리브르가 필요하다고 리바롤은 말했다고 한다. 이 계획은 결국 위에
서 말한 세 가지 예산안 가운데 두 번째의 것처럼 16만 4,000리브르로 집행
되었다. 그리하여 제헌의회 시절 아홉 달이 채 안 되는 동안 한 신문에만 집
중적으로 기사를 싣도록 해서 돈을 250만 리브르나 썼다. 혁명기 해군대신
을 지내다가 국민의회의 해군위원회로부터 공격을 받고 물러난 뒤 비밀경찰
을 운영해 자코뱅파를 감시하는 임무를 맡은 베르트랑 드 몰빌은 그렇게 돈
을 썼지만, 신문은 자코뱅파에게 우호적인 태도를 잃지 않았다고 회고했다.
예나 지금이나 정부가 가난한 국민의 주머니에서 나온 돈으로 권력을 유지
하는 데 헛돈을 쓴 사례는 많다. 그리고 대개 막대한 비용을 쓰면서도 성과는
아주 낮다. 그럼에도 역사에서 배우지 못하는 자가 권력을 잡은 뒤 이미 쓸
데 없는 짓으로 판명난 일을 되풀이하는 한심한 일이 반복되는 것은 무슨 까
닭일까?

1789년 8월 26일의 「인권선언」은 양심·출판·표현의 자유를 인정했고, 그 뒤 혁명을 지지하는 '애국자'뿐만 아니라 군주제주의자monarchiste, 입헌군주제주의자monarchien는 각자 여론을 이끌려고 무섭게 싸웠다. 물론 주장하는 내용이 지나칠 때는 벌을 받기도 했다. 예를 들어『사도행전』,『왕의 친구』같은 신문은 그 내용을 싫어하는 민중의 손에 불탔고, 1793년 7월 13일 '혁명의 순교자'로 숨지게 될 마라는 1790년 1월 29일 파리 시의 결정으로 구속되기도 했다. 『사도행전』은 펠티에Jean-Gabriel Peltier(1765-1825)가 1789년부터 발행한 신문이다. 낭트에서 도매상의 아들로 태어난 펠티에는 1789년 파리에서 혁명을 맞이했고, 11월 2일부터『사도행전』을 발행해 군주정을 옹호하고, 제헌의회를 공격했다. 그는 1791년 10월까지 이 신문을 발행하다가 1792년 8월 10일 이후 영국으로 망명해 계속 왕정을 지지하는 활동을 폈다. 이 신문에는 20여 명이 참여했는데, 그 가운데 미라보와 리바롤이 끼어 있었다. 필진은 절대군주정을 유지하자는 사람과 입헌군주정이 좋다고 생각하는 사람으로 갈렸지만, 어쨌든 왕정을 지지하는 사람들이었다. 특히 리바롤이 쓴 풍자 글은 혁명의 지지자를 심하게 모욕했다.

마라가 발행한『인민의 친구L'Ami du peuple』가 좌파 신문이라면, 우파 신문으로는『왕의 친구』가 있었다. 이 신문을 발간한 루아유Thomas Marie Royou(1743-1792)는 루이 스타니슬로 프레롱Louis-Stanislas Fréron(1754-1802)의 손위 처남이었다. 좀더 자세히 보자면, 루아유의 매제인 프레롱은 혁명 전 계몽사상가 볼테르의 적으로서『아네 리테레르Année littéraire』라는 문학 평론지를 발행하던 엘리 프레롱Elie Fréron의 아들이었다. 루아유는『아네 리테레르』를 매제가 물려받은 뒤 편집진에 낄 기회를 얻었다. 그러나 처남과 매제의 정치적 성격은 아주 달랐다. 루이 르그랑 중등학교에서 공부하여 로베스피에르, 카미유 데물랭과 동창인 프레롱은 1776년부터 『아네 리테레르』를 물려받아 운영했고, 혁명이 시작된 뒤에는 마라의 『인민의 친구』와 경쟁할 만큼 격한 글을 싣는 『인민의 웅변가*L'Orateur du Peuple*』를 발간했다. 1791년 6월 왕이 바렌에서 잡혀 파리로 되돌아가자마자 그때부터 프레롱은 왕을 처형하고, 왕비는 말꼬리에 매달아 파리의 거리를 끌고 다녀야 한다고 주장했다.

루아유 신부는 조프루아Geoffroy, 몽주아Christophe Félix Louis Ventre de la Touloubre(일명 Galart de Montjoie)와 함께 『아네 리테레르』를 편집하다가, 세 사람이 함께 『왕, 프랑스인, 질서, 그리고 특히 진리의 친구*L'Ami du roi, des Français, de l'Ordre et surtout de la Vérité*』를 발행했다. 그러나 1790년 6월 첫 호를 발행한 뒤, 루아유와 몽주아가 싸우고, 9월에는 몽주아가 비슷한 제목을 단 『왕의 친구』를 따로 발간했다. 그러나 루아유의 신문이 훨씬 더 성공했다. 신문은 날마다 5,000부를 찍었고, 그것은 당시에 가장 많이 팔린 신문이었다. 루아유는 신문이 성공하면서 부수입을 많이 올렸다. 그의 인쇄기는 반혁명을 부추기는 팸플릿, 왕당파 의원의 연설문, 교황의 교서를 수없이 쏟아냈기 때문이다. 그의 신문을 읽은 사람은 각계각층에서 나왔다. 구독자 명단에는 귀족뿐만 아니라 종교인, 파리뿐만 아니라 지방의 부르주아 계층도 있었다. 매일 아침 그 신문을 제일 먼저 읽는 독자는 루이 16세라는 소문도 있었다.

1789년부터 1792년 사이에 500여 가지 신문, 또 1789년부터 1800년까지 1,350여 가지 신문을 발행할 만큼 언론·출판의 자유가 있었다고 해도, 정치상황이 변하면서 일부 신문은 탄압을 받았다. 『인민의 친구』, 『왕의 친구』 같은 신문은 공권력이나 민중의 손으로 심판을 받았다. 1791년 6월 말에 왕이 바렌에서 잡혀 파리로 호송된 뒤, '사회동인Cercle social'을 중심으로 왕을 폐위하고 새로운 행정부, 다시 말해 공화국을 세우자는 청원이 국민의회로 들어갔다. 그러나 국민의회는 왕의 도주를 정치적으로 '납치사건'이라고 해석하면서 사건을 덮으려 했다. 그들은 1791년 7월 17일 샹드마르스에 모여 루이 16세의 도주를 규탄하고 공화정을 세우라고 주장하는 사람들에게 국민방위군이 총격을 벌인 사건을 이용해 대대적으로 공화주의 신문을 탄압했다. 그렇긴 해도 전반적으로 언론의 자유가 위축되는 것은 1792년 8월 10일 뒤의 일이다. 그러므로 가맹이 만든 철제금고에서 나온 문서는 루이와 측근 인사들이 전국 각지에서 일어나는 일을 정확히 보고받고, 구 의회나 부대에도 연설을 잘하는 사람과 박수꾼을 침투시키거나 신문을 발행해 여론을 조작한 반혁명의 혐의를 더욱 확실한 사실로 굳히는 증거였다.

4
루이의 신문訊問

루이는 탕플 감옥에 들어간 뒤 12월 11일 화요일에 처음 바깥세계로 나갔다. 그날 오후 2시에 그는 상테르에게 이끌려 국민공회로 가서 1789년부터 혁명을 방해한 죄를 낱낱이 지적하는 내용을 들어야 했다. 의장 바레르는 루이에게 말했다.

"루이, 프랑스 국민은 당신을 고소합니다. 국민공회는 12월 3일에 당신이 국민공회의 재판을 받아야 한다고 의결했고, 12월 6일에는 당신이 국민공회에 출두하도록 의결했습니다. 지금부터 당신이 저지른 죄악을 기록한 소장을 읽어주겠습니다. 당신은 앉아서 들어도 좋습니다."

루이가 자리에 앉자 바레르가 소장을 읽어주고 신문을 시작했다. 루이는 소장에 적힌 구절을 하나씩 확인하는 질문을 받고 대답했다.

의장 루이, 프랑스 국민은 당신이 프랑스 국민의 자유를 파괴하고 압제를 실시하면서 저지른 수많은 범죄를 고발했습니다. 당신은 1789년 6월 20일 국민의 대표들의 모임을 정지하고 폭력으로 회의장에서 그들을 몰아내면서 인민주권에 해를 입혔습니다. 그 증거는 제헌의회 의원들이 베르사유 죄드폼에서 작성한 경위서에 적혀 있습니다. 이에 대해 할 말이 있습니까?

루이 당시에는 이 문제에 대한 법률이 하나도 존재하지 않았소.

의장 6월 23일, 당신은 국민에게 여러 가지 법률을 강제로 부과하려 했습니다. 당신은 국민의 대표를 군대로 포위하고, 모든 자유를 파괴하고 그들을 해산하라는 명령을 내렸습니다. 국민의회의 보고서가 당신의 명령이 자유를 침해한 행위를 증언합니다. 이에 대해 할 말이 있습니까?

루이 당시에는 이 문제에 대한 법률이 하나도 존재하지 않았소.

의장 당신은 파리 시민을 향해 군대를 진격시켰습니다. 당신의 부하들은 시민의 피를 흘리게 했습니다. 당신은 바스티유가 정복되고, 모든 사람이 들고일어나 인민이 승리했다는 사실을 알고서야 비로소 군대를 물렸습니다. 당신이 7월 9일, 12일, 그리고 14일 제헌의회의 여러 대표에게 한 연설에서 당신의 의도가 무엇인지 드러났고, (7월 12일)* 튈르리 정원의 학살은 당신에게 불리한 증거를 보여줍니다. 이에 대해 할 말이 있습니까?

---

* 괄호 안의 내용은 독자의 이해를 돕기 위한 보충설명이다.

루이 당시에 나는 군대를 내 마음대로 움직일 권한을 가졌소. 그러나 나는 결코 피 한 방울이라도 흘리게 하기를 원하지 않았소.

의장 이 사건이 일어난 뒤 당신은 7월 15일 국민의회에서, 또 17일 파리 시청에서 여러 가지 약속을 했음에도 국민의 자유를 침해하려는 계획을 버리지 않았습니다. 개인적 예속상태를 폐지하고, 봉건제도와 십일조를 폐지하는 8월 11일의 법령을 당신은 오랫동안 실행하지 못하게 했습니다. 당신은 「인권선언」을 오랫동안 인정하지 않았습니다. 당신은 근위병을 두 배로 늘리고, 베르사유에 주둔한 플랑드르 연대를 소집했습니다. 그들의 연회에 참석해서 그들이 국민의 삼색 표식을 발로 짓밟고 흰색 표식을 세우면서 국민을 모독하도록 허락했고, 결국 새로운 민중봉기가 일어나도록 자극해 수많은 시민을 죽게 만들었습니다. 그리고 당신의 근위대가 패배한 뒤에야 비로소 당신은 말을 바꾸고 믿을 수 없는 약속을 했습니다. 이 모든 사실의 증거는 당신이 9월 18일에야 비로소 8월 11일의 법령을 지키겠다고 한 약속, 제헌의회의 회의록, 10월 5일과 6일 베르사유에서 일어난 사건, 같은 날 제헌의회 대표단에게 그들의 의견을 듣겠으며 결코 그들의 곁을 떠나지 않겠다고 한 말 속에 들어 있습니다. 이에 대해 할 말이 있습니까?

루이 나는 내게 제시한 법령에 대해 정당하고 필요하다고 생각한 대로 처리했소. 그러나 삼색 표식을 짓밟았다는 이야기는 사실과 다르오. 그런 일은 내 앞에서 절대 일어나지 않았소.

의장 당신은 (1790년) 7월 14일의 전국연맹제에서 맹세를 하고서도 결코 지키지 않았습니다. 당신은 파리에서 활동하던 탈롱과 지방에서 인쇄물로 반혁명운동을 부추기던 미라보의 도움을 받아 공공정신을 부패시키려고 노력했습니다. 이에 대해 할 말이 있습니까?

루이 그때 일은 잘 기억나지 않소. 그러나 모든 일이 내가 (성직자 시민)헌법을 받아들이겠다고 맹세하기 전에 일어난 일이오.

의장 당신은 수백만 리브르를 뿌려서 인기를 얻은 뒤에 국민을 노예로 만들려고 했습니다. 이러한 사실은 탈롱이 작성하고 당신 손으로 주를 단 보고서와 라포르트가 (1790년) 4월 19일 리바롤과 나눈 대화를 보고하는 편지로써 알 수 있었습니다. 그 편지는 당신이 수백만 리브르를 써도 아무런 결과도 얻지 못했다고 말했습니다.

뒤프리슈 발라제 여기 그 증거가 있습니다. 이것은 탈롱이 작성한 보고서입니다.

루이 나는 그때 일을 정확히 기억하지 못하기 때문에 아무 말도 할 수 없소. 그러나 모든 일은 내가 헌법을 받아들이기 전에 일어난 일이라서 나랑 상관없소.

의장 당신은 탈롱이 세운 계획대로 생앙투안 문밖에 가서 가난한 노동자들에게 돈을 나눠주지 않았나요? 그의 계획대로 그들을 아주 잘했다고 칭찬했지요? 이에 대해 할 말이 있습니까?

루이 나는 돈이 필요한 사람들에게 돈을 나눠주면서 더없이 기뻤소. 단지 그런 기쁨만 느꼈을 뿐, 무슨 계획 같은 것은 없었소.

의장 당신은 건강을 회복한다는 구실로 생클루 궁이나 랑부이예 궁으로 가려 했지만 여론이 좋지 않자, 똑같은 계획을 실현하기 위해 몸이 아픈 척하지 않았습니까?

루이 그건 터무니없는 비난이오.

의장 오래전부터 당신은 도주할 계획을 세웠습니다. 당신은 (1791년) 2월 23일에 구체적인 방법을 적은 도주계획서를 받아들고 당신 손으로 여백에 주를 달았습니다. 28일, 귀족과 군인 한 떼가 튈르리 궁의 당신 처소에 들어가 여기저기 흩어져 당신이 쉽게 도주하게 도와주려고 했습니다. 당신은 4월 18일 파리를 떠나 생클루 궁으로 가려고 했습니다. 그러나 파리 시민들이 저항하자, 당신은 당신에 대한 불신이 크다는 사실을 느꼈습니다. 당신은 제헌의회에서 외국에 나가 활동하는 요원들에게 썼다는 편지를 보여주면서, 당신이 (성직자 시민)헌법을 자유로운 상태에서 받아들였음을 분명히 알려주었다고 말했습니다. 당신은 그렇게 해서 당신이 받는 의혹을 없애려고 노력했습니다. 그러나 당신은 6월 21일 가짜 여권을 가지고 도주했습니다. 당신은 헌법을 위반하는 선언을 한 것입니다.

당신은 대신들에게 명령해 국회에서 나오는 어떠한 명령에도 서명하지 말도록 했고, 법무대신이 국새를 반납하지 못하게 했습니다. 게다가 이러한 반역행위를 성공시키려고 국민의 돈을 마구 썼습니다. 공권력을 부이예에게 맡겨 반역행위를 보호하게 만들었습니다. 부이예는 얼마 전(1790년 8월 말) 낭시의 학살을 이끄는 임무를 수행했습니다. 당신은 부이예가 인기를 잃지 않는 한 행동하는 데 유리할 것이라고 편지에 썼습니다. 이 모든 사실은 2월 23일 당신 손으로 주를 단 도주계획서, 6월 20일 당신이 처음부터 끝까지 쓴 의견서, 당신이 1790년 9월 4일 부이예에게 보낸 편지, 부이예가 당신을 호위할 부대를 매수하는 데 쓰라고 당신이 그에게 준 99만 3,000리브르에 대해 보고하는 쪽지에 나타나 있습니다. 이에 대해 할 말이 있습니까?

루이 2월 23일에 작성했다는 도주계획서는 전혀 모르오. 나는 제헌의회에 보낸 답변서에 내가 바렌으로 갔던 여행과 관련한 모든 내용을 집어넣었소.

의장 당신을 바렌에서 체포한 뒤, 당신은 일시적으로 행정권을 정지당했으면서도 여전히 음모를 꾸몄습니다. 7월 17일, 시민들이 샹드마르스에서 피를 흘렸습니다. 당신이 1790년 라파예트에게 보낸 편지는 당신과 라파예트가 맺은 공모관계에 미라보까지 가담시켰음을 증명합니다. 이렇게 잔인한 징조 아래서 상황이 바뀌기 시작했습니다. 모든 종류의 부패 수단을 동원했습니다. 당신은 중상비방문·정치논문·신문에 돈을 대주어 여론을 왜곡하고, 아시냐의 가치를 떨어뜨리고, 망명자들의 명분을 지지하게 만들었습니다. 셉퇴이가 작성한 장부는 당신이 자유를 죽이는 일에 얼마나 큰돈을 썼는지 보여줍니다. 이 일에 대해 할 말이 있습니까?

루이 7월 17일에 일어난 일(샹드마르스 학살사건)은 그 어떤 식으로든 나와 상관없소. 나머지에 대해서는 전혀 모르오.

의장 당신은 9월 14일 헌법을 인정하는 척했습니다. 당신은 헌법을 지키겠다는 의지를 담은 연설을 했습니다. 그러나 곧 그 말을 뒤집는 행동을 했습니다. 7월(사실은 8월) 24일 오스트리아의 레오폴트와 브란덴부르크의 프레데릭 빌헬름이 필니츠에서 프랑스에 절대군주정을 복원하겠다는 협약을 맺었고, 당신은 유럽 전역에서 이 협약이 체결된 사실을 알게 될 때까지 입을 다물고 있었습니다. 이에 대해 할 말이 있습니까?

루이 난 그 사실을 아는 즉시 발표했소. 더욱이 헌법에서 정한 대로 그것은 대신들이 할 일이오.

의장 아를은 반란의 깃발을 들었습니다. 당신은 시민위원 세 사람을 보내 반란을 진압하기는커녕 오히려 그들의 행위를 정당화해줌으로써 반란을 부추겼습니다. 이에 대해 할 말이 있습니까?

루이 시민위원들은 지침을 받은 대로 시행할 임무를 가지고 있소. 나는 대신들이 소개해줄 때까지 그들이 누구인지 몰랐소.

의장　아비뇽과 콩타 브네생(브네생 공작령)은 프랑스에 합병되었지만, 한 달이 넘어도 관련 법령을 집행하지 않았습니다. 그동안 내전이 일어나 이 지방을 황폐하게 만들었습니다. 당신이 그곳으로 잇따라 보낸 위원들은 그곳을 황폐하게 만드는 일을 완수했습니다. 이에 대해 할 말이 있습니까?

루이　나와 상관없는 일이오. 나는 언제까지 법을 시행해야 하는지 몰랐소. 나머지 부분은 그 일과 관련된 임무를 가진 사람들의 몫이오.

의장　님·몽토방·망드·잘레는 혁명 초부터 계속 소요사태를 겪었습니다. 당신은 거기서 일어난 반혁명의 싹을 잘라버리려고 노력하지 않았습니다. 그리하여 결국 뒤사이양이 음모를 꾸몄던 것입니다. 이에 대해 할 말이 있습니까?

참고로 뒤사이양 백작le comte Dusaillant은 혁명 전에 시종으로 봉사하던 사람으로서 1791년 반혁명 음모를 꾸몄다. 그는 가르 지방의 잘레Jalès에서 연맹군을 새로 조직한다는 구실로 2만 명을 모으고, 잘레 성에 지휘부를 설치한 뒤 외국으로 망명한 사람들과 연락하면서 기회를 엿보다가 들키자, 부하 몇백 명을 이끌고 에스파냐로 도망쳤다. 1792년 1월 3일에 입법의회는 페르피냥을 에스파냐에 넘겨주려는 음모를 꾸몄다는 혐의로 그에게 유죄판결을 내렸다.

루이　나는 이 문제에 대해 대신들이 제안한 명령을 내렸을 뿐이오.

의장　당신은 아를의 반혁명세력을 진압하려고 나선 마르세유 애국자들을 진압하라고 22개 부대를 보냈습니다. 이에 대해 할 말이 있습니까?

루이　이 문제에 대해 정확히 답변하려면 관련 문서를 봐야 할 것 같소.

의장 비겐스텡Wigenstein*은 1792년 4월 21일 당신에게 편지를 써서 이렇게 말했습니다. "저는 전하의 곁에 있으면서, 수천의 프랑스인이 전하가 자기네 행복을 위해 애쓰시는 마음을 받을 자격을 되찾기를 언제나 바랐습니다." 당신은 그에게 남프랑스의 지휘권을 맡겼습니다. 이에 대해 할 말이 있습니까?

루이 그는 소환된 뒤에 이 편지를 썼소. 그 뒤로 그를 임명한 적이 없소. 더욱이 나는 편지 내용을 기억하지 못하오.

의장 당신은 코블렌츠에 머무는 옛날 당신의 근위대에게 봉급을 주었습니다. 셉퇴이의 장부를 보면 그 사실을 알 수 있고, 당신이 서명한 여러 가지 명령을 보면 당신이 부이예, 로슈포르Rochefort, 라보기용La Vauguyon, 슈아죌보프레Choiseul-Beaupré, 아밀톤Hamilton, 그리고 폴리냑 부인에게 큰돈을 주었음을 알 수 있습니다. 이에 대해 할 말이 있습니까?

루이 나는 근위대가 라인 강 너머에 있음을 알았고, 그들에게 돈을 한 푼도 주지 말라고 했소. 나머지는 모르겠소.

의장 국가의 적인 당신의 동생들은 망명자들 편에 합세해 깃발을 들었습니다. 그들은 군대를 모으고, 자금을 마련하고, 당신의 이름으로 연합군을 만들었습니다. 당신은 그들의 계획이 막을 수 없을 만큼 확실히 진행되었다고 확신하는 순간까지, 그 사실을 인정하지 않았습니다. 당신이 그들과 내통했

---

* 원문이 비트겐스텡Wittgenstein의 오기인 것 같다. 남부군 사령관인 그가 부슈뒤론 도 행정관들에게 쓴 편지가 남아 있다. Copie de la lettre écrite par M. de Wittgenstein, commandant général de l'armée du Midi, à MM. les administrateurs du département des Bouches-du-Rhône, en leur envoyant communiquer ses lettres de service par son aide-de-camp colonel : au St.-Esprit, le 4 avril 1792.

음은 (큰 동생) 루이 스타니슬로 사비에가 쓰고 작은 동생(아르투아 백작)과 서명한 쪽지로 증명할 수 있습니다. 그 내용은 다음과 같습니다.

> 나는 전하게 우편으로 편지를 드렸기 때문에 속내를 터놓고 말할 수 없었습니다. 우리 둘은 여기서 하나로 뭉쳤습니다. 우리는 똑같은 감정, 똑같은 열의로 뭉쳐 전하께 봉사하려고 합니다. 우리는 비밀을 지키려고 노력했습니다만 너무 일찍 터뜨려 전하를 위험하게 만들었습니다. 그러나 우리는 확실히 뒷받침을 할 수 있다는 확신이 설 때 말씀드리려 합니다. 지금으로서는 그때가 가까이 왔다는 사실을 말씀드립니다. 만일 누가 우리에게 그 사람들에 대해 말한다 해도, 우리는 한마디도 듣지 않겠습니다. 단지 우리가 가야 할 길을 곧장 가겠습니다. 또 누군가 전하를 추궁해 우리의 입을 열게 만들려 한다 해도 망설이지 마십시오. 오직 전하의 안전이나 조심하시면서 조용히 계십시오. 우리는 그저 전하께 봉사하려고 존재할 뿐이며, 열심히 일하고 있고, 모든 일이 순조롭습니다. 우리의 적들도 당신의 생존에 지나칠 정도로 관심을 보이면서 무익한 범죄를 저지르려 하지만, 결국 그들은 패배하고 말 것입니다. 안녕히 계십시오.
>
> 루이 스타니슬로 사비에르, 샤를 필리프 올림

이에 대해 할 말이 있습니까?

루이 나는 내 동생들이 무슨 일을 벌이려는지 알자마자, 헌법이 시키는 대로 하나도 승인하지 않았소. 나는 이 쪽지에 대해 아무것도 모르오.

의장 지난 12월 말의 병력은 겨우 10만 명이었습니다. 당신은 이처럼 나라를 외적으로부터 지키는 일에 제대로 대비하지 않았습니다. 당신의 부하인 나르본은 5만 명을 동원하자고 요청했습니다만 겨우 2만 6,000명을 모았습니다. 그러고는 모든 준비가 끝났다고 했습니다. 그러나 준비는 조금도 끝나지 않았습니다. 그의 뒤를 이은 세르방은 2만 명의 부대를 신설해서 파리 주위에 주둔시키자고 제안했습니다. 입법의회는 법을 만들었지만, 당신은 재가하지 않았습니다. 그리하여 전국의 모든 시민이 애국심에 불타 파리를 구하려고 길을 떠났습니다. 당신은 그들을 정지시키라는 명령을 내리게 했습니다. 그러나 우리의 군대에는 병사가 부족했습니다. 세르방의 뒤를 이은 뒤무리에는 나라에 무기나 군수품이나 생활필수품이 하나도 없으며, 모든 요소를 지킬 수 없는 상태라고 선언했습니다. 이에 대해 할 말이 있습니까?

루이 나는 지난 12월 이후, 대신에게 군대를 서둘러 보충하라고 명령했소. 그에 관한 현황은 모두 의회에 제출했소. 그들이 잘못 알았다 해도 내 잘못은 아니오.

의장 당신은 부대의 지휘관들에게 군대를 해체하고, 모든 부대원이 탈영하도록 하며, 라인 강 너머에 있는 당신의 두 동생과 오스트리아의 레오폴트의 진영으로 넘어가도록 하라고 명령했습니다. 이러한 사실은 프랑슈 콩테의 사령관 툴롱종Toulongeon의 편지로 증명합니다. 이에 대해 할 말이 있습니까?

루이 전혀 사실이 아니고, 근거 없는 비난이오.

의장 당신은 외교관에게 프랑스의 적국과 연합하도록 임무를 주었습니다. 특히 터키와 오스트리아가 평화조약을 굳게 맺어, 오스트리아가 터키 쪽의 국경에 신경을 쓰지 않도록 하라고 명령했습니다. 그래야만 오스트리아가 프랑스를 공격할 군대를 최대한 확보할 수 있기 때문입니다. 콘스탄티노플 대사를 지낸 슈아쥘 구피에Choiseul-Gouffier의 편지가 이 사실을 증명합니다. 이에 대해 할 말이 있습니까?

루이 슈아죌은 사실을 말하지 않았소. 그런 일은 절대 없었소.

의장 입법의회는 대신 라자르에게 국가를 안전하게 지킬 수단이 무엇인지 질문했으며, 라자르는 당신에게 42개 부대를 징집하라고 요청했습니다. 당신은 큰 압박을 받았겠지요. 프로이센 군대가 우리의 국경으로 밀려왔습니다. 7월 8일, 국회는 대신에게 우리나라가 프로이센과 정치적으로 어떤 관계인지 알려달라고 물었습니다. 10일에 당신은 프로이센의 군인 5만 명이 우리나라로 진격한다고 대답했고, 또 당신은 헌법에서 규정한 대로 이 급박한 적대행위에 대해 공식적으로 취해야 할 조치가 무엇인지에 관한 의견을 국회에 보냈다고 대답했습니다. 이에 대해 할 말이 있습니까?

루이 나는 그런 일이 일어난 뒤에 비로소 알았소. 모든 외교서한은 대신이 받아 처리하게 되어 있소.

의장 당신은 칼론의 조카인 다방쿠르Dabancourt를 육군대신으로 임명했습니다. 이렇게 해서 당신은 적군이 나타나자마자 롱위와 베르됭을 그들에게 넘겨주려는 음모를 성공시켰습니다. 이에 대해 할 말이 있습니까?

루이 다방쿠르가 칼론의 조카인 줄 알지 못했소. 게다가 나는 요새를 넘겨주지 않았소. 나라면 절대 그런 일을 하지 않았을 거요.

의장 그렇다면 롱위와 베르됭을 넘긴 사람은 누구입니까?

루이 나는 전혀 모르오.

의장 당신은 우리의 해군을 파괴했습니다. 해군장교들이 떼 지어 망명했습니다. 겨우 몇 명이 남아 항구를 지킬 뿐입니다. 한편 베르트랑(해군대신 몰빌)은 언제나 여권을 발급해주었습니다. 3월 8일에 입법의회가 당신에게 그 같은 범죄행위를 알렸지만, 당신은 그가 일을 만족스럽게 한다고 대답했습니다. 이에 대해 할 말이 있습니까?

루이 나는 장교가 이탈하지 않도록 할 수 있는 일은 다 했소. 그때까지만 해도 국회는 베르트랑에게 아무런 불만도 표시하지 않다가 나중에야 그를 비난했소. 나는 그를 해임해야 한다고 판단하지 않았소.

의장 당신은 식민지에서 절대군주정을 유지하도록 부추겼습니다. 거기에 파견된 당신의 부하들은 어느 곳에서나 반혁명세력으로서 소란을 피웁니다. 그들은 프랑스 안의 반혁명세력과 동조합니다. 당신이 이러한 음모를 이끌었다는 명백한 증거입니다. 이에 대해 할 말이 있습니까?

루이 만일 식민지에서 내 부하로 자처하는 사람이 있다면, 그는 거짓말을 하는 사람이오. 나는 당신이 방금 내게 말한 것을 명령한 적이 절대 없소.

의장 국내에서는 광신적인 왕당파가 날뛰었습니다. 당신은 그들의 보호자로 자처하면서, 그들을 이용해 당신의 옛 권력을 회복하려는 의도를 분명히 드러냈습니다. 이에 대해 할 말이 있습니까?

루이 나는 그런 계획을 전혀 알지 못하기 때문에 아무 말도 할 수 없소.

의장 입법의회는 (1791년) 11월 29일 성직자 시민헌법에 반대하는 사제들에 대한 법을 제정했습니다. 그러나 당신은 그 법을 실시하지 못하게 막았습니다. 이에 대해 할 말이 있습니까?

루이 헌법은 내게 자유로운 의지로 법을 재가할 권한을 주었소.

의장 소요사태가 더욱 드세졌습니다. 대신은 현행법으로 그들을 벌할 아무런 수단이 없다고 선언했습니다. 입법의회는 새 법을 만들었습니다. 그러나 당신은 그것도 적용하지 못하게 정지시켰습니다. 이에 대해 할 말이 있습니까?

루이 헌법은 내게 자유로운 의지로 법을 재가할 권한을 주었소.

의장 헌법은 당신에게 근위대가 공공성을 해치기 때문에 폐지해야 한다고 했음에도, 당신은 그 이튿날 그들을 만족하게 여긴다는 편지를 그들에게 보냈고, 계속 그들에게 봉급을 주었습니다. 왕실비 명세서가 이 사실을 증명합니다. 이에 대해 할 말이 있습니까?

루이 나는 법이 정한 대로 근위대가 다시 설치될 때까지 그렇게 했을 뿐이오.

의장 헌법은 당신에게 그것을 금지했고, 입법의회는 그들을 보내라고 분명히 명령했지만, 당신은 아직도 근위대를 두고 있습니다. 이에 대해 할 말이 있습니까?

루이 나는 관련법을 따랐을 뿐이오.

의장 당신은 파리에 반혁명 계획을 실현하는 데 이롭게 행동할 임무를 가진 부대를 가지고 있었습니다. 당그르몽과 질Gilles은 당신의 부하였습니다. 그들은 왕실비로 봉급을 받았습니다. 그 증거로 부대원 60명을 둔 조직을 가진 질의 영수증을 당신에게 제시합니다. 이에 대해 할 말이 있습니까?

루이 당신이 말하는 계획이란 생각해본 적이 없소. 나는 반혁명을 생각해본 적이 한 번도 없소.

의장 당신은 많은 돈을 써서 제헌의회와 입법의회의 의원들을 매수했습니다. 뒤프렌 생레옹Dufresne-Saint-Léon과 여러 사람이 쓴 편지가 그 증거이며, 당신에게 보여주겠습니다. 이에 대해 할 말이 있습니까?

루이 내게 그러한 계획을 들고 찾아온 사람은 많았지만, 나는 그들을 멀리했소.

의장 제헌의회와 입법의회에서 당신이 매수한 사람은 누구입니까?

루이 나는 한 사람도 매수하려고 노력해본 적이 없소. 전혀 모르는 일이오.

의장 당신에게 그들을 매수하라고 말한 사람은 누구입니까?

루이 그건 너무 막연한 일이오. 나는 기억할 수 없소.

의장 당신은 누구에게 돈을 주겠다고 약속했습니까?

루이 그런 적 없소.

(의장은 소장에 담긴 질문으로 되돌아간다.)

의장 당신은 독일·이탈리아·에스파냐에서 프랑스 국민을 타락시켰습니다. 그 나라에서 프랑스인이 형편없는 대접을 받는데도 그것을 바로잡을 조치를 하나도 취하지 않았기 때문입니다. 이에 대해 할 말이 있습니까?

루이 외교서한은 그 반대의 내용을 담았을 것이오. 더욱이 그것은 대신들이 답변할 문제요.

의장 당신은 8월 10일 새벽 5시에 근위대를 점검했고, 근위대가 먼저 시민에게 총을 쐈습니다. 이에 대해 할 말이 있습니까?

루이 나는 그날 궁전에 모인 모든 부대를 살펴보았소. 거기에는 파리 도나 파리 시의 모든 기관장이 함께 있었소. 나는 대표를 보내달라고 의회에 요청했소. 그들에게 내가 취할 올바른 행동방향을 알려달라고까지 요청했소. 그리고 나는 가족과 함께 의회의 품으로 들어갔소.

의장 당신은 어떤 이유로 8월 초부터 근위대를 두 배로 늘렸습니까?

루이 모든 헌법기관이 그 사실을 알았소. 그리고 튈르리 궁이 공격의 위협을 받았기 때문이오. 나는 헌법이 보장한 권한으로 궁을 지켜야 했소.

의장 8월 9일 밤 당신이 파리 시장을 부른 이유는 무엇입니까?

루이 여러 가지 소문이 떠돌았기 때문이오.

의장 당신은 프랑스인이 피를 흘리게 만들었습니다. 이에 대해 할 말

있습니까?

　루이　내가 그런 일을 한 적은 없소.

　의장　당신은 셉퇴이에게 곡물·설탕·커피를 함부르크나 그 밖의 여러 도시와 거래하도록 허락하지 않았습니까? 셉퇴이의 편지가 그 사실을 증명합니다.

　루이　당신이 무슨 말을 하는지 전혀 모르겠소.

　의장　파리의 지휘를 받는 부대를 창설하는 법령에 거부권을 행사한 이유는 무엇입니까?

　루이　나는 헌법이 정한 대로 법령을 재가하거나 거부할 수 있소. 그리고 당시에 나는 국경지방, 수아송에 부대를 창설하자고 요청했소.

　의장　(의원들에게) 이제 모든 질문을 마쳤습니다.

　(루이 카페에게) 루이, 덧붙일 말이 있습니까?

　루이　나는 내가 지금까지 대답한 공소사실의 내용과 관련 근거를 살펴보고 싶소. 그리고 내 변호사를 뽑을 수 있게 해주기 바라오.

국민공회가 루이에게 모든 문서를 열람하도록 곧바로 의결한 뒤, 루이는 편지·보고서·영수증·명령서를 하나하나 살펴보았다. 의장은 증거물을 하나씩 보여주면서 글씨를 알아보느냐, 사실을 인정하느냐고 거듭 물었지만, 루이는 자기가 쓴 것이 아니거나, 잘 알아보기 어렵다거나, 일부는 자기가 아는 일이지만, 기소 내용과 상관없는 일이라고 대답했다. 의장은 루이를 잠시 다른 방에 가서 기다리게 하고, 앞으로 루이에 관한 일정을 어떻게 잡을 것인지 물었다. 곧 케르생이 루이를 당장 탕플 감옥으로 되돌려 보내자고 발의했다. 그렇게 신문을 마치고, 루이는 5시에 국민공회를 떠나 탕플로 돌아갔다.

5
루이의 변호

국민공회에서는 루이에게 변호사를 뽑을 권리를 인정하느냐 마느냐를 놓고 옥신각신하다가, 결국 변호인을 한두 명 뽑을 권리를 주도록 의결했다. 국민공회 의원 네 명이 12월 12일 탕플로 가서 루이에게 누구를 변호인으로 지정하겠느냐고 물었다. 루이는 "나는 타르제, 그리고 만일 그가 못하겠다면 트롱셰를 원하오. 만일 국민공회가 허락하면 두 사람 모두가 맡아주면 더욱 좋겠소"라고 말했다. 타르제는 거의 60세가 된 노인이었지만, 혁명 전부터 변호사로 이름을 떨친 사람이었다. 특히 그는 마리 앙투아네트가 몹시 욕을 보았던 다이아몬드 목걸이 사건이 일어났을 때, 실속도 없이 중간에 나섰다가 사기를 당한 로앙 추기경을 변호했다. 그는 제3신분 대표로 전국신분회에 나가 1791년 헌법을 만드는 데 중요한 역할을 했다. 그는 늙었다는 이유를 앞세워 루이의 변호인이 되기를 사양했다. 트롱셰는 타르제보다 여섯 살이 더 많았지만 루이의 변호를 맡기로 했다. 그도 변호사로서 이름을 떨치다가 파리 제3신분 대표로 뽑혀 전국신분회에 나갔다. 그는 죄드폼의 맹세에 참여하고, 봉건적 권리의 상환방법을 제안했으며, 파기법원을 창설하도록 하는 한편, 절대적 거부권과 양원제 의회에 찬성표를 던져 우파로 분류되었다. 그는 왕의 도주사건이 일어난 뒤 로베스피에르에게 맞섰다.

12월 11일 화요일에 말제르브가 국민공회에 편지를 보냈다. 말제르브는 루이 15세 치세에 프랑스 대법관의 아들로서, 대를 이어 왕에게 봉사한 대귀족 가문 출신이었다. 1721년에 태어나 벌써 71세가 넘은 그는 1750년 소비세 재판소장이 되었고, 1752년부터 도서출판행정총감직을 맡아 계몽사상가를 보호해주었으며, 『백과사전』이 물의를 빚고 특허가 취소되어 경찰의 추적을 받을 때, 그 원고를 자기 집에 숨겨주었다는 사실로 더욱 유명하다. 그 자신이 계몽주의자이며 계몽주의자의 친구로서, 출판의 자유를 위해 노력하고, 멋대로 사람을 구속하는 명령서인 봉인장lettre de cachet을 폐지하라고 건의하기도 했다. 19세기 역사가 미슐레Michelet는 그를 "확고한 정신력과 따뜻한 마음씨"를 가진 사람이라고 평했다. 12월 13일 국민공회에서는 먼저 타르제가 루이의 변호인이 되지 못하겠다고 쓴 편지를 낭독한 뒤, 말제르브가 이틀 전에 쓴 편지를 읽었다. 말제르브는 자신이 루이 16세를 변호하려는 이유를 이렇게 밝혔다.

"나는 국민공회가 내 제안에 너무 신경 쓰지 않기를 바랍니다. 나는 국민공회에서 내 문제를 다룰 만큼 중요한 사람이 아니기 때문입니다. 그러나 나는 모든 사람이 탐내는 중요한 자리에 두 번씩이나 나를 불러 일을 맡긴 분, 그 책임을 수행하면서 내가 모시던 분이 위험한 상태에 계실 때 옛날처럼 그분에게 봉사해야 한다고 생각합니다. 만일 그분이 나를 변호인으로 쓰실 수 있음을 알려드릴 방법이 있었다면, 의장님께 이런 편지를 드리지는 않았을 테지요.

나는 의장님이 계신 자리에서 그 어떤 사람보다 더 내 의사를 루이에게 전달하기에 적합한 사람은 없다고 생각했습니다."

말제르브뿐만 아니라 수많은 사람이 루이 16세를 변호하겠다고 나섰다. 그 가운데 올랭프 드 구즈Marie Olympe de Gouges도 끼어 있었다. 그는 1748년 몽토방에서 귀족의 사생아로 태어났다. 아버지는 몽토방의 소비세 재판소장의 아들이며 귀족 문인인 르 프랑 드 퐁피냥Le Franc de Pompignan 후작이었다.

올랭프 드 구즈는 1765년 결혼했지만, 1770년 남편을 떠나 파리에 정착했다. 그는 스스로 과부라고 말하며 연인의 도움을 받으면서 살았고, 1785년에는 『자모르와 미르자, 또는 다행스러운 조난*Zamore et Mirza, ou l'Heureux naufrage*』 을 써서 코메디 프랑세즈에 보냈다. 그 작품은 1789년 〈흑인들의 노예상태 L'Esclavage des Noirs〉라는 제목으로 무대에 올랐다. 그 밖에도 여러 작품을 썼 지만, 정치적인 목소리를 내기도 했다. 미라보를 존경하던 그는 혁명이 일어 난 뒤 여성의 지위가 더 낮아졌다고 믿고, 1789년의 「인권선언」이 남성의 권 리만 보장한다고 생각하면서 1791년 9월 「여성인권선언Déclaration des Droits de la Femme et de la Citoyenne」을 발표했다. "여성이여, 깨어나라"라고 주장하 는 선언문은 모두 17개조로 구성되었는데, 제1조에서 "여성은 자유롭게 태어 나고, 남성과 동등한 권리를 누린다. 사회적인 구별은 오직 공공의 이익으로 만 생긴다"고 주장했다. 그가 여성도 남성과 같은 권리를 가져야 한다고 주장 했기 때문에 '여성시민citoyenne'을 생각했다고 볼 수 있다. 그러나 아직은 '여 성시민'을 인정하지 않는 시대였기 때문에, 그 말은 모든 여성이 '시민의 아 내나 딸'을 뜻할 뿐이었다. 사실 프랑스 여성이 진정한 시민이 되려면 1944년 까지 기다려야 한다. 올랭프 드 구즈는 1792년 12월 15일에 쓴 편지에서 루 이 16세를 변호하겠다고 나섰다.

나는 용감한 말제르브를 좇아 루이의 변호인이 되고자 합니다. 내가 여 자라는 점은 잊어버립시다. 여성에게도 영웅주의와 너그러움은 있으며, 혁명은 그러한 보기를 하나 이상 보여줍니다. 나는 솔직하고 충성스러운 공화주의자로서, 아무런 흠이나 비난받을 만한 점이 없습니다. 시민으로 서 내가 갖춘 덕목을 굳이 인정하려 들지 않는 사람도 그 사실을 의심할 수 없을 것입니다. 그래서 나는 이번 사건을 맡으려 합니다. 나는 루이가 왕으로서 잘못을 저질렀다고 믿습니다. 그러나 왕이라는 칭호를 잃은 이상, 그는 공화국의 눈에 더는 죄인이 아닙니다. (……) 왕의 머리를 떨어 뜨린다고 왕을 죽였다고 할 수 있습니까? 그는 죽은 뒤에도 오랫동안 살아 있을 테니까요. 오히려 그가 몰락한 뒤에도 살아남을 때 진정 죽었다고 말할 수 있습니다.

루이의 변호인이 되고 싶다고 다 되는 것은 아니다. 루이가 원하고 국민공회가 승인해야 했다. 그러므로 올랭프 드 구즈는 여성이기 때문이 아니라 루이가 원치 않아서 변호인의 후보에 끼지도 못했다. 루이의 변호인이 된 트롱셰와 말제르브는 검토할 서류도 많은 데다 자신들이 나이도 많아 힘이 들기 때문에 변호인을 한 명 더 원한다면서 12월 17일 드세즈Romain de Sèze를 추천했다. 드세즈는 유능한 변호사로 일찍이 베스발 남작Pierre Victor, baron de Besenval을 변론하여 목숨을 구해주었다. 베스발 남작은 루이 15세의 처조카로서, 결혼하지 않은 채 화려한 관록만큼 화려하게 여성을 정복했고, 심지어 마리 앙투아네트와 가까운 폴리냑 부인을 정복한 뒤, 마리 앙투아네트와 단둘이 만나는 틈을 타서 사랑을 고백했다가 퇴짜 맞은 사람이다. 베스발 남작은 1789년 7월 혁명이 일어나자 일찌감치 도망치다 잡혀 재판을 받았는데, 그때 드세즈가 그를 변호했다. 드세즈는 베스발이 '민중'에게 아무런 해를 끼치지 않았음을 증명해 목숨을 구해주었다.

이제 변호인단을 구성했지만, 루이의 문제는 더욱 복잡해졌다. 파리 코뮌이 국민공회의 결정과 상관없이 루이를 자신의 포로로 취급했기 때문이다. 파리 코뮌은 1792년 12월 11일 루이 카페가 앞으로 가족과 만나거나 소식을 주고받지 못한다고 의결했다. 그리하여 루이의 시종은 루이에게만 봉사하도록 했다. 또 국민공회가 루이에게 의견을 전하려면 언제나 파리 코뮌의 관리 앞에서 전해야 했다. 12일에도 파리 코뮌은 새로운 결정을 내렸다. 탕플에 루이를 만나러 가는 변호인의 몸을 코뮌에서 파견한 위원들이 샅샅이 뒤지고, 그것도 모자라 완전히 새 옷으로 갈아입혀 들여보내기로 했다. 또 변호인이 나갈 때도 다시 몸을 뒤져 탕플 밖으로는 하나도 가지고 나가지 못하게 확인하기로 했다. 루이는 14일 트롱셰와 말제르브의 도움을 받았다. 두 변호인은 루이를 만나기 전에 온몸을 샅샅이 수색당했다. 루이와 변호인들은 눈을 부릅뜨고 지키는 감시인들이 들을 수 있도록 숨김없이 큰 소리로 이야기했다. 트롱셰는 국민공회에 편지를 보내 자신이 12월 14일 전왕을 방문했지만 그를 고소한 관련 서류와 신문조서를 보지 못했는데, 앞으로 그를 변호할 때 필요한 문서를 모두 보게 해달라고 했다. 12월 15일, 21인위원회의 대표는 고소장의 증거서류를 모두 옮겨 적었다고 국민의회에 보고했다. 21인위원회는 12월 6일 특별법으로 신설된 위원회였다. 이 법으로 그때까지 따로 활동하던 4개 위원회가 합동으로 일하는 기회가 생겼다. 파리 코뮌의 감시위원회 활동보고서와 그들의 문서를 검토하는 24인위원회, 법사위원회, 안보위원회에서 세 명씩 뽑아, 비밀금고 문서를 정리하는 임무를 맡았던 12인위원회와 함께 일하도록 했던 것이다. 21인위원회의 보고자는 이렇게 말했다.

"루이는 관련 서류의 8분의 1 정도만 사본으로 보았고, 그 뒤 지금까지 정리한 문서가 200가지 이상이기 때문에 그중 적어도 4분의 3을 루이가 보지 못했습니다. 따라서 위원회는 어떤 방식으로 관련 서류 사본을 루이에게 보여줄 것인지 의견을 듣고자 합니다."

랑드Landes 출신의 다르티구아트Pierre-Arnaud Dartigoeyte가 곧바로 일어나 이렇게 말했다.

"국민공회는 루이 카페를 고소하는 법을 통과시켰고, 유럽 전체가 그 사실을 알고 있으며 후대까지 전할 것입니다. 국민공회는 그 사실을 철회할 수 없습니다. 그러니 이제 적의를 품은 사람들이 여론을 헷갈리게 만들지 못하도록, 루이에게 공소사실을 하나하나 분명히 납득시켜야 합니다. 누군가 이렇게 말합니다. '루이 카페는 명백히 죄를 지었다. 그러므로 형식을 좇을 필요가 없다.' 그러나 나는 이렇게 말하겠습니다. '루이 카페는 명백한 죄인이므로 그에게 유죄판결을 내리고, 이 국민의 심판을 진정 위엄 있고 유익하고 존엄하게 만들어야 합니다. 모든 사람이 당신의 심판에 손뼉치고, 귀족주의자마저 그 심판이 공평했다고 인정하도록 만들어야 합니다.'"

여러 의원이 잇따라 의견을 내놓았다. 대체로 의견은 두 편으로 갈렸다. 하나는 어차피 필적 감정은 아직 정확한 과학적 근거가 없으니 재판을 빨리 진행하자는 편이었고, 다른 하나는 전문가들의 필적감정을 거치자는 편이었다. 후자는 어떻게 해서든 루이의 재판을 미루려고 노력했다. 1789년 7월 12일 팔레 루아얄에서 재무총재 네케르의 해임이 애국자 학살의 전주곡이라고 말하고, 7월 14일 대중과 함께 바스티유 공격에 가담했던 카미유 데물랭은 "만일 전문가의 필적감정을 받는다면, 루이의 재판은 끝나지 않을 것"이라고 했다. 재판을 빨리 하자는 사람 가운데 알비트Antoine-Louis Albitte 의원이 가장 곧바로 핵심을 찔러 박수와 비난을 동시에 받았다. 디에프에서 법조인으로 활약하다가 정계에 들어간 알비트는 보름 뒤에 32세가 되는 젊은 의원이었다.

"이렇게 하다 보면 앞으로 6개월 동안 계속 서류만 찾을 것이며, 그것은 재판을 늦추려는 구실이 될 것입니다."

국민공회는 곧바로 표결로써 필적감정을 거부하되, 루이 16세에게 문서를 볼 수 있게 허용하도록 의결했다.[*] 그리고 파리의 푸주한 출신인 르장드르Louis Legendre의 긴급발의를 표결에 부쳐 12월 26일 수요일 오전 10시에 루이를 국민공회로 불러서 진술을 듣자고 의결했다. 그리고 16일 오후 4시에는 21인위원회에서 위원 네 명이 서기를 데리고 탕플로 루이를 찾아갔다. 그들은 루이에게 문서 사본을 읽게 했다. 루이는 자정까지 모두 107가지 문서를 꼬박 읽었다. 이때 변호사 트롱셰가 그의 곁에 있었다. 문서 하나를 읽은 뒤에는 21인위원회에서 나온 뒤프리슈 발라제가 "확실히 아셨습니까?"라고 물었고, 루이는 '네', '아니오'로 간단히 대답했다. 다른 위원은 루이의 서명을 받았다. 세 번째 위원은 새 문서를 꺼내 루이에게 읽히고, 네 번째 위원은 루이가 읽은 문서를 묶음별로 번호순으로 분류한 뒤 함께 온 비서로 하여금 기록하게 했다. 그날 밤 늦게 일을 마치고 돌아간 위원들은 며칠 뒤 다시 탕플에 나타나 51가지 새 문서를 열람시키고 전처럼 서명하게 했다. 이렇게 해서 루이는 재판과 관련해 모두 158가지 서류를 읽었다.

12월 14일부터 26일까지 루이는 변호인을 정기적으로 만났다. 변호인들은 저녁 5시에 탕플로 가서 9시까지 머물렀다. 말제르브는 새로 만든 문서, 재판과 관련해서 의원들의 의견을 담은 인쇄물을 가져다주었다. 그는 매일 저녁 일을 준비하고, 루이와 한두 시간을 함께 보냈다. 루이는 가끔 시종 클레리에게 서류를 보여주면서 의견을 묻기도 했다. 클레리는 그 문서에 자기가 보기에도 끔찍한 이야기가 많이 들어 있었다고 회고했다. 루이는 말제르

---

[*] 파리 도 지도부도 23일에 루이에게 8월 10일과 관련된 서류를 보여주기로 의결했다.

브가 가져간 문서와 인쇄물을 하나도 빠짐없이 읽고 나서, 말제르브를 위험하게 만들지 않으려고 직접 태워버렸다. 루이는 재판을 받을 때까지 철저히 감시를 받으면서, 같은 건물에 사는 가족도 만나지 못했다.

그러나 클레리가 노력해서 루이의 누이동생 마담 엘리자베트의 시중을 드는 튀르지Turgy를 거쳐 몰래 쪽지를 주고받았다. 그것은 언제나 위험한 일이지만, 클레리와 튀르지는 들키지 않고 쪽지를 전해주었다. 그렇다고 해서 루이의 슬픔을 위로해줄 길은 없었다. 특히 12월 19일, 딸의 생일을 맞아 루이는 몹시 슬퍼했다. 그러나 어쩔 수 없었다. 루이는 며칠 뒤면 국민공회에 나가야 하는데, 그동안 수염이 자라서 더욱 초라하게 보였다. 파리 코뮌은 펜·잉크·종이와 함께 면도칼도 위험하다고 빼앗았기 때문이다. 클레리는 감시인으로 파견된 행정관에게 허락을 받아낸 뒤, 감시인들이 보는 앞에서 루이의 면도를 도와줄 수 있었다. 파리 코뮌은 12월 26일 루이를 국민공회에 출석시킬 때까지 며칠 동안 옛 푀이양 수도원 자리로 옮겨놓으려는 계획을 세웠다가 취소했다. 아무튼 루이는 살날이 얼마 남지 않았음을 느꼈고 12월 25일에 유언장을 작성했다. 클레리는 그것을 읽고 한 부를 베껴놓았다.

루이는 한때 자기 신민이었던 사람들에 의해 가족과 함께 지난 4개월 동안 탕플에 감금되고 12월 11일부터는 가족과도 만나지 못한 채 지내는 동안 받은 정신적 고통을 털어놓았다. 루이는 유언장에서 사람들의 정념 때문에 아무런 법적 근거도 없이 결말을 알 수 없는 재판을 받고 있다고 썼다. 그는 자기 생각을 알아줄 분은 오직 하느님밖에 없다고 하면서 교회의 품, 하느님의 품에 영혼을 맡긴다고 썼다. 그는 외국으로 망명한 두 동생에 대해서도 "잘못을 저지를 수 있는 내 동생들을 진심으로 불쌍히 여긴다"고 밝힌 뒤, 그럼에도 자신은 그들을 심판하지 않으며, 오히려 그들을 사랑한다고 말했다.

그러고 나서 그는 죄를 용서해달라고 빌었다. 가톨릭 사제를 만날 수 없는 상태이기 때문에, 하느님이 고해를 받아주기를 바라면서, 특히 그동안 교회의 가르침과 믿음을 거스르는 성직자 시민헌법에 자기 의지와 상관없이 서명한 점을 깊이 후회하니 용서해달라고 말했다. 그는 하느님께 용서를 구한 뒤, 자신이 상처를 준 모든 사람에게도 용서를 구했다.

그는 아내·자녀·여동생·동생들을 하느님의 손에 맡겼다. 특히 루이는 자신과 함께 탕플에 갇혀 고생을 한 아내·자녀·여동생이 이 덧없는 세상에 살아 있는 한 불쌍히 굽어살펴달라고 간곡히 부탁했다. 아내에게 자녀를 부탁하는 말도 남겼다. 부디 애틋한 모정으로 자녀를 훌륭한 기독교인으로 키워, 이 덧없는 세상의 영광보다는 영원한 세계를 향해 눈을 돌리게 만들어달라고 말했다. 그리고 만일 자녀가 어머니마저 잃으면, 고모인 여동생이 아이들에게 어머니 노릇을 해달라는 말도 잊지 않았다. 그는 결혼생활 중에 아내에게 마음의 상처를 입히고 괴로움을 안겨주었을지 모르겠지만 아내가 부디 용서해달라고 부탁했다. 자신은 아내에게 아무런 나쁜 마음이 없이 떠나니, 자신에게 잘못한 일도 없으면서 자책하는 일은 하지 않기를 바란다고 말했다. 그리고 자녀들에게 늘 하느님을 섬기고 어머니에게 복종하며, 특히 어머니가 그들을 위해서 온갖 노고를 아끼지 않았음을 늘 잊지 말고 감사하라고 당부했다.

루이는 특히 아들에게 말했다. 아들이 "불행히도 왕이 되는 경우" 시민들의 행복을 위해 온 힘을 기울이라고 충고했다. 또 모든 증오와 원한을 잊으라고, 특히 아버지가 겪은 불행과 괴로움과 관련해서 증오와 원한을 품지 말라고 말했다. 오직 법을 좇아 통치하여 국민을 행복하게 만드는 데만 힘쓰라고 충고했다. 그러나 왕이란 자신에게 필요한 권위를 가져야 자기 마음속에 있는 선을 행하고, 사람들에게 존경을 받을 수 있음을 잊지 말라고 강조했다. 존경을 받지 못하는 왕은 유익하기는커녕 성가신 존재이기 때문이다. 또 자신에게 충성한 모든 사람을 잘 돌봐주라는 부탁도 잊지 않았다. 특히 자기 때문에 목숨을 잃은 사람들, 아니면 자기 때문에 불행해진 사람들의 부모나 자식에 대해 자신은 신성한 빚을 지고 떠나기 때문에 그들에게 빚을 갚아달라고 덧붙였다. 그는 아내·두 자식·여동생에게 부탁한 뒤, 따로 아들에게 부탁했지만, 딸에게는 특별히 부탁하는 말을 남기지 않았다. 단지 두 자식에게 한꺼번에 부탁하는 말로써 충분하다고 생각한 것일까? 루이는 아들이 자기 뒤를 이어 왕이 될지 모른다는 희망을 품었음이 분명하다. 그러나 딸의 운명은 자기 아내 마리 앙투아네트의 손에, 그다음에는 고모의 손에 맡기는 것으로 충분하다고 생각했는지, 그저 훌륭한 기독교도로 살고, 어머니에게 복종하고, 어머니의 헌신과 고통에 감사하라고 말했다.

하지만 여성이 남성의 그늘에서 드러나지 않는 시대에도 분명히 여성은 중요한 역할을 했다. 1789년 10월 5일 파리 여성 수천 명이 베르사유로 행진해 가서, 왕과 가족을 파리로 데려간 사건은 얼마나 극적이었던가? 루이 16세의 아들 루이 17세는 1792년 8월 12일 탕플에 들어간 뒤 3년간 거기서 살다가 결핵으로 죽었지만, 딸 마리 테레즈 샤를로트는 살아남았으며, 앞에서도 얘기했듯이, 아르투아 백작이었다가 샤를 10세가 된 숙부의 아들 앙굴렘 공(나중에 루이 19세)과 결혼하여 자기 아버지가 폭력의 희생자였음을 널리 호소했다. 모든 사람이 그렇듯이, 자신을 돌아보는 글을 쓰는 사람은 그나마 행운아다. 자신을 돌아본 뒤 잘잘못을 인정하고 더 늦기 전에 회개하고, 다른 사람에게 용서를 구할 수 있음은 얼마나 다행인가. 레테의 강을 건널 시간이 곧 올 것임을 알면서 하루하루 고통스럽게 살아가더라도, 사는 날까지 막연한 증오와 원한으로 살기보다는, 자기 생각을 가다듬고 자신을 객관적으로 보면서 고통의 근원을 똑바로 쳐다볼 수 있는 여유가 사람을 더욱 사람답게 만든다.

12월 26일 아침에 상테르가 탕플에서 루이를 호송해 국민공회로 출발했다. 시종 클레리는 루이가 아침 10시에 탕플에서 출발했다고 말했지만, 의사록을 보면 루이와 변호인단은 "정확히 9시 46분에 국민공회 회의실에 들어섰다"고 한다. 의장이 루이에게 국민공회에서 할 말이 있으면 하라고 말하자, 루이는 드세즈 변호사가 변론을 하겠다고 말하고 말제르브, 트롱셰와 함께 자리에 앉았다. 드세즈는 "국민의 대표 시민 여러분, 마침내 프랑스 국민의 이름으로 고소된 루이가 국민 앞에서 말할 수 있는 순간이 왔습니다"라고 말문을 열었다. 긴 변론서를 따라가보자.

드세즈는 변론서를 두 부분으로 나눠서 작성했다. 원칙에 관한 부분과 고소장에서 밝힌 범죄사실에 대해 반론하는 부분이다. 그는 먼저 '헌법에서 선언한 면책특권과 관련된 원칙'을 왕정을 폐지하기 전과 후의 두 가지 관점에서 설명하겠다고 말했다. 그는 왕정을 폐지하기 전의 상황에서 왕에게는 면책특권이 있었음을 증명하려고 1789년 국민의회가 생긴 뒤의 역사를 더듬었다. 혁명 초기 주권을 찾은 국민의 대표들은 정부의 형태로서 군주정을 선택했고, 군주정은 왕의 신성불가침성("왕은 침해할 수 없는 신성한 존재다")을 인정했다는 사실을 지적하고, 그러므로 왕이 비록 잘못했더라도 그것은 개인으로서 저지른 잘못이 아니라고 주장했다. 헌법은 국가의 질서를 지키려고 왕에게 강력한 권한과 함께 면책특권을 주었다. 그러므로 왕이 자기 멋대로 면책특권을 정한 것이 아니라 국민의 대표인 의회가 정했다. 드세즈는 만일 왕의 잘못을 따져야 한다면, 다음과 같이 두 가지 경우를 따질 수 있다고 주장했다.

> 헌법은 왕의 신성불가침성을 그대로 인정한 채 (……) 왕이 그러한 성격
> 을 잃어버리고 더는 왕이 될 수 없는 상황을 규정해놓았다. 제5조는 그
> 같은 상황 가운데 하나를 규정했다.
> 만일 입법부가 권유한 시점부터 한 달이 지나도 왕이 이 맹세(국가와 법을
> 충실히 지키고, 헌법을 보전한다)를 하지 않는다면, 또는 맹세를 했다 할지
> 라도 그 맹세를 취소한다면, 왕은 사임한 것으로 생각할 수 있다.
> 그리고 헌법의 제6조는 이렇게 규정한다.
> 만일 왕이 군대를 지휘하여 국가를 공격하거나, 또는 왕의 이름으로 국
> 가를 공격하는 행위에 대해 공식적인 행위로써 반대하지 않으면, 왕은
> 사임한 것으로 생각할 수 있다.

드세즈는 1791년 9월 3일 토론을 끝내고 14일 왕이 국회에서 선서를 하여 실질적으로 효력을 갖기 시작한 헌법 '제3장 제2절 제1관 왕권과 왕에 대하여'의 12개 조항을 집중 분석하면서, 왕의 사임을 규정한 것과 벌은 분명히 다른 것임을 강조했다. 두 조항에서 규정했듯이, 그런 일이 일어난다면 왕은 프랑스인의 왕에서 단순한 시민이 될 뿐이다. 변론은 이제 단순한 시민으로 돌아간 전왕을 심판하는 문제로 넘어간다. 왕이 사임하고 단순한 시민으로 돌아간 뒤에는 그가 왕으로서 저지른 잘못이 아니라 시민으로서 저지른 잘못만 재판해야 한다. 그런데 국민공회는 루이가 왕위를 잃기 전의 일을 심판하려고 한다. 국회는 잘못을 저지르지 않는가? 국회도 왕처럼 국가를 배반할 수 있다.

입법부는 국민이 맡긴 권한을 남용할 수 있다. 그것은 이 권한을 국민이 규정한 범위를 넘어서 행사할 수 있다. 그리하여 국민주권을 침해할 수 있다. 물론 국민은 부정한 입법부를 해산할 권한을 가진다. 그러나 헌법은 그렇게 해산된 입법부나 그 구성원에 대해 어떠한 벌도 규정하지 않았다.

드세즈는 이러한 원칙을 루이에게 적용할 때, 결과는 명백하다고 주장하며 다음과 같이 변론을 이어갔다. 루이가 맹세를 저버리고 헌법을 뒤집어엎으려고 저지르는 배신행위 가운데 가장 중대한 것이 국가를 상대로 전쟁을 일으키는 것인데, 이 경우 헌법은 왕의 폐위만을 규정했다. 루이를 처벌할 법이 없는데, 국민공회는 그를 처벌하려고 한다. 오직 루이를 처벌하기 위한 법을 만들고 싶어한다. 오늘날 국민만큼 권한을 가진 존재는 없다. 그러나 국민이 모든 권한을 가질 수 있다 해도, 정당하지 않은 권한만은 가질 수 없다. 루이에게 적용할 법이 없음에도 국민이 루이를 처벌하기 바란다고 말하는 사람에게 루소의 말로써 대답한다.

우리가 따를 만한 법이 없을 때, 또 판결을 내릴 재판관이 없을 때, 일반의지를 따를 수 없다. 일반의지는 보편적인 의지이기 때문에 어느 한 사람, 또는 어떤 사실에 대해 판결을 할 수 없다.

이제 드세즈가 변론서의 첫 부분, 다시 말해 원칙에 대한 부분을 끝마칠 때가 되었다.

우리가 지금까지 논의한 것처럼 적용할 법이 없는 곳에서는 재판도 할 수 없으며, 또 재판을 할 수 없는 곳에서는 유죄판결을 내릴 수 없다고 결론을 내립시다.

시민들이여, 나는 이 자리에서 자유로운 인간에 대해 솔직히 말하고자 합니다. 나는 당신들 속에서 판사를 찾습니다만, 판사는커녕 오직 고소인만 볼 뿐입니다.

당신들은 루이의 운명에 대해 판결을 내리려 합니다. 그러나 당신들은 그를 고소하고 있습니다.

당신들은 루이의 운명에 대해 판결을 내리려 합니다. 그러나 당신들은 이미 희망사항을 밝혔습니다.

당신들은 루이의 운명에 대해 판결을 내리려 합니다. 그러나 당신들의 의견은 유럽 전체에 퍼졌습니다.

그러므로 루이는 그 어떤 법률이나 형식도 적용할 수 없는 유일한 프랑스인입니다. 그는 시민의 권리나 왕의 대권을 모두 누리지 못하는 사람입니다.

드세즈는 루이가 왕권을 정지당하고 탕플 감옥에 갇혔는데, 이제는 그가 처벌당할 근거도 없는 죄를 지었다고 기소하는 것은 부당하다고 주장했다. 우리는 드세즈가 읽은 변론서에서 루이가 왕도 아니고 시민도 아닌 상태에 놓였음을 보았다. 모든 사람이 스스로 운명을 결정하는 원칙 위에서 공화국을 선포한 시대에, 그는 왕좌에서 쫓겨나고 시민이 될 기회도 얻지 못한 채 재판을 받게 된 것이다. 루이가 왕으로서 전국신분회를 소집하여 개회식에서 엄숙하게 왕권을 행사하고, 또 네케르를 재무총재에서 해임하던 1789년부터 국민공회에서 자신의 무죄를 호소해야 하는 1792년 말까지 겨우 3년이 지났지만, 정치적 관계는 이처럼 완전히 뒤집혔다. 드세즈가 읽었듯이, 국민에게는 비록 정당하지 않은 일을 할 권한이 없지만, 국민이 가장 강한 실체라는 사실을 루이마저 인정하지 않을 수 없게 되었다. 드세즈는 폐위된 루이가 이제 시민으로 살 수 있도록 기회를 주고, 만일 시민으로 살면서 죄를 짓는다면 그때 처벌해야 한다고 호소했다.

드세즈는 자신이 얘기한 모든 원칙을 국민공회 의원들의 양심에 맡기고, 이제 루이의 의도나 성격에 대한 고소 내용을 반박했다. 그는 헌법을 제정하기 전과 후의 두 단계로 나눠 고소 내용의 사실을 살폈다. 그는 12월 11일의 신문에서 의장의 첫 질문(1789년 6월 20일에 루이가 국민주권에 해를 입힌 일)에 대해 해명했다. 왜 시간을 거스르려면 더 거슬러 올라가지 않고 하필이면 1789년 6월 20일까지만 거슬러 올라가는가? 그날 루이가 국민의 대표를 해산시키려고 했다는 사실만 비난하고, 그들을 불러 모은 사람이 바로 루이였음은 잊었는가? 루이보다 더 권력에 집착하는 군주들이 150여 년 동안 소집하지 않던 전국신분회를 루이가 소집했음을 잊었는가? 그만이 전국신분회를 소집할 용기를 가졌음을 잊었는가? 그만이 자기 백성의 빛나는 이성과 위로를 받아들이려 하고, 그들의 항의를 두려워하지 않았음을 잊었는가? 드세즈는 1789년에 일어난 사건이 루이의 의도와 상관없이 일어났거나, 루이가 현장에 없기 때문에 책임질 수 없는 문제까지 뒤집어씌운다고 주장하면서, 1789년에 그러한 사건이 일어난 뒤에도 여전히 공식적으로 "프랑스의 자유를 회복해준 루이"라고 부르지 않았느냐고 되물었다.

드세즈는 한 걸음 더 나아가서 증거의 신빙성을 문제 삼았다. 그는 국민공회가 루이의 죄를 증명한다고 내놓은 서류를 증거로 인정할 수 없다고 주장했다. 루이의 거처에 사람들이 침입해서 장과 서랍을 부수고 서류를 마구 가져가거나 없앴으며, 그 어떤 법으로도 그의 서류를 안전하게 보관하도록 조처하지 않았다. 그리고 서류의 목록을 루이와 함께 작성하지도 않았다. 그러므로 사람들이 소란을 피우는 동안 서류를 흩어놓거나 가져갔으며 그 속에는 국민공회가 내미는 증거를 뒤집을 수 있는 서류가 끼어 있을 가능성도 있다고 주장했다. 한마디로 루이는 사람들이 문서를 가져갈 때 현장에 없었기 때문에 그 서류를 인정하지 않을 권리가 있으며, 그 반대로 그 서류는 그의 죄를 물을 근거가 될 수 없다는 것이다. 게다가 서류 가운데에는 이미 죽은 사람의 편지도 있는데, 어떻게 그것을 증거로 인정할 수 있겠는가? 만일 그 편지가 진실을 담고 있다고 해도, 루이가 돈을 먼저 제공하기보다는 속아서 돈을 주었다고 믿을 수밖에 없다. 대체로 왕 주변에는 아첨꾼과 거짓말쟁이가 얼마나 많은가? 드세즈는 루이가 파리로 끌려간 뒤에는 포로나 마찬가지였고, 여론조작의 문제도 비서가 한 일이므로 루이에게 책임을 물을 수 없다고 주장했다. 루이는 1791년 헌법을 받아들이기로 했으므로, 헌법을 제정하기 전에 그가 저질렀다는 범죄는 성립하지 않는다고 주장했다.

사실, '헌법'이라는 낱말만 가지고도 모든 것에 대답하기 충분할 것이다. 헌법은 국민과 루이를 결합하는 새로운 협정이었다. 이 엄숙한 협정은 쌍방의 절대적인 믿음이 있어야 성립할 수 있다. 그러므로 일단 협정을 맺은 뒤에는 국민과 왕의 관계는 투명하게 되었다.
과거는 이미 존재하지 않으며, 모든 의심이 사라지고, 모든 불화가 해소되고, 모든 반감이 자취를 감추었다. 그러므로 이제 헌법을 제정하기 전에 있었던 일을 더는 기억할 수 없게 되었다.

이제 드세즈는 헌법을 제정한 뒤에 일어난 일 가운데, 루이가 책임져야 할 일과 그렇지 않은 일을 나눠서 변론하기 시작했다. 먼저 루이가 책임질 필요가 없는 일이란? 그것은 대신들이 책임져야 할 몫이다. 필니츠 협약과 선언, 아를에 파견한 사람들이 오히려 반혁명을 부추긴 행위, 아비뇽과 브네생 백작령을 프랑스에 합병하는 법을 한 달이나 늦게 반포한 점, 님이나 잘레에서 일어난 소요사태와 뒤사이양의 음모 따위를 루이에게 책임지라고 하는 일은 터무니없다고 드세즈는 주장했다. 대대적인 혁명을 겪는 나라에서는 누가 부추기지 않아도 불만세력이 나타나게 마련이며, 법을 늦게 승인한 것은 루이가 늦춘 것이 아니라고 했다. 드세즈는 이미 입법의회가 그 문제의 책임을 르사르에게 물었다고 주장했다.

르사르는 앙시앵레짐 말 재무총재 네케르의 신임을 받았고, 왕의 명령을 받아 전국신분회에서 세 신분을 화합하게 만들려고 노력한 인물이었다. 1790년 12월 4일 재무대신이 되었고, 이듬해 1월 25일 내무대신을 겸했다. 그는 두 분야에서 모두 지롱드파 지도자들의 공격을 받았다. 1791년 9월에는 해군대신, 10월에는 외무대신이 공석일 때 잠시 그 일을 돌보기도 했다. 무능력하다고 소문난 그는 지롱드파 지도자 브리소가 원한 전쟁을 막으려고 노력했다. 그 뒤 지롱드파가 세력을 잡으면서 1792년 3월 10일 재판을 받고 감옥살이를 하다가 8월 10일 이후 혁명재판소에서 죄수들의 운명을 결정한 뒤 파리로 끌려가는 도중 9월 9일 베르사유에서 다른 43명과 함께 학살당했다.

이제 필니츠 선언과 루이가 헌법을 받아들이는 과정에 대해 살펴보자. 오스트리아 황제 레오폴트 2세와 프로이센의 왕 프레데리크 빌헬름 2세는 1791년 봄에 러시아가 다시금 폴란드를 점령하리라는 사실을 예측하고 필니츠에서 만나자고 합의했다. 그동안 루이 16세가 바렌에서 잡혀 파리로 호송되었고, 유럽의 여러 왕이 프랑스의 상황에 특별한 관심을 기울이게 되었다. 레오폴트는 7월 6일이나 10일에 이탈리아의 파도바에서 회람을 돌려 유럽의 왕들이 프랑스의 군주정을 구하는 데 힘을 합치자고 제안했다. 그러나 왕들의 이해관계가 달랐기 때문에, 그의 제안을 실현하기 어려웠다. 예를 들어 영국은 중립을 지키고, 에스파냐와 사르데냐 왕국은 오스트리아가 전쟁을 시작해주기를 바랐다. 왜냐하면 두 나라의 왕실은 모두 부르봉 가문과 얽혀 있었으며, 지리적으로도 프랑스와 가깝기 때문이다. 스웨덴과 러시아만이 찬성했다. 특히 러시아의 경우는 유럽의 동쪽 끝에 있기 때문에 손해 볼 일이란 하나도 없었다.

이러한 상황에서 레오폴트 2세는 프랑스에서 새로 제정할 헌법을 루이 16세가 받아들여야 한다는 사실을 예측했다. 제헌의회는 1789년 이후 입헌군주정의 틀을 짜고 있었고 헌법의 완성을 눈앞에 두고 있었기 때문이다. 8월 20일, 레오폴트 2세는 여러 군주에게 프랑스가 헌법을 제정하고, 매제인 루이 16세가 그것을 받아들일 것임을 알리는 한편, 필니츠에서 프로이센의 왕을 만나 프랑스에 무력개입을 해야 한다는 말을 하지 못하게 막으려 했다. 그러나 막상 8월 27일 두 사람은 프랑스의 망명자들과 특히 루이 16세의 작은 동생 아르투아 백작의 압력을 받고 필니츠 선언을 발표하게 되었다. 그 것은 프랑스의 왕이 유럽의 모든 군주가 함께 관심을 가져야 할 상황에 놓였음을 지적하고, 모두 함께 가장 효과적인 수단을 써서 프랑스 왕에게 군건한 지위를 되찾아주고, 완전한 자유를 누리게 해주자는 내용을 담았다. 왜냐하면 군주정의 바탕은 모든 군주의 공통 권리이며, 프랑스 국민의 안녕에도 중요한 요소이기 때문이다. 만일 다른 군주들이 동의해준다면, 두 군주는 곧바로 행동할 만큼 준비를 갖추었다고 선언했다. 오스트리아인들은 다른 열강이 참여하건 하지 않건, 마리 앙투아네트 때문에 먹칠당한 가문의 명예를 찾는 일이 중요하다고 생각했다. 그러나 필니츠 선언은 프랑스의 과격한 혁명운동을 누그러뜨리기는커녕 오히려 역효과를 낳았다. 루이를 더욱 난처한 상황에 빠뜨렸기 때문이다.

1791년 9월 3일 토요일에 입법의회가 반포한 헌법의 전문은 절대왕정('프랑스의 왕')을 입헌군주정('프랑스인의 왕')으로 바꾸고, 앙시앵레짐 시대 신분제 사회의 모든 요소를 폐지하도록 규정했다.

국민의회는 지금까지 인정하고 선언한 모든 원칙에 맞는 헌법을 제정하려는 목적을 가지고 자유와 모든 권리의 평등을 해치던 제도를 완전히 폐지한다.

앞으로 더는 귀족, 귀족의 작위, 대를 물리는 구별, 신분의 구별, 봉건제도, 재판권의 세습제도, 작위와 그로부터 발생하는 지배권, 특권, 귀족임을 증명하는 사람만이 누리는 집단적 지위나 명예, 또는 출생으로 생긴 지위나 명예, 그 밖에 사회적 기능의 우월성이나 그 기능을 수행할 때 생기는 우월성을 모두 폐지한다.

앞으로 그 어떤 공직도 사고팔거나 물려줄 수 없다.

앞으로 국민의 일부나 어떤 개인도 모든 프랑스인이 공통으로 누리는 법에서 예외가 될 수 없고, 아무런 특권도 누리지 못한다.

앞으로 모든 종류의 직업, 기술직의 단체*를 폐지한다.

법률은 모든 종교적 서원을 인정하지 않으며, 또 자연권이나 헌법을 거스르는 그 어떤 권고도 인정하지 않는다.

9월 13일 화요일에 루이 16세는 헌법을 지키겠다는 편지를 국회에 보내서 의원들을 감동시켰다. 특히 왼편에 앉은 의원들은 여러 번 손뼉을 쳤고, 때로는 "왕 만세!"라고 외치기도 했다. 왕은 편지 마지막에서 다음 날(9월 14일) 정오에 국회에 나가 헌법을 지킨다는 맹세를 하겠노라고 썼다. 다시 한 번 큰 박수소리와 "왕 만세!"라는 소리가 들렸다. 이튿날 왕은 약속한 대로 국회에 나갔다. 그날 제헌의회의 기록은 왕의 맹세와 의원들의 반응을 전해준다.** 그날 거기에 모인 사람들은 모두 혁명을 완수했다고 생각했을 것이다. 그러나 혁명은 그렇게 끝날 수 없었다. 그날 겨우 헌법을 정착시키는 첫걸음을 떼었을 뿐이기 때문이다. 1791년 10월 1일 입법의회가 활동하기 시작한 뒤, 의회를 지배하는 세력이 바뀌었으며, 외국 군대의 침략과 파리 코뮌의 정치적 간섭이 심해지고, 여전히 경제생활에서 중요한 빵과 생활필수품의 값이 치솟는 현실은 왕에게 느끼던 친밀감이나 존경심을 실망·좌절·배신감·증오로 바꾸어놓았다. 이처럼 앞날을 제대로 예측하기 어려운 상황에서 한 가지만은 더욱 분명해졌다. 왕은 날이 갈수록 점점 불리한 상황에 빠져들었던 것이다. 그가 실제로 포로는 아니었다 해도 갑자기 경제상황이 나아질 게 없는 한 그가 처한 상황이 정반대로 개선되리라고 예측할 수 없을 지경이었다. 과연 헌법을 지키겠다고 맹세한 지 1년도 지나지 않아 왕위를 잃고 탕플에 갇힌 루이는 드세즈가 읽은 변론서에 기대 자신의 목숨을 지켜야 하는 신세가 되었다. 드세즈는 루이에게 죄를 물을 수 없는 이유를 이렇게 정리했다.

---

* 보통 'corporation'이라 하며, 정관을 갖춘 단체를 'jurande'라 한다.
** 제6권 참조.

"대신들이 저지른 잘못과 실수를 루이에게 책임지라고 하는 것은 온당치 못합니다. 오히려 헌법은 루이의 책임을 묻는 대신, 대신들의 책임을 규정했습니다. 헌법은 국민의 이익을 침해하거나, 국민을 이롭게 하는 일을 게을리 하는 경우 모두 대신들에게만 책임을 지게 했습니다. 헌법은 국민의 안전이나 법률을 해치려는 모든 범죄행위의 책임을 오직 그들에게만 물었습니다. 헌법은 왕에게 대신과 똑같은 책임을 묻지 않았으며, 고소를 예고하지도 않았습니다. 그 어떤 벌도 규정하지 않았습니다. 하기야 그의 권력을 구속해놓기는 했습니다. 왕은 대신의 도움을 받지 않고 아무것도 할 수 없습니다. 왕이 명령에 서명했다고 해도 그 명령을 무조건 실행할 수는 없습니다. 왕이 임명한 관리가 법을 실행할 때 끊임없이 주의해야 합니다. 따라서 법이 왕에게만 책임을 묻지 않았다는 사실은 지극히 당연합니다. 그러므로 오늘 똑같은 문제로 왕과 대신들을 고소할 권리란 없습니다."

드세즈는 루이가 개인적으로 뒤집어쓴 혐의를 하나씩 반박했다. 그는 "대중을 계도하여 루이에 대한 편견을 없애주려고" 노력했다. 그는 "오직 사실만 가지고 대중을 설득하겠다"고 말했다. 그러고 나서 그는 루이가 파리의 군대와 종교인에 관한 법률을 승인하지 않았다는 혐의에 대해, 법률 승인은 헌법이 보장했듯이 자유의사로 결정할 문제이며, 또 루이는 사심 없이 오직 소요사태가 발생할지 몰라서 승인을 망설였다고 주장했다. 또 종교문제는 양심의 문제라는 점을 강조했다. 그 밖에도 루이가 망명자들에게 계속 보조금을 주고, 특히 외국으로 도망간 두 동생과 내통하고 외국과 거래한 혐의를 거론하면서, 외국에 그 어떤 형식으로든 도움을 바란 적이 없다고 말했다. 드세즈는 루이에 대한 수많은 혐의를 부인하고 반박하기 위해 헌법에서 루이에게 보장해준 권한을 인용하거나, 어떤 혐의 내용은 루이가 개인적으로 처리할 수 없는 공적인 성격을 띤 것이므로 대신들에게 책임을 물어야 마땅하다고 변론했다. 그리고 나서 그는 8월 10일에 루이가 결정적으로 왕위에서 쫓겨나는 과정을 재구성했다. 그는 튈르리 궁으로 쳐들어간 파리 상퀼로트의 마음이 아니라, 그들이 무찌르고 쫓아내려는 대상인 루이의 마음으로 재구성했다.

사람들은 저마다 루이의 폐위만을 요구했습니다. 모든 구의 위원이 모였습니다. 8월 3일, 이 위원들은 파리 시장을 앞세워 국회에 통지문을 보냈습니다. 그들은 대중이 바라는 대로 국민의 대표에게 루이의 폐위를 승인하라고 요청했습니다. 곧 모든 사람이 그 문제를 더욱 공개적으로 간청했습니다. 이제 그들은 국회가 왕을 폐위하지 않으면, 강제로 폐위시키고자 했습니다. 그들은 폐위를 발표해야 하는 날을 지정했습니다. 그들은 만일 그 문제를 8월 9일부터 10일의 회의에서 발표하지 않으면 10일 자정에 경종과 비상신호를 울리고 민중이 봉기할 것이라고 밝혔습니다.
8월 초부터 루이는 자신이 더욱 위험해졌음을 잘 알았습니다. 그는 여론의 움직임을 파악했습니다. 사람들이 날마다 그에게 파리의 여론이 어떤지 보고했습니다. 그들은 소요사태가 더욱 널리 번지고 있음을 그에게 알렸습니다. 그는 대중이 어떤 잘못을 저지르지나 않을까 두려워했습니다. 그는 사람들이 자기 거처를 공격할까봐 두려웠습니다. 그는 몇 가지 방어조치를 취하기 시작했습니다. 그는 국민방위군을 곁에 두었습니다. 그는 스위스 용병을 궁에 배치했습니다. 그는 여러 민중협회와 좀더 정확한 정보를 나누었습니다. 끝으로 그는 모든 사건과 위험성에 신중히 대처하기 위해 부지런히 노력했습니다.

베르됭 요새의 사령관인 보프레의 자결(BNF 소장).

국민공회의 증언대에 선 루이 카페(펠레그리니Pelegrini 그림, BNF 소장).

퀴스틴 휘하의 모젤군이 독일의 츠바이브뤼켄(되퐁)에 들어가
자유의 나무를 세우는 모습(독일 판화, BNF 소장).

단두대로 향하는 루이 16세(BNF 소장).

〈프랑스 공화국〉(그로^{Gros} 그림, 베르사유 박물관 소장).

프랑스 혁명의 상징을 표현한 벽지
(알자스의 릭스하임Rixheim 벽지박물관 소장).

1793년 1월 21일에 마르세유 의용군
조제프 트레미에가 쓴 루이 16세 처형기
(부슈뒤론 도립기록보관소 소장).

9일이 되면서 사람들은 루이를 더욱 불안하게 만들었습니다. 그는 사람들이 여기저기 모인다는 소식을 들었습니다. 밤에도 불안해서 잠에 들지 못할 지경이었습니다. 그는 더욱 주의했습니다. 궁을 지키는 국민방위군과 근위대를 같은 비율로 늘렸습니다. 모든 기관을 소집하고 지방정부 관리도 불렀습니다. 그는 민중에게 가장 큰 영향이나 힘을 행사할 수 있는 행정관들을 주위에 불러 모아 도움을 받았습니다. 행정관들은 법의 이름으로 국민방위군과 근위대에게 명령해서 궁을 방어하도록 조치했습니다. 그들은 당시 필요한 명령을 모두 내렸습니다. 시장은 직접 모든 초소를 방문했습니다.

곧 경종이 울리고 비상신호가 퍼졌습니다. 민중이 이리저리 뛰어다녔습니다. 아무런 효과도 없이 소란스럽기만 한 채로 몇 시간이 흘렀습니다. 아침녘에 대중이 행진하기 시작했습니다. 그들은 튈르리 궁을 향해 나아갔습니다. 그들은 무장했습니다. 대포가 그들의 뒤를 따랐습니다. 대포는 튈르리 궁의 문을 겨냥했습니다. 그리고 민중이 거기에 있었습니다.

8월 초부터 파리의 민중은 일종의 최후통첩을 국회에 보냈지만, 원하는 대답을 얻지 못하자 결국 실력행사로 들어갔다. 그사이 왕은 하루하루 초조하게 시간을 보내면서, 그 상황을 어떻게든 막아내려고 노력했다. 결국 민중이 승리하자, 그들을 막으려는 행위 자체가 불법이 되었다. 그것이 루이가 지은 죄 가운데 마지막으로 가장 큰 죄였다. 이제 유능한 변호사가 아무리 그의 무죄를 논리적으로 변론한다 할지라도, 저울추는 급격히 민중 쪽으로 기울어버렸다. 1792년 12월 말, 국민공회에는 루이의 변론을 듣기 전부터 루이를 재판하는 일 자체를 내켜하지 않는 의원이 다수였다 할지라도, 그들은 파리 민중을 등에 업은 몽타뉴파의 급진적인 주장에 감히 맞설 용기를 잃고 있었다.

드세즈는 8월 10일 이후의 혐의를 길게 반박한 뒤, 루이의 인격을 내세워 호소하기 시작했다.

프랑스인이여, 당신을 다시 태어나게 만든 혁명은 당신의 마음속에 위대한 덕을 발전시켰습니다. 그러나 혁명이 당신의 영혼에서 인류애의 감정을 약화시키지나 않았는지 두려워하십시오. 그 감정이 없다면 덕을 갖추기는커녕 오직 잘못만 저지르기 때문입니다.

먼저 소문을 잠재울 역사에 귀를 기울이시기 바랍니다.

루이는 스무 살에 왕이 되었고, 왕으로서 그의 품행은 남의 모범이 되었습니다. 그는 비난받을 만한 약점이나 부정한 정념을 갖지 않았습니다. 그는 절약하고 올바르고 엄격하게 왕 노릇을 했습니다. 그는 언제나 민중의 한결같은 친구로 살았습니다. 민중은 자신을 짓누르는 끔찍한 세금을 없애고 싶어했고, 루이는 그것을 없애주었습니다. 민중은 예속의 제도를 폐지해달라고 했고, 그는 왕의 영지부터 개혁해 스스로 그 제도를 없애는 데 앞장섰습니다. 민중은 형법을 개선해 형사피고인의 가혹한 운명을 완화해달라고 간청했습니다. 그는 그렇게 해주었습니다. 민중은 수많은 프랑스인이 그때까지 가혹한 관습 때문에 시민이라면 마땅히 누려야 할 권리를 누리지 못하는 현실에서 그 권리를 얻고 누리도록 해주기를 바랐습니다. 루이는 그들에게 그 권리를 누릴 법률을 만들어주었습니다. 민중은 자유를 원했고, 루이는 그들에게 자유를 주었습니다. 그는 민중이 무엇을 요구하기도 전에 자신을 희생하기도 했습니다. 그러나 사람들은 오늘날 여전히 민중의 이름으로 요구합니다. 시민들이여, 더는 말을 끝내지 못하겠습니다. 나는 역사 앞에서 멈춥니다. 역사가 당신의 심판을 심판하는 날이 오리라는 사실, 또 역사의 심판이 영원한 심판이라는 사실을 잊지 마시기 바랍니다.

이제 변론은 끝났다. 로베스피에르가 루이는 이미 민중의 심판을 받았으므로 새삼스럽게 재판할 필요도 없다고 주장한 지 3주가 지나 피고인의 변론까지 끝났다. 드세즈가 "**민중은 자유를 원했고, 루이는 그들에게 자유를 주었습니다**"라는 구절을 읽을 때 극좌파 의원들과 방청객들이 술렁댔다. 드세즈는 나중에 불리한 변론이라고 생각했는지 이 구절을 원고에서 지웠다. 그는 기껏 변론을 잘해놓고서도, 마지막에 가서 목엣가시 같은 한마디 때문에 후회했던 것 같다. 일에빌렌 출신의 의장 드페르몽Jacques Defermon은 그 구절을 그대로 살려서 인쇄하도록 했다. 국민공회가 루이의 혐의를 더욱 역겨운 것으로 만드는 효과를 보았음이 분명하다. 언제 루이가 민중에게 자유를 주었던가? 민중은 스스로 자유를 찾았다고 믿었고, 아직도 더 자유로워져야 한다고 생각하지 않았던가?

드세즈가 말을 마친 뒤, 루이가 공식적으로 마지막 연설을 했다.

시민들이여, 방금 내 변론을 들었을 테니 굳이 되풀이하지 않겠소. 나는 아마 마지막이라 할 이 기회를 빌려 내 양심에 거리끼는 일을 하나도 하지 않았고, 내 변호인들이 오직 진실만 말했음을 선언하오.
나는 내 행위가 공적으로 검증받는다 해도 결코 두렵지 않았소. 그러나 내가 민중이 피를 흘리기 바랐고, 특히 8월 10일의 모든 불행한 사태의 책임이 내게 있다고 고소한 내용을 보면서 가슴이 찢어졌소.

내가 항상 보여준 수많은 증거, 특히 인민에 대한 사랑, 언제나 한결같은 행동양식은 내가 되도록 민중이 피를 흘리지 않게 하려고 얼마나 노력했는지 보여주고, 나 자신이 그러한 혐의를 쓰지 않도록 만들어주리라 생각하오.

루이가 말을 마치자 의장이 비서에게 증거를 제시하라고 했다. 비서는 루이에게 그의 시종장 티에리가 보관하던 열쇠꾸러미를 넣은 봉투를 보여주면서 그의 글씨가 맞느냐고 물었다. 루이는 전혀 알지 못하는 필적이라고 대답했다. 의장은 거기에 있는 열쇠꾸러미를 알아보겠느냐고 물었다. 루이는 자기가 퇴이양에 묵다가 떠날 때 더는 필요하지 않았기 때문에 티에리에게 주었다고 말했다. 의장은 몇 가지 쪽지를 보여주면서 알아보겠느냐고 물었고, 루이는 전부가 아니라 몇 개만 본 적이 있다고 대답했다. 마지막으로 덧붙일 말이 있느냐는 질문에 루이는 간단히 없다고 대답했다. 의장은 루이에게 이제 끝났으니 변호인들과 함께 대기실로 이동해서 국민공회의 결정이 날 때까지 기다리라고 했다.

루이의 신문과 변론을 보면서 우리의 일상생활을 잠시 돌이켜보게 된다. 우리는 저마다 이것저것 하면서 하루를 보낸다. 하루 종일 용맹정진勇猛精進하는 사람의 행동은 일관성이 있을지 모르겠지만, 그의 생각도 마찬가지일는지. 보통 사람이 한 가지에 집중하는 일이 과연 하루에 몇 분이나 될까? 가만히 있어도 오만 가지 생각이 떠오른다. 하루의 궤적을 봐도 단절의 연속이다. 일관성보다 단절성을 보여준다. 심지어 생각이나 행동에서 모순까지 나타나게 마련이다. 항상 공과 사를 분명히 구분하는 공직자도 가족의 생명이 걸렸을 때 고민하다가 결국 양심의 가책을 느끼면서 손을 안으로 굽히기 쉽다. 그때 세간의 평가는 어떨까? 그가 평소에 청렴했다고 하면서 한 번만 용서하자는 동정론이 나오기 쉽다. 그와 달리 평소 악행을 자주 저지르던 사람이 어느 순간부터 진심으로 뉘우치고 악행을 완전히 끊었는데, 그 뒤 그는 딱히 눈에 띄게 선행도 하지 않고 오랫동안 살다가 뜻하지 않게 누구에게 해를 입혔다고 해보자. 그의 과거를 잘 아는 사람은 그가 늘 악행을 저지르던 사람이었기 때문에 버릇처럼 그런 행동을 했다고 평가하기 쉽다. 그로서는 억울한 일일 것이다. 그럼에도 그것이 세간의 상식이다.

루이의 경우, 그가 늘 반혁명을 꿈꾸었다고 말하기란 어렵다. 그럼에도 오랫동안 왕을 폐위하자고 외치던 사람들, 외적의 침입으로 위기감이 고조되면서 처벌의지를 불태운 사람들은 루이가 일관성 있게 반혁명을 꾀했다고 주장했다. 그런 상황에서 루이가 조상 대대로 저지른 잘못까지 뒤집어써도 어쩔 수 없다. 이러한 관점에서 루이의 신문과 변론은 혁명과 반혁명의 역사를 요약한다. 루이는 처음부터 혁명에 협조하는 척하면서 반혁명만 꿈꾸는 죄인이었다. 그는 12월 26일 9시 46분부터 12시 10분까지 변호인의 도움을 받았다. 단 두 시간 반도 못 채운 변론이 그가 왕으로서 18년 동안 지은 죄, 3년 동안 혁명에 협조하지 않은 죄를 지울 수 있을 것인가? 이미 로베스피에르는 "루이가 죽어야 나라가 산다"고 했고, 루이도 유언장을 작성해놓은 뒤였으니, 루이는 살아도 산목숨이 아닌 처지였다.

루이와 변호인들이 나간 뒤, 드페르몽은 바레르에게 의장석을 넘겨주었다. 회의실은 다시 떠들썩해졌다. 마뉘엘은 왕의 재판을 어떻게든 늦추려는 의도를 감추지 않았다. 그는 변론서를 인쇄해서 의원들에게 돌리고 지방에도 돌려야 하기 때문에 적어도 사흘 뒤에야 이 문제를 논의할 수 있지 않겠느냐고 말했다. 극좌파는 반대했지만, 마뉘엘은 중도파와 우파의 지지를 받았다. 의장은 의원들이 솔선수범해서 장내 질서를 지켜야 한다고 말했다. 마뉘엘은 자기 안을 받아들인다면 이제부터 공교육에 관한 토론을 할 차례라고 덧붙였다. 입법의원 출신인 코레즈Corrèze의 브리발Jacques Brival은 마뉘엘의 안을 재청하는 동시에, 루이 카페와 변호인들의 변론과 진술서에 서명을 받아야 한다고 말했다. 의사이며 입법의원을 거쳐 노르에서 당선된 극좌파 뒤엠Pierre-Joseph Duhem이 이미 모든 형식을 충실히 따른 이상 즉시 루이를 심판해야 한다고 말했다.

"루이는 변호인을 대동했고, 마지막으로 덧붙일 말이 없다고 말했습니다. 일반 법정에서 피고인의 진술을 들은 뒤에는 곧 평결로 넘어갑니다. 이제 즉시 호명투표를 실시합니다."

극좌파 의원들과 방청객들이 적극 호응했다. 그가 제안한 호명투표appel nominal는 의원 각자가 이름을 부르는 대로 연단에 서서 찬성이나 반대 의사를 분명히 밝히고 더 나아가 이유까지 설명할 수 있는 제도였다.

"국민이 자유롭게 되기를 원하는 일이 올바른지, 아니면 범죄인지 알아야 할 때가 왔습니다. 또한 루이 카페가 반역자인지 정직한 사람인지 알아야 합니다. 이제 우리는 이렇게 물어야 할 때가 되었습니다. 루이 카페는 사형을 받을 것인가, 아닌가? 루이 카페가 덧붙일 말이 없다고 분명히 말한 이상, 나는 당장 그를 재판하자고 요구합니다."

의원들은 먼저 루이와 변호인들을 다시 불러 변론과 진술서에 서명시킨 뒤 당장 탕플로 되돌려 보내기로 했다. 루이는 1시에 국민공회를 떠났다. 바지르는 정회하지 말고 심판하자고 요구해서 방청객들의 지지를 받았다. 의장은 드세즈의 변론서를 인쇄하자는 안이 있었는데 의원들의 생각은 어떤지 물었고, 뒤엠은 루이의 재판을 끝낸 뒤에 논의할 사안이라고 간단히 일축했다. 그러나 다른 의원들이 인쇄에 대해 의견을 내놓았고, 방청객들도 그때마다 반응을 보였다. 의장은 박수는 극장에서나 치라고 주의를 주었다. 인쇄를 빨리 하자, 말자에서도 정치적 이해관계가 얽혀 있었다. 급진좌파는 재판부터 하자고 재촉했고, 그보다 온건한 의원들은 차례차례 해결하자고 주장했다. 점점 지롱드파와 몽타뉴파의 색깔이 드러나고 있었다. 의원들이 줄지어 연단에 서서 제각기 한 목소리씩 내는 가운데, 루이의 재판문제는 다시 원점으로 돌아가는 것처럼 보였다. 보름 뒤의 표결에서 루이에게 사형을 내려야 한다고 투표한 사람 중에는 12월 말에는 여전히 망설이거나, 루이 16세를 폐위시킨 것으로 만족했던 이도 있었던 것 같다. 특히 지롱드파는 적극적으로 발언함으로써 루이의 재판을 어떻게든 늦추려고 애썼다. 렌 대학교 교회법 교수이며 변호사 출신인 랑쥐네는 동료 의원들을 8월 10일 사건을 일으킨 음모자라고 비난하면서, 그들이 어떻게 루이 16세를 재판할 수 있느냐고 발언하여 몽타뉴파의 거센 반발을 불러일으켰다.

"이 연단에서 큰 소리로 자신이 8월 10일의 유명한 사건을 일으킨 주역이라고 떠드는 음모자들이 루이를 재판해야 한단 말입니다."

랑쥐네는 왕을 구하려는 속내를 숨기지 않았기 때문에 8월 10일의 사건, 왕정을 폐지하고 국민공회와 함께 공화국을 세우는 계기가 된 그 유명한 사건을 음험한 뜻을 담은 음모자conspirateurs와 교묘히 연결시켰다. 몽타뉴파 의원들은 자신들을 음모자로 공격하는 랑쥐네를 감옥에 보내라고 소리쳤다. 의원들은 그를 폭정의 옹호자·왕정주의자라고 비난하고, 그가 자신들을 피고로, 루이를 판사로 만들었다고 화를 냈다. 랑쥐네는 계속 자기 말을 듣고 판단하라고 외쳤다. 의장이 여러 의원을 제지한 뒤 랑쥐네에게 주의를 주었다. 극좌파 의원들은 분이 풀리지 않은 채 그를 아베 감옥에 보내라고 소리쳤고, 방청객들이 호응했다. 의장은 극좌파 의원들에게 자기 말을 끝까지 들으라고 한 뒤 다시 랑쥐네를 향해 말했다.

"국민공회의 의지를 거스르면서 발언권을 행사할 수 없다고 이미 말했지만, 한 가지 서둘러서 덧붙이겠습니다. 일부 의원은 랑쥐네에게 해명할 기회를 주라고 하지만, 나로서는 대다수의 의견이라고 생각하기 어렵습니다."

마쥐예와 카라가 잇따라 랑쥐네에게 발언 기회를 주라고 요구했다. 랑쥐네는 의장을 허락을 받고 곧바로 자신이 8월 10일의 주역을 모욕하려는 의도로 말하지 않았다고 변명했다. 그러나 폭군을 없애려는 '신성한 음모'가 존재하기 때문에 왕을 죽이자고 달려드는 사람을 그런 뜻으로 '음모자'라고 지칭했다고 그럴듯하게 해명했다.

드페르몽이 다시 의장석에 앉은 뒤, 파리의 라프롱 뒤 트루이예Raffron du Trouillet는 피고가 더는 할 말이 없을 때 판결로 넘어가는 것이 관행이므로 당장 호명투표를 실시하자고 발의한 다음에 이렇게 덧붙였다.

"공화국의 방방곡곡에서 폭군을 타도하라고 목소리를 높이고 있습니다. 모든 사실이 명백한데도 그것을 깔아뭉갠다면 나는 프랑스 인민들에게 직접 호소하겠습니다. 나는 마치 푸주한이 죽인 양떼처럼 라파예트가 학살해 루이 앞에 바친 애국자들의 숭고한 넋에 호소하겠습니다."

이 말에 중도파와 우파 의원들이 "너무 과장하지 마시오!"라면서 반발했다. 루이 카페의 재판을 놓고 이튿날에도 양측은 한 치의 양보도 하지 않고 끊임없이 싸웠다. 12월 27일 목요일에 의장은 "오늘은 루이 카페의 재판문제만 토론하도록 하겠습니다"라고 말한 뒤, 엔Aisne의 생쥐스트Antoine-Louis-

Léon-Florelle de Saint-Just에게 발언권을 주었다. 그는 1767년에 태어났기 때문에 자격미달로 입법의원의 꿈을 접어야 했으며, 다음 기회를 노리다가 최연소 의원으로 국민공회에 들어갔다. 그는 "왕을 심판해야 하는가?"라는 문제를 놓고 토론을 벌이던 11월 13일에 처음 연단에 올랐다. 입법의원 출신인 방데의 모리송Charles-François-Gabriel Morisson이 왕의 신성불가침성을 주장하자 그의 말을 신랄하게 비판하면서 주목받았다. 이번에도 그는 정열적인 웅변을 했다.

"시민들이여, 인민이 탄압받을 때 그들을 변호하던 사람들은 모두 처형당했습니다. 그럼에도 이제 모든 인민이 고소한 자를 변호하는 당신들은 그 부당함에 조금도 불평하지 않았습니다. 모든 왕은 어둠 속에서 덕을 억눌렀습니다. 그러나 우리는 그들을 온 세상이 보는 앞에서 재판합니다."

나중에 '죽음의 천사장Archange de la mort'으로 불리게 될 만큼 인정사정 없이 혁명을 수행하는 생쥐스트는 루이가 죽어야 하는 이유를 끊임없이 열거한 뒤에 마침내 이렇게 요청했다.

"나는 이렇게 요청합니다. 의원이 한 사람씩 연단에 올라 '루이의 죄는 확증되었다', 또는 '확증되지 않았다'고 분명히 말합시다. 그러고 난 뒤 개별 점호로 그에게 내릴 형벌이나 사면을 결정하고, 곧이어 의장이 판결문을 작성해서 선고하도록 요청합니다."

생쥐스트가 연설을 마치자 방청석에서 우레와 같은 박수가 터졌다. 의장은 "지금은 장례식처럼 엄숙한 분위기를 지켜야 하니, 박수를 치거나 웅성거리는 일을 삼가기 바랍니다"라고 주의를 주었다. 그다음은 법학교수 출신인 오트가론의 루제Jean-Marie Rouzet 차례였다. 그는 루이의 문제를 올바로 이해하기 위해 제헌의원 카뮈·콩도르세·페티옹 같은 사람들의 의견을 참고했다고 장황하게 설명한 뒤, 결론을 말했다.

"루이의 혐의와 변론을 공시한 뒤에 국민이 그와 가족의 운명에 대해 결정을 내릴 때까지 가두어둡시다. 국민은 우리가 처신하는 방식을 평가할 수 있기 때문에 이러한 조치를 취한다면 국가안보도 충분히 지킬 수 있다고 봅니다."

다음 연사는 제헌의원 출신의 푀이양파인 뫼르트La Meurthe의 살Jean-Baptiste Salle이었다.

"시민들이여, 어제(26일) 우리는 앞으로 루이 16세를 심판하고, 만사 제쳐놓고 재판절차를 진행하겠다고 다시 한번 의결했습니다. 그렇다고 해서 우리가 만든 법의 의미를 해석할 권리를 제한한다는 결정을 내렸다는 뜻은 아닙니다. 다시 말해 우리는 남의 양심을 제한하고 그의 소신과 다른 의견을 받아들이게 만들려는 뜻은 없었다는 말입니다. 오늘 비록 우리가 그 어떤 해석도 내릴 수 없는 처지라 할지라도, 국민공회가 모든 의원에게 판사 자격을 주었음이 사실이므로, 모든 의원이 저마다 신념대로 자기 의무를 가늠하며, 행동을 삼갈지 말지 자유롭게 결정할 수 있습니다. 따라서 나는 솔직히 내 의견을 말씀드리겠습니다. (……) (첫 번째 가정법을 써서) 만일 루이가 죽는다면, 이러한 장면을 보고 몹시 흥분한 인민은 그를 처형한 날부터 모든 당파가 국민공회에 맞서라고 부추기는 운동에 가담할 수 있습니다. 인민은 옛 왕을 불쌍하다고 동정할 것입니다."

살은 교묘한 논리를 폈다. 유럽의 모든 폭군이 루이를 살리기보다는 왕정을 살리기 원하기 때문에 루이가 죽기를 바란다, 루이가 죽으면 그를 불쌍히 여기는 자기 나라 백성을 부추겨 프랑스를 공격하려 할 것이 뻔하다, 그러므로 루이를 죽이면 나라가 아주 위험해진다는 논리다. 그는 두 번째 가설을 말했다.

"만일 국민공회가 이러한 결과를 두려워해서 루이를 죽이지 않는다고 선언하고 암초를 피한다 해도, 곧 그만큼 치명적인 위험을 불러올 뿐입니다. (……) 루이를 위해 정의를 거스르면, 그 결과 모든 사람의 마음에서 국민공회를 동정하는 마음마저 지워져버릴 것입니다. 사람들은 국민공회 의원들이 비겁하다고 비난하고, 의원들이 냉정하게 결정을 내렸다기보다는 소심하거나 돈에 팔려서 그런 결정을 내렸다고 생각할 것입니다. 그렇다면 반란이 일어나게 마련이라는 것입니다. 이미 수많은 경솔한 연설자가 국민공회가 루이에게 사형을 내리지 않을 경우 모든 시민이 루이를 해칠 권리를 가진다는 끔찍한 이론을 제시했습니다. 그들은 이곳 연단에서 그의 신체를 침해하는 일을 미리 허용했습니다. 그들은 국민공회에서 그를 살해하는 사람에게 시민들의 영예를 안겨주도록 요구했습니다."

살 의원은 만일 국민공회가 루이를 형장에 보내지 않는 경우, 무책임한 연설가들이 민중에게 국민공회를 도끼로 내려찍으라고 부추기거나, 또는 격렬하게 살인적으로 봉기를 일으켜도 합법적이라고 부추긴다면 어떻게 하겠느냐고 물었다. 그는 국민공회가 전 국민의 이름으로 결정을 내린다고 하면서도 사실은 파리의 손아귀에 놀아난다는 점을 이렇게 역설적으로 지적했다.

"오늘날 합법적이고 평화적인 방식으로 제 목소리를 낼 수 있는 인민이 자기네 대표들이 의무를 다하지 않을 경우 의회를 해산하려고 대포를 끌고 나타난다면 어떻게 하겠습니까? 국회가 프랑스 전체 인민에게 반대한다는 일은 터무니없다고 선동하는 사람은 사실상 우리를 둘러싸고 있는 소수일 뿐이라는 사실이 분명하지 않은가요? 그들이 날마다 피비린내 나는 계획에 도취하고, 잔인한 범죄를 저지를 수천 가지 방법을 결심하지 않던가요? 아,

창피한 일입니다! 그들은 이 같은 범죄를 국민공회 앞에서 저지르고 있습니다! 국민공회는 그것을 보면서도 아무 말도 하지 않습니다. 국민공회는 깊은 구덩이 가까이에서 조용히 잠들었습니다!"

이미 의장이 엄숙한 분위기를 유지하라고 주의를 주었지만, 중도파와 우파 의원들은 살의 연설에 손뼉을 쳤다. 살은 파리 주민이 전 국민 가운데 소수에 지나지 않으면서도 모든 국민임을 사칭한다고 대놓고 비난했다. 마침내 살은 아껴둔 얘기를 꺼냈다.

"아주 큰 불행을 맞지 않을 방법은 단 한 가지뿐입니다. 국민공회가 사실을 그대로 알린 뒤, 루이의 재판 때문에 생기는 문제를 인민에게 맡겨 해결하게 만들면 됩니다. 인민은 루이가 죽기를 바라든 말든 하나를 택할 것입니다. 인민이 그의 죽음을 바란다면, 여러분도 그렇게 하면 됩니다. 그렇다면 여러분이 기대했던 대로 이루어집니다. 인민이 그의 죽음을 원치 않으면, 여러분이 국민의 의지를 무시하고 그를 단두대로 보낼 수 있겠습니까? (……) 인민에게 두 가지 문제에 답하도록 합시다. 루이가 유죄일 경우 사형에 처할 것인가, 아니면 가둘 것인가? 인민이 루이의 죽음을 원치 않는 경우, 평화 시 그를 추방하거나 평생 가두어둘 것임을 선언할 권리도 있습니다."

그는 기초의회에서 인민의 의견을 모아 그들의 결정을 좇는 것이 국민공회가 모든 책임을 지는 것보다 현명하다고 주장했다. 그는 파리 코뮌의 영향을 받을 수밖에 없는 국민공회보다 전국의 기초의회에서 결정하도록 맡긴다면 루이가 살아날 가능성이 더 높다고 생각했으며, 그 나름대로 일리 있는 생각이었다.

12월 28일 금요일 10시에 회의를 시작하자 비서 마뉘엘은 의원들에게 외무장관 르브룅의 편지를 읽어주었다. 르브룅은 경력이 다채로운 사람이었다. 1754년 루이 16세보다 다섯 달 빨리 태어난 그는 종교인이 되어 르브룅이라는 이름을 쓰기 시작하다가 곧 군대에 들어가 리에주로 갔다가 거기서 인쇄업자가 되었다. 1787년에는 신문을 발행하면서 리에주의 반란에 참여하기도 했다. 그는 브뤼셀로 몸을 피했고, 『유럽신문Journal général de l'Europe』을 제작하는 데 참여했다. 이때 지롱드파의 지도자가 될 브리소를 알게 되었다. 그는 1791년 파리로 가서 브리소파와 어울리고, 뒤무리에 장군과 자주 만났다. 1792년 8월 10일 사건 이후, 그는 최고행정회의의 외무장관이 되었다. 마뉘엘이 대신 읽은 르브룅의 편지는 프랑스와 에스파냐의 외교협상 결과를 보고했다. 르브룅은 세 달 전부터 에스파냐와 외교협상을 벌였다. 그 결과, 에스파냐는 전쟁이 일어날 경우 중립을 선언하고, 프랑스를 향해 무기를 들지 않겠다고 약속했다. 그러나 에스파냐는 그 약속의 대가를 요구했다. 8월 10일 이후 에스파냐에서 특사로 파견한 오카리스José Ocariz는 12월 26일 외무장관 르브룅에게 긴 편지를 써서 두 나라의 약속이 얼마나 소중한지 말한 뒤, 루이 16세의 재판문제를 들먹였던 것이다.

우리 두 나라의 동맹을 더욱 굳게 다져주는 동시에 유럽 전체가 주목하는 문제는 지금 프랑스가 전념하는 기념할 만한 일의 결과일 것입니다. 모든 나라가 그 결말을 지켜보고 있습니다. 모든 국가는 불행한 루이 16세와 그의 가족을 대접하는 방식을 보면서 프랑스가 너그러운지 온건한지 확실히 판단할 것입니다. 이 중대한 재판은 부르봉 가문 제1인자의 운명을 결정할 것이므로 에스파냐의 왕에게도 중요한 문제입니다.

이 편지는 국민공회의 분위기를 더욱 달궈놓았다. 루아르 앵페리외르의 빌레르François-Toussaint Villers가 먼저 일어나 "외국의 전제군주가 감히 자유로운 국민을 가르치려 하다니"라고 분개했다. 몽타뉴파는 지롱드파가 정국을 주도하면서 세 달 동안이나 비밀협상을 했다는 사실을 알고 몹시 화가 났다. 그들은 지롱드파가 루이 16세를 구하는 쪽으로 행동했음이 분명히 드러났다고 생각했다. 지롱드파는 앞뒤가 맞지 않는 주장을 했던 것이다. 오브의 라보 생테티엔, 외르의 뷔조, 베르니오, 브리소, 장소네, 페티옹은 12월 28일부터 1793년 1월 3일 사이에 연단에 올라가 모두 살과 비슷한 취지로 말해서 국민공회의 권위를 스스로 부정하는 모순을 보여주었다. 국민의 의견을 듣자고 제안하는 것은 대의제 원칙을 거스르는 일이었기 때문이다. 그러나 손에루아르의 카라*는 평소 브리소와 가까이 지내면서도, 지롱드파와 완전히 다른 목소리를 냈다. 1793년 1월 2일에 그는 국민공회가 태어난 이유는 인민을 학살한 전왕 루이 카페를 심판하는 것이며, 외국을 겁내서 마땅히 해야 할 일을 하지 못하는 것은 사태를 잘못 파악하는 것임을 분명히 밝혔다.

"이 머리를 도끼로 자르면, 유럽의 다른 폭군들이 스스로 신성하다고 믿는 환상에서 벗어난다는 사실을 보지 못하십니까? 개인과 마찬가지로 모든 나라의 인민들은 서로 흉내를 냅니다. 그리하여 다른 나라 인민은 그 나름대로 자기네 감옥을 점령하고, '8월 10일 사건'(왕정의 폐지)을 일으키려 하겠지요. 그들을 다스리는 폭군은 튈르리 궁과 똑같은 잘못을 저질렀다는 사실에 현기증을 느끼면서 모든 곳에서 국민 봉기의 기회를 제공할 것입니다. (……) 폭군 카페의 머리가 떨어지자마자 조지 3세와 그의 수상 피트는 자기 머리가

---

* 그는 손에루아르, 부슈뒤론, 샤랑트, 외르, 루아르에 셰르, 오른, 솜에서 뽑혔지만 손에루아르를 지역구로 택했다.

아직 제자리에 붙어 있는지 더듬을 것입니다. 그리고 영국 의회에서는 프랑스 공화국을 쉽사리 인정하고, 프랑스와 동맹을 맺으려고 서두를 것입니다. 왜냐하면 그들은 어떻게든 영국에서 혁명이 일어나지 않으면 좋겠다고 생각하기 때문입니다."

에스파냐의 특사인 오카리스가 보낸 편지를 읽은 뒤, 지롱드파의 비밀협상이 드러나고, 다시 루이의 재판문제를 놓고 의원들이 차례로 자기 의견을 말하는 자리에 로베스피에르가 올라섰다. 그는 이미 재판을 하기로 해놓고서도 똑같은 결정을 다시 하면서 시간을 끄는 것은 결코 이롭지 못하다고 주장했다.

"시민들이여, 이 재판을 늦추면 국민의 명분과 우리 양심을 거스르게 될 것이며, 그로 말미암아 조국은 온갖 무질서상태에 빠질 것입니다. 그것이 우리가 가장 두려워해야 할 위험입니다. 지금은 오랫동안 우리를 붙잡아둔 치명적인 장애를 넘을 때입니다. 그리하여 이제부터라도 공화국의 행복이라는 공통의 목적을 향해 함께 나아갑시다."

6
루이의 재판

1793년 1월 1일 화요일에 센에우아즈의 케르생은 외교위원회와 통상위원회를 대표해서 영국 정부가 아일랜드에서 생산한 밀을 싣고 프랑스로 오던 배 두 척을 템스 강에 억류했다고 말했다. 그는 영국과 해전을 벌일지 모르니 대비해야 한다고 설명했다. 그는 영국 내각의 의도를 분석한 뒤 전쟁의 결과를 예측하고 나서 법안을 발의했다. 의원들은 법안의 제9조에 대해 집중적으로 논의한 뒤 다음과 같이 통과시켰다.

전쟁·재정·식민지·해군·외교·헌법·통상의 7개 위원회에서 세 명씩 뽑아
국방위원회Comité de défense générale를 구성한다. 이 위원회는 각부 장
관들과 함께 현재 상황을 끊임없이 논의하고 장래의 군사작전에 필요한
조치를 마련한다. 이 위원회가 국민공회에서 발언하고자 할 때, 의장은
거절할 수 없다.

1월 2일 수요일에 바랭의 아르보가Louis-François-Antoine Arbogast는 이제
부터 '공화국 제2년'으로 표기하자고 발의해 통과시켰다. 이처럼 의원들은
새해가 되어서도 전적으로 루이 카페의 재판문제에만 매달리지 못했다. 틈
틈이 중요한 현안을 논의하고 토론을 거쳐 의결하면서도 루이의 유무죄에
대해 되도록 모든 의원의 의견을 듣고자 했으니 이미 루이의 처형을 상상하
던 급진파 의원들과 파리 코뮌은 시간이 너무 더디 흐른다고 생각할 만했다.
그래봤자 루이의 인정신문과 변론으로 이틀을 보낸 뒤 본격적으로 의원들의
의견을 듣기 시작한 것은 12월 26일 이후였다. 1월 중순이 되는 동안 국민공
회는 계속 악화하는 국내외 정세에 정신없이 대처해나갔다. 천년 이상 뿌리
내린 왕정을 폐지한 뒤, 로베스피에르와 몽타뉴파 지도자들은 비록 원하는
대로 모든 일을 이끌어나가지는 못했다 해도, 파리 코뮌과 중도파인 평원파
(또는 늪지파)의 지지를 얻어 루이의 죄를 묻고 벌을 주는 절차를 밟아나갔다.
그러나 막상 1월 15일 화요일에 첫 투표를 실시할 때의 분위기를 보면, 다수
의원이 재판을 꺼렸다는 사실을 알 수 있다. 그날 10시 53분에 회의를 시작
하고, 마뉘엘과 퓌드돔의 방칼Jean-Henry Bancal이 차례로 1월 13일과 14일의

회의록을 읽은 뒤, 입법의원 출신인 뫼르트의 말라르메François-René-Auguste Mallarmé가 일어나 불평을 늘어놓았다.

"어제 회의에서 오늘 아침 10시에 회의를 시작하자마자 호명투표를 진행하자고 의결했습니다. 그런데 11시가 다 돼서도 거의 한 사람도 출석하지 않았다는 사실이 그저 놀라울 뿐입니다. 지금이라도 당장 호명투표를 실시합시다."

말라르메는 루이 16세를 빨리 재판해 혁명의 방해물을 제거한 뒤 다음 단계로 넘어가야 할 텐데 다른 의원들이 시간을 끌어서 초조하다는 급진파의 마음을 대변했다. 아무도 그의 말에 선뜻 재청을 하지 않았다. 튀리오가 제안했다.

"아무도 곧바로 호명투표를 하자고 재청하지 않기 때문에, 우선 전국에서 보낸 편지를 읽자고 제안합니다. 단, 토론은 없습니다."

방칼이 편지를 읽었다. 편지를 열다섯 통 읽었을 때, 루예가 "어제 의결한 문제를 해결해야 하니까 이제 편지를 그만 읽고 의원의 출석 여부를 가리기 위해 점호를 시작하자고 제청"했다. 루예는 혁명 전 해군에서 큰 공을 세우고 전역한 뒤 자코뱅 클럽에 드나들면서 로베스피에르와 브리소와 가까이 지냈다. 1792년 8월 10일 사건이 일어난 뒤, 그는 입법의회 시절 타른의 라콩브 생미셸Jean-Pierre Lacombe-Saint-Michel, 부슈뒤론의 가스파랭Thomas-Augustin de Gasparin과 함께 남부의 군대를 시찰하는 임무를 수행한 뒤 9월에 파리로 되돌아가 툴롱의 해군과 남프랑스의 육군이 어떤 상황에 있는지 보고했다. 그는 9월 17일 해군에 복귀해 근무하다가 국민공회 의원이 되었다. 루예의 뒤를 이어 뷔조가 일어섰다.

"통상적으로 점호는 이처럼 엄숙한 사안에 적합하지 않으므로, 우리는 한 사람씩 자기 이름과 함께 세 질문에 대한 의견을 제출하고, 그 결과를 인쇄해 84개 도*로 발송해야 합니다."

제1차 호명투표 | 루이 카페는 범죄를 저질렀는가?

지롱드파는 어떻게든 시간을 끌거나 국민의 의사를 묻는 방향으로 나아가려 했지만, 의원들은 결국 투표를 시작했다. 의장 베르니오가 "한때 프랑스인의 왕이던 루이 카페는 자유를 해칠 음모와 국가의 안전을 해치는 범죄를 저질렀는가?"라는 문제를 놓고 호명투표를 시작한다고 선언하면서, 원한다면 글로써 의사를 표시해도 좋다고 말했다. 37명이 글로 의사를 밝혔다. 의원들은 분명한 이유 없이 표결에 참석하지 않으면 감사를 받아야 한다고 의결했다. 한 사람도 루이 16세가 무죄라고 말하지 않았지만, 27명이 애매한 태도를 보여주었다. 그들은 자신이 의원이지 판사는 아니라는 이유를 앞세웠다. 성직자 시민헌법에 선서한 주교인 오트마른의 반들랭쿠르Wandelincourt는 이렇게 말했다.

"나는 나를 뽑은 사람들로부터 입법가의 지위를 받았지, 범죄문제에 의견을 말할 권리를 받은 적이 없습니다. 나는 오늘날까지 종교인으로 살았기 때문에 범죄문제에 이러쿵저러쿵 할 만한 처지가 아닙니다."

보즈의 노엘Jean-Baptiste Noël도 주목할 만한 말을 했다.

"내 아들은 보즈 전투에서 척탄병이었습니다. 그는 루이가 우리를 무찌르려고 일으킨 전쟁에 나가 적과 싸우다가 죽었습니다. 루이는 내 아들이 죽

---

* 1792년 9월 22일 사부아를 침공하고 11월 27일에 이를 합병하면서 몽블랑 도를 신설했다.

은 첫 번째 원인입니다. 내 처지가 이처럼 미묘하기 때문에 표결에 참여하지 못하겠습니다."

그의 주장은 개인적 원한이나 편견을 개입시킬 가능성 때문에 표결을 하지 못하겠다는 뜻이었다. 가르의 의원 여덟 명이 차례로 투표를 시작해서 피니스테르Finistère의 고메르Jean-René Gomaire가 마지막으로 투표한 뒤, 의장이 결과를 발표했다.

"국민공회 의원 745명 가운데 693명이 유죄라고 판결했습니다."

이때 의장은 숫자를 잘못 말했다. 의원들도 자신들이 입법의원처럼 모두 745명인 줄 알았는지 대수롭지 않게 넘어갔다. 오늘날 의회민주주의 국가에서는 이런 일을 상상할 수도 없겠지만, 당시 의원들은 아직도 누가 누구인지 잘 알지 못하고 활동했던 것 같다. 그날의 결과를 정확히 집계해보면, 국민공회 의원 749명 가운데 31명이 결석하고 691명이 유죄라고 말했다. 27명은 애매하게 말했고 사실상 기권했기 때문에, 92퍼센트 이상인 절대다수가 루이를 유죄로 심판했다. 루이의 친척인 오를레앙 공작이며, 1792년 9월 14일에 공식 호칭을 버리는 대신 '평등égalité'을 이름에 붙인 필리프 에갈리테Philippe-Egalité도 유죄에 투표했다.

제2차 호명투표 | 루이의 판결에 대해 기초의회에서 국민의 재가를 받을 것인가?

절대다수의 의원이 루이의 유죄를 인정한 이상, 자연스럽게 제2차 호명투표로 넘어가야 했다. 몽타뉴파 의원들은 거의 한결같았지만, 지롱드파는 의견이 갈렸다. 당시 지롱드파 의원 170명 가운데 42명이 국민의 재가를 받을 필요가 없다고 하여, 몽타뉴파와 같은 성향을 보여주었다. 지롱드 출신 의원 12명 가운데, 베르니오·가데·장소네·그랑주뇌브·베르고잉Bergoeing aîné

이 찬성했고, 7명은 반대했다. 시에예스가 사르트를 지역구로 선택했기 때문에 예비자 명단에서 지롱드 의원이 된 라카즈는 이렇게 말했다.

"수많은 시민이 전선에 나가 있고, 모든 지역의 기초의회가 음모와 도당의 손에서 놀아나고 있는 지금 우리에게는 오직 확실한 안보조치를 취해야 하는 일만 남아 있다고 확신합니다. 그러므로 나는 반대합니다."

다른 지역구를 선택한 콩도르세의 자리를 차지한 베르고잉은 라카즈와 같은 이유를 들면서도, 국민의 재가를 받아야 한다는 데 찬성했지만, 곧이어 뒤코 피스Jean-François Ducos fils*는 단호하게 '반대'라고 했고, 부아예 퐁프레드Jean-Baptiste Boyer-Fonfrède는 "나는 선거인단으로부터 무한한 권력을 받았으므로 반대합니다"라고 말했다. 이미 국민으로부터 권력을 위임받은 의원들이 결정하면 그것이 곧 가장 권위 있는 판결이라는 말이었다.

파리 출신 의원 24명은 로베스피에르가 '반대'라고 말한 뒤, 마침 벨기에 지방에서 파견 임무를 수행하느라 자리를 비운 당통과 콜로 데르부아Collot-d'Herbois를 건너뛰고 나서 마뉘엘의 차례가 왔다.

"시민들이여, 나는 이곳에 계신 의원님들을 입법가로 인정합니다. 나는 의원님들이 판사라고 생각한 적이 한 번도 없습니다. 왜냐하면 판사는 법률만큼 냉정하고, 판사는 웅성거리지 않으며, 판사는 서로 모욕이나 비방을 하지 않기 때문입니다. 국민공회는 이제까지 법정을 닮은 적이 없습니다."

의장이 곧바로 의견을 말하라고 재촉하자 마뉘엘은 말을 이었다.

"용기만큼 배려가 필요하고, 국민을 구해야 하는 만큼 국민을 명예롭게

---

* 국민공회에는 뒤코가 두 명이었다. 나이는 한 세대 차이가 났지만 혈연관계가 아니었으므로 구별하기 위해 나이가 많은 의원을 뒤코 에네Pierre-Roger Ducos l'aîné라고 불렀다.

만들어주어야 하기 때문에 나는 국민의 재가를 반드시 받아야 한다고 생각합니다."

비요 바렌은 로마에서 타르킨 왕정(에트루리아 왕정)을 몰아낸 전설의 인물 브루투스까지 들먹이면서 반대했다. 1789년 7월 12일 파리 시민을 선동한 뒤 정치에 뛰어든 신문발행인 데물랭은 비요 바렌처럼 서면으로도 의견을 제출했지만, 다음과 같이 발언했다.

"폴란드 왕이 러시아에 매수되었듯이, 우리 가운데 아직 왕이 되지 못했지만 매수된 사람이 있다 해도 놀랍지 않습니다."

이 말에 여러 의원이 격하게 반발했다. 어떤 의원은 그들을 말렸다.

"우리는 다양한 의견을 존중해야 합니다. 비록 말도 안 되는 것이라 할지라도. 그렇지 않으면 자유란 없습니다."

입법의회 시절, 망명한 대귀족에게 봉사할 군대를 모집하는 자를 처벌하자는 법안을 발의하고, 난동을 선동하는 자의 재산을 몰수하자고 했던 샤랑트앵페리외르의 브레아르가 "데물랭을 견책하고, 그 사실을 의사록에 기록해야 합니다"라고 말하자, 오트가론의 멜이 재청했다. 지롱드파의 장소네는 "그는 견책받을 만한 말을 하지 않았으니, 계속 투표합시다"라고 말했다. 이때 브레아르가 다시 나섰다.

"나는 한 가지 발의하려 합니다. 나는 내 동료 의원의 의견을 모두 존중합니다. 나는 아무도 동료의 발의를 막을 수 없다고 믿습니다. 그 누구나 국민공회를 모욕할 수 있다고 내게 설득할 사람도 없다고 봅니다. 그런데 카미유는 국민공회를 모욕했습니다."

일부 의원들이 '아니오!'를 외쳤지만, 브레아르는 말을 이었다.

"어떤 중상비방이나 어리석은 얘기를 해도 나는 꿈쩍하지 않겠지만, 국

261

민의 대표로서 말하겠습니다. 그 어떤 의원이 자기 직책을 수행하는 중이라 할지라도 의무를 저버리면 검열을 받아야 합니다."

카미유 데물랭은 솜의 루베Jean-Baptiste Louvet가 다음과 같이 주장한 것에 답변했을 뿐이라고 말했다.

"국민공회는 국가안보sûreté générale의 단순한 조치만 내리는 것으로 만족할 수 없으며 최종의 불가역적인 의결을 해야 하기 때문에, 구국의 조치와 자유를 유지하기 위해서는 인민에게 상소할 필요가 있습니다. 그래서 나는 찬성합니다."

파리에서 태어난 루베는 서점에서 일하다가 스물일곱 살인 1787년에 외설적인 소설『슈발리에 드 포블라의 사랑Les Amours du chevalier de Faubla』*을 써서 유명해졌다. 그는 루아레Loiret에서 뽑혀 국민공회에 나아가 지롱드파와 함께 앉았다. 그는 연설할 때마다 "로베스피에르, 나는 그대를 고발합니다"라고 말할 정도로 사사건건 로베스피에르를 물고 늘어졌다. 그는 이렇게 발언했다.

"흔히 얘기하듯이, 그리고 나도 그렇게 믿듯이, 영국 내각에서 보낸 돈이 프랑스에 다량 흘러들어온다면, 그 돈은 2,500만 명이나 되는 국민보다 745명으로 구성된 의회에서 더욱 두려울 정도로 힘을 쓸 것입니다. 국민만이 주권자입니다. 나는 루이 카페 대신 필리프 도를레앙이나 그 어떤 사람이 들어서는 것을 원치 않습니다. 이미 의원들이 선언했듯이 우리가 국민에게 돌려보내는 것은 재판권이 아니라 형량을 정하는 권리입니다. 이러한 이유

---

* 1913년에 앙리 푹탈Henri Pouctal 감독이 이 소설을 무성영화로 재현했다.

에서, 나는 단 한 가지 안보조치를 원합니다. (그것은 국민의 재가를 받는 일이므로) 찬성합니다."

필리프 도를레앙은 몇 달 전인 9월 14일 파리 코뮌에 새로운 이름을 달라고 부탁해 필리프 에갈리테라는 이름을 받았고, 로베스피에르가 반대했지만 당통과 마라의 지지를 받아 파리에서 국민공회 의원으로 뽑혔다. 그러므로 루베가 필리프 도를레앙이 루이 카페를 대신하는 꼴을 보지 못하겠다고 하자 무엇보다도 몽타뉴파가 야유를 퍼부었다. 더욱이 루베는 영국 내각이 국민공회 의원들을 매수했다는 듯이 말했다. 비요 바렌은 카미유 데물랭에게 비난받을 만한 잘못을 저지른 루베도 비난받아 마땅하다고 주장하면서 맞섰지만, 브레아르는 자기주장을 굽히지 않았다. 수많은 의원이 브레아르의 말을 좇아 데물랭을 견책하라고 요청했고, 국민공회는 재청을 받아 그대로 처리했다. 데물랭은 마침내 두 번째 질문에 '반대'했다. 그는 국민공회의 결정에 대해 국민의 재가를 받을 필요가 없다고 했다. 이제 마라가 말할 차례였다.

"나는 국민의 주권에 경의를 표합니다. 그리고 나야말로 제헌의회가 해야 할 의무가 무엇인지 최초로 일깨워준 사람입니다."

마라는 무엇이 우스운지 한바탕 웃고 나서, 자신이 어떻게 제헌의회의 의무를 일깨워주었는지 말했다.

"나는 제헌의회에 국민의 재가를 받지 않는다면, 국민의 주권은 허상이라는 사실을 수없이 일깨워주었습니다. 그러나 국민이 주권을 행사할 수 있는 유일한 경우는 「인권선언」에 한정되어야 합니다. 게다가 입법가가 국민의 주권을 해치지 않으려면 다음과 같이 조치해야 합니다. 말하자면 국민의 권리를 해칠 만한 법령은 무효이고, 비합법적이며, 자유를 침해하며, 압제적이라는 사실과 함께, 그럼에도 그 법령을 실시하고자 할 때 무력의 힘을 빌려서라도 저항하는 것은 합법적이라는 내용을 「인권선언」의 마지막 조항으로 추가해야 합니다. 이것이 국민주권을 해치지 않을 유일한 조치입니다.

모든 법령을 제정할 때마다 국민의 재가를 받을 수는 없습니다. 중요한 법령에 재가를 받을 수도 없습니다. 그것은 모든 상인·예술가·장인·노동자에게 각자 할 일을 제쳐놓고 입법가 노릇을 하라는 것과 마찬가지입니다. 그렇게 한다면 결국 모든 질서를 뒤집어엎고, 국가를 사막처럼 만들 것입니다. 이성을 아주 깊이 있게 갈고닦은 정치가들이 범죄사실에 판결을 내린 뒤 기초의회의 비준을 받아야 한다면, 국사를 돌보는 정치가를 장인·농부·노동자·날품팔이꾼으로 만드는 일입니다. 이러한 조치가 미친 짓은 아니지만 가장 바보 같은 짓임이 분명합니다. 폭군과 공모한 자들만이 그러한 조치를 제안할 것입니다. 그들은 오직 내란을 선동해 형벌을 벗어날 궁리만 합니다. 나는 이처럼 참극을 불러올 계획에 찬동할 의사는 조금도 없기 때문에 이 법정에서 모든 힘을 다해 그 계획을 막고자 합니다. 따라서 나는 반대에 한 표를 보탭니다."

호명투표가 계속되었다. 파리 의원들이 차례로 반대했지만 뒤조는 데물랭의 말이 걸렸는지 이렇게 말했다.

"나는 결코 매수된 적이 없으며, 내란을 원한 적도 없음을 이 자리에서 분명히 말씀드립니다. 그러나 내 마음속 깊은 곳으로부터 찬성에 한 표를 보탭니다."

1728년 12월 말 샤르트르에서 태어나 64세가 된 뒤조는 1770년 유베날리스의 풍자시를 번역하고, 1776년 비명문학아카데미 회원이 된 문필가이자 고증학자로서 1783년 오를레앙 공의 비서가 되었다. 1789년 7월 13일에 파리 시청에서 한자리를 얻었고, 곧 바스티유 정복자의 명단을 작성하는 일을 맡았으며, 1790년에는 『파리 시민의 봉기와 바스티유의 정복에 대하여De l'insurrection parisienne et de la prise de la Bastille』를 발간했다. 그는 혁명이 진행되면서 초기의 명성을 잃었고, 국민공회에서는 지롱드파와 가까이 지냈다. 뒤조가 앉고, 잇따라 다른 의원들이 반대의사를 밝히는데, 회의실 오른쪽이 시끄러워졌다. 파리 코뮌의 안보위원회 소속 부르되이Bourdeuil가 방청석에서 소란을 피웠다. 어떤 의원이 국민공회를 모욕한 그를 처벌하라고 의장에게 건의했다. 이 문제를 놓고 입씨름이 일어나자 뒤조가 다시 말했다.

"시민들이여, 나를 모욕한 개인은 분명히 저녁을 너무 많이 먹은 것 같습니다. 그 정도로 이해하시고, 이제 의사일정을 진행합시다."

모든 의원이 찬반의사를 밝히는 두 번째 판결은 밤 11시 15분 전에 끝났다. 모두 749명 가운데 28명이 여러 가지 이유로 출석하지 않고, 12명이 기권했으며, 286명이 국민의 재가를 받아야 한다고 말했고, 423명이 반대했다. 이로써 1월 15일 거의 12시간 동안 국민공회 의원들은 루이 카페가 유죄이며, 앞으로 그에게 줄 형벌을 결정한 뒤 국민의 재가를 받을 필요가 없다고 결정한 뒤 헤어졌다. 앞으로 국민공회의 결정은 루이에게 더욱 불리하게 나올 것이 뻔했다. 루이는 같은 건물의 아래위에 살면서도 가족과 만날 수 없는 외로운 처지에서 얼마 남지 않은 마지막 운명을 기다려야 했다.

파리의 분위기

국민공회 안에서는 루이 카페를 재판하는 문제를 놓고 권력투쟁이 벌어지는 가운데, 국민공회를 인질처럼 포위한 파리의 구민들은 그들 나름대로 국내의 반대세력으로부터 공격받을까봐 두려워 몹시 예민해졌다. 파리 구민들은 국민공회와 최고행정회의에 계속 압력을 넣으면서 정치적 결정에 큰 영향을 끼쳤다. 게다가 장관 사이의 정치적 성향도 문제를 더욱 꼬이게 만들었다. 전쟁장관 파슈Jean-Nicolas Pache는 지롱드파의 지도자 가운데 한 사람인 내무장관 롤랑이 발탁한 사람이지만, 점점 지롱드파와 멀어지면서 몽타뉴파와 가까이 지냈다. 파리 구민들은 무기가 필요한 경우 1789년처럼 병기고로 쳐들어가 대포를 구했겠지만, 파슈가 알아서 구민들에게 대포를 나눠주기로 했다. 그 사실을 알고 내무장관 롤랑은 1월 16일 아침 8시에 국민공회의 안보위원회에 편지를 썼다. 코레즈의 샹봉Aubin Bigorie du Chambon이 의원들에게 그 편지를 읽어주었다.

> 나는 파리 코뮌과 상테르가 파리는 평온하다고 안심시킨다는 사실을 잘 압니다. 그들은 9월 2일(파리 감옥 대학살 사건)에도 파리는 평온하다고 확언했습니다. 나는 그 당시 무기를 징발했지만 아무런 성과도 거두지 못했습니다. 나는 그때처럼 오늘도 무력합니다. 똑같은 도당이 존재하고, 똑같은 불행이 우리를 위협합니다. 바로 국민공회, 바로 의원님들이 나라를 구해야 합니다. 여러분은 모든 권력을 쥐고 있습니다. 그러니 제대로 대처하지 않는다면, 여러분의 명예는 곧 땅에 떨어질 것입니다.

코레즈의 브리발은 샹봉이 읽은 편지의 진위를 의심하지 않지만, 과연 그에게 읽을 자격이 있느냐고 따졌다. 누군가 샹봉이 안보위원회에서 그 편지를 얻은 것으로 안다고 말하자, 브리발은 "내가 오늘 아침 안보위원회에 들렀을 때 거기서 만난 모든 동료가 샹봉이 편지를 슬쩍했다는 사실을 알고 몹시 놀랐다고 말했습니다"라고 대답했다. 회의장이 웅성거리자 생트의 시장 출신인 샤랑트앵페리외르의 가르니에Jacques Garnier가 연단에서 내려오는 샹봉을 회의장 한가운데서 움직이지 못하게 막고 노려보다가 큰 소리로 "이 사기꾼의 얘기나 좀 들어봅시다"라고 외쳤다. 그러고는 곧 그에게 다가가 낮은 목소리로 욕을 했다. 샹봉은 흥분했다. 의장 베르니오가 가르니에에게 자리로 돌아가라고 했지만, 가르니에는 연단에서 꿈쩍도 하지 않은 채 계속 욕설을 퍼붓고 나서 또다시 의장과 샹봉에게 번갈아 시비를 걸었다. 의장이 가르니에에게 계속 경고를 했지만, 소란은 가라앉지 않았다. 다수 의원이 그를 "아베 감옥으로" 보내라고 소리쳤다. 국민공회는 곧 가르니에를 3일 동안 아베 감옥에 보내고, 그 사실을 회의록에 기록하기로 의결했다. 가르니에는 연단에서 반발했다.

"나는 지금까지 국민공회 안에서 자기 의견을 말하다가 저지당한 사례를 듣지 못했습니다. 나는 그 누구를 해치는 발언을 하지 않았습니다. 누가 나더러 국민공회의 명령에 복종하지 않았다고 비난할 수 있겠습니까. 나는 샹봉이 읽은 보고서의 성격을 토론하고, 그가 읽은 편지를 과연 누가 썼는지 밝히자고 제안했을 뿐입니다."

좌파 의원들이 가르니에를 비난하면서 연단에서 내려가라고 재촉했다. 가르니에는 이번에는 순순히 내려가면서도 한마디 덧붙였다.

"일이 이렇게 된다는 말이지요. 기껏 자기네 주장을 대신 해줬더니. 그렇다면 이제 다른 편으로 넘어가겠소."

그는 우파 의원들 쪽으로 가서 앉았고, 의원들이 웃었다. 샹봉이 가르니에를 감옥에 보내는 명령을 철회하자고 제안하자, 여러 의원이 절대 안 된다, 그냥 그 명령을 유지해야 한다고 주장했다. 가데가 일어나 철회를 지지했다.

"국민공회의 법규에는 의원을 감옥에 보내는 규정이 없습니다. 더욱이 시민 가르니에는 환자입니다."

국민공회는 명령을 철회하는 대신 그를 견책한 뒤 24시간 자격을 정지시켰다. 루이 카페의 재판은 언제 계속될지 모를 정도로 의원들이 너도나도 한마디씩 했다. 파리의 구민들이 대포를 가졌다는 사실 때문에, 국민공회의 일부 의원들은 몹시 두려워했다. 루예 의원이 일어나 한마디 했다.

"나는 상봉이 읽은 보고서의 장단점을 따지지 않습니다. 그것을 쓴 사람이 상봉인지 아닌지도 따지지 않습니다. 그러나 단 한 가지 중요한 조치를 제안해야겠습니다. 날이 갈수록 선동자들이 더욱 날뛰고 있습니다. 단 한 가지 방법이 있다면, 그것은 용감한 사람과 비겁한 사람, 살인자를 맞서게 하는 것입니다. 따라서 이렇게 제청합니다. 1. 파리에 파견된 연맹군 가운데서 국민공회를 수비하는 병력을 내일부터 두 배로 늘린다. 2. 파리의 공공장소마다 똑같은 비율로 늘려 수비를 맡기고, 루이 16세의 재판이 끝날 때까지 순찰을 돌게 한다. 3. 출입문을 닫으라고 명령하거나 닫게 만드는 자, 또는 국민공회의 명령을 받지도 않고 경종을 울리는 자를 사형에 처한다."

절대다수 의원이 동시에 일어서며 재청을 외치면서 당장 표결에 부치자고 한 것을 보면, 그들이 파리 구민들의 손에서 얼마나 위협을 느꼈는지 알수 있다. 물론 파리 구민 가운데 혁명이 지나치게 급진화하는 것을 두렵게 바라본 사람도 많았다. 그것은 파리 코뮌이 11일 금요일에 혁명의 과도한 측면을 풍자한 〈법률의 친구〉를 금지했을 때, 공연을 보겠다고 소란을 피운 사람들의 태도에서도 잘 나타났다. 이 연극에 대해서는 잠시 후에 다시 알아보기로 한다. 실권을 쥔 파리 코뮌이 국민공회 바깥의 분위기를 주도했으므로, 급진파를 제외한 다수 의원이 불과 다섯 달 전인 8월 10일 파리의 투사들과 연맹군이 입법의회에 쳐들어가 왕정을 폐지하게 한 사건을 생생히 기억하고 두려워했다. 게다가 전날 투표 결과를 분석해서 만든 왕당파 의원의 명단이 밤사이 파리 시내에 돌아다녔다. 심지어 파리 구민들은 국민공회에 드나드는 의원을 붙잡고 위협했다. 우아즈의 빌레트Charles Villette는 등원하다가 문간에서 붙잡혀 "만일 루이의 사형에 찬성표를 던지지 않으면 죽어버리겠다"는 협박을 받았다. 르장드르가 일어섰다. 그는 푸주한의 아들로 태어나 교육을 제대로 받지 않은 채 10년간 뱃사람 노릇을 하다가 아버지의 직업을 물려받았다. 37세 때인 1789년에 바스티유 요새 공격에 앞장서면서 천부적인 웅변가의 재능을 발휘했다. 당통과 가까이 지내면서 그의 대리인이라는 말을 들을 정도로 믿음을 얻었고, 코르들리에 클럽을 창설할 때 힘을 보탰다. 1791년 말부터 정치 클럽에서 연설했고, 1792년 8월 10일 사건에도 적극 가담한 뒤, 파리를 대표하는 의원으로 뽑혀 국민공회에 나갔다.

"돈에 팔린 사람들이 하는 말을 여기서 하지 맙시다. 그들은 틈만 나면 파리 민중을 모략합니다."

다른 의원들이 여러 가지 안을 내놓고 시간을 끌자, 르장드르는 다시 일어나 호명투표를 진행하자고 주장했고, 가운데 앉은 의원들의 항의를 받았다. 당통이 일어나 르장드르를 거들었다. 이처럼 며칠 사이에 파리에서 일어난 일에 두려움을 느낀 의원들은 어떻게든 그 점을 짚어서 국민공회의 안전을 보장받으려고 했다. 마라는 이런 일로 벌써 세 시간이나 입씨름을 했다고 툴툴대면서 빨리 호명투표로 넘어가자고 했지만, 루이 카페에게 우호적인 태도를 보여준 의원들은 직접 또는 간접으로(예를 들면 대자보를 통해) 욕설을 듣거나 생명의 위협을 받았다고 보고하면서 안전하게 소신껏 투표할 수 있게 해달라고 호소했다.

마침내 의장이 호명투표를 실시하겠다고 선언했다. 그러자 모르비앙의 르아르디Pierre Lehardy가 다수파를 어떻게 정의하는지 따졌다. 랑쥐네 의원이 즉각 "4분의 3 이상을 다수파로 하자"고 제안했다. 랑쥐네는 지난 12월 26일 "이 연단에서 큰 소리로 자신이 8월 10일의 유명한 사건을 일으킨 주역이라고 떠드는 음모자들이 루이를 재판"한다고 말해서 몽타뉴파를 화나게 만든 사람이다. 이번에도 그는 과반수의 기준보다 훨씬 높은 75퍼센트 이상의 찬성을 제안해서 루이를 구하려는 간절한 마음을 드러냈다. 당통의 측근인 들라크루아는 "이미 결정한 문제를 변경하자고 할 수 없기 때문에, 곧바로 호명투표를 실시하자"고 말해 지지를 받았다. 그러나 이 문제는 금세 결판나지 않았다. 당통이 통상적으로 과반수가 다수파임을 확인하자고 제안하니, 랑쥐네는 4분의 3이 되어야 한다고 맞섰다.

그 사이에 최고행정회의 장관들이 회의실에 나타났다. 의장은 법무장관 가라Garat에게 파리에서 일어난 일을 보고하도록 했다.

"내무장관은 국민공회 안보위원회의 편지를 받았습니다. 마차 여러 대가 파리의 출입문으로 몰려든다는 소문을 들은 시민들이 이처럼 의심스러운 행렬을 막는 조치를 취해달라고 안보위원회에 요청했기 때문에 위원회는 내무장관에게 편지로 알렸던 것입니다."

파리의 투사들이 출입문으로 몰려가 자유로운 통행을 막기 때문에, 파리의 민심이 더욱 사나워진다는 것이다. 그래서 내무장관은 투사들에게 "시민이 자기가 사는 곳에서 두려움을 느낀다면 그곳을 자유롭게 떠날 수 있다는 원칙을 지켜달라고 간청"했다. 가라는 계속해서 다음과 같이 말했다.

"어제 최고행정회의에서 우리는 상테르 장군과 파리 시장에게 편지를 써서 파리의 치안상태를 날마다 점검해서 보고하라고 명령했습니다. 어제 저녁 6시쯤, 상테르 장군은 '국민의 극장'(테아트르 드 라 나시옹, 옛 테아트르 프랑세)으로 갔습니다. 거기서 민중이 시정부 관리들을 욕보이고 있었기 때문입니다. 민중은 〈법률의 친구〉를 보고 싶어했습니다. 민중은 상테르를 알아보고 욕을 했습니다. 상테르는 몽둥이를 위협적으로 마구 휘두르는 사람을 체포했습니다. 그는 크루아루주 구의 대소인 질레의 하인이었습니다. 그는 자기와 함께 난동을 부린 사람을 여러 명 지목했습니다. 그중에는 생탕투안 문밖에 사는 병사가 있는데, 언제나 혁명에 반감을 드러낸 자입니다. 그들은 권총을 내밀었습니다. 장군은 그들에게 '귀족주의자들aristocrates'이라고 말했습니다."

가라는 파리의 출입문이 여전히 열려 있었다는 사실, 생드니에서 대포를 가져갔지만 주위 여건을 모두 갖추지 못해서 당장 쏘기는 어려우니 너무 근심할 필요가 없으며, 전쟁장관도 그 점을 국무회의에서 확인했다고 하면서 말을 끝마쳤다.

이제부터 라야Jean-Louis Laya의 〈법률의 친구〉가 어떤 연극인지 알아보자. 라야는 1761년 파리에서 태어난 극작가로서 혁명 전부터 작품을 발표했다. 1789년에 그는 볼테르가 복권시킨 장 칼라Jean Calas 사건을 다룬 작품을 쓰고, 1790년에 『여론의 위험』을 썼지만, 1793년 1월 2일에 초연된 〈법률의 친구〉로 가장 크게 주목받았다. 1792년 11월 중순부터 배우들은 극장 손님들에게 "곧 새 연극을 무대에 올릴 텐데 선동자·반도·선동적인 신문기자뿐만 아니라 모든 사람이 좋아하게 될 것"이라고 속삭였다.

"훌륭한 그리스 연극을 마침내 되살렸습니다. 아리스토파네스도 울고 갈 연극입니다. 라 콩타처럼 사려 깊지 못한 여배우들은 대기실에 앉아서 〈법률의 친구〉 때문에 사람들 마음속에 작은 반혁명이 일어나고 있다고 말합니다. 그들은 이 작품이 특권층의 문제를 다룰 것이라고 말합니다."

파리 코뮌은 이 연극이 마치 불화를 일으키는 '파리스의 사과' 같다고 생각했다. 악의에 찬 신문기자들이 이 연극을 화두로 나라를 더욱 위험하게 만드는 불화의 씨를 뿌리기 때문이다. 그래서 1월 11일에 모든 극장에서 이 연극을 공연하지 말라고 명령했다. 그러나 이튿날에 파리 코뮌은 시장 샹봉 Nicolas Chambon de Montaux*이 2시부터 테아트르 프랑세로 가서 이 연극을 보았다는 보고를 받았다. 파리 코뮌은 곧 샹봉에게 해명을 요구했다. 샹봉은 답변서에서 이렇게 말했다. 자신이 극장 앞으로 가서 파리 코뮌과 시정부의 명령을 존중하라고 말했지만, 사람들은 지금 국민공회에서 〈법률의 친구〉를 공연해도 좋은지 아닌지 결정이 날 테니 기다려달라고 했다. 얼마 뒤, 대표단이 돌아와 "국민공회는 자치정부가 연극을 검열하는 권한을 행사하라거나 금지할 법적 근거가 없다"고 결정했음을 알려주었고, 사람들은 기뻐서 연극 공연을 관람했다. 그리고 자신은 지치고 힘들었지만, 그것은 군중이 자신을 밀칠 때, 몇 사람과 함께 저항했기 때문이긴 해도, 사람들은 자기 말을 들으려고 몰려들었을 뿐 다른 뜻은 없었다고 답변했다. 파리 코뮌은 〈법률의 친구〉를 주제로 회의를 열었지만 찬반이 갈려서 쉽게 결정을 내리지 못하다가, 12일 거의 자정이 다 되어서야 다음과 같이 결론을 내렸다.

시장은 국민공회에 편지를 보내, 파리 코뮌이 마치 연극 검열권이나 행사한 듯이 그릇된 인상을 심어주었다. 파리 코뮌은 현 상황 때문에 안보 조치를 취하도록 시장과 경찰당국자를 테아트르 프랑세에 보냈으며, 따

---

* 샹봉은 브리소의 주치의였다가 1792년 12월 1일에 페티옹의 뒤를 이어 파리 시장에 취임했다. 그는 〈법률의 친구〉 사건으로 2월 4일에 사임했다.

272

라서 시장의 행위가 적절하지 않았음을 밝히는 글을 작성해서 파리 48개 구에 보내고, 또 신문에도 싣는다.

라야는 국민의 대표들에게 이 작품을 바쳤다. 그러면서 몇몇 의원의 모습을 풍자했다. 그는 어느 정도 속내를 감추었지만, 가장 눈치 없는 사람이라도 그 연극이 현실을 풍자한다는 사실을 알아차렸고, 조금 눈치 빠른 사람은 극중 인물이 실제로 누구를 풍자하는지 알았다. 그는 "진정한 계몽사상가"를 그려서, 그 "현자의 눈으로 본 한결같은 혁명, 인간 사랑의 승리, 이성의 승리를 강조"하고 싶었다고 말했다. 그는 "억압받던 신분이 새로운 질서의 편에 서서, 자신을 탄압하던 사람들과 전쟁을 벌이는 것이 무슨 대수겠는가?"라고 물었다. 그는 오히려 극중의 귀족인 포를리Forlis가 혁명의 명분을 따르는 것이 더욱 극적이라고 생각했다. 그는 귀족이 편안하고 안락한 삶을 지탱해주던 온갖 편견을 무찌르게 만들었다고 주장했다. 그의 의도는 인간이 이기심으로 얽힌 모든 관계를 스스로 끊게 만드는 일을 강조하는 데 있었다. 그는 진실로 자유를 사랑한다면 자기희생을 감수해야 한다고 말하면서, 자유와 윤리를 하나로 묶었다. 몰리에르가 『타르튀프』에서 위선자를 보여주었듯이, 라야는 혁명의 지도자가 우매한 민중을 조종해 이기심을 채운다고 비난했다. 그리하여 로베스피에르와 마라를 풍자해, 각각 '노모파주Nomophage'와 '뒤리크란Duricrane'이라 불렀다. '법을 파괴하는 자'와 '돌대가리'를 뜻하는 이름에서, 라야가 누구의 편인지 금방 알 수 있다. 라야는 공연 전날 고해성사를 하고 유언장을 썼다고 한다. 과연 이 연극 때문에 피바람이 불었다. 대본의 인쇄물을 가진 사람은 잡혀서 목숨을 잃었다. 라야는 일찌감치 마음의 준비를 갖춘 덕인지 위험한 고비를 잘 넘기고 천수를 누렸다.

법무장관 가라가 보고를 마치자, 의장은 파리 시장 샹봉이 보낸 편지를 대신 읽어주었다. 샹봉은 투사들이 파리의 출입을 막는다는 말을 듣고, 그렇게 하지 못하게 조처했으며, 또 믿을 만한 부하로부터 투사들이 또다시 '9월 학살' 같은 일을 일으킨다는 소문을 들었다고 썼다. 몇몇 도둑이 감옥에서 곧 학살당할지 몰라 몹시 두려워한다는 것이다. 그리고 소규모 봉기가 일어나리라는 막연한 소문도 나돈다고 썼다. 가라는 미묘한 상황에 빠졌다. 그는 곧 일어서서 샹봉이 말한 것과 자기가 아는 내용에서 다른 부분이 있다는 점을 인정했다. 그는 샹봉과 만났을 때 파리 투사들이 학살을 준비한다는 말을 듣지 못했다고 강조했다. 샹봉의 말로는, 단지 도둑을 몇 명 잡아 감옥에 넣을 때 그들이 몹시 두려워했다는 것이다.

"바로 나 자신이 이 사실에서 다음과 같은 결론을 끌어냈습니다. 나는 샹봉에게 그 도둑이라는 자들이 오히려 감옥에서 살육을 하려고 도둑으로 잡혔을 가능성이 있다고 말했습니다. 시민들이여, 나는 조금 전 보고할 때 굳이 이러한 추측까지 말씀드릴 필요는 없다고 생각했습니다."

의장 베르니오와 친한 장소네는 파리의 안보상황을 감시하는 임무를 게을리 하지 말고, 늘 평온한 상태를 유지하려면 무기를 징발하는 법안을 마련해야 한다고 제안했다. 회의장이 술렁거렸지만 장소네는 말을 이었다.

"헌법기관들이 무시당할 경우, 모든 수단을 써서라도 국회의원이 만든 법령을 반드시 적용해야 합니다."

다시금 소란스러워지고 의사진행을 할 수 없게 되자 여러 의원이 휴회하자고 떠들었고, 또 어떤 의원들은 휴회한다면 오직 독재를 뒤로 미룰 뿐이라고 말했다. 결국 의원들은 논란 끝에 장소네 의원의 제안을 정식 안건으로 처리하지 않았다.

의장 베르니오는 이제 제3차 호명투표를 실시하겠다고 선언한 뒤 바레르 Bertrand Barère에게 의장직을 넘겨주었다. 다시 한번 다수파를 정확히 규정하는 문제로 시끄러워졌다. 당통이 먼저 다수파를 정확히 짚고 넘어가자고 말하자 랑쥐네도 지지 않고 4분의 3을 고집했다. 국민공회는 모든 법령을 통과시킬 때 단순히 과반수로 정했던 원칙을 지키기로 하고, 비서직을 맡은 살이 오트가론 도의 의원부터 한 사람씩 투표를 시작하겠다고 선언했다. 이처럼 16일 오전 10시 30분에 개회해 계속 입씨름으로 짧은 낮을 다 보낸 뒤, 결국 밖이 캄캄해진 오후 6시가 되어서야 비로소 호명투표를 시작했다. 오트가론의 멜이 일어나 제안했다.

"첫 번째 문제를 놓고 이미 내 의견을 말했기 때문에, 지금 나는 당연히 루이의 사형을 지지합니다. 그러나 다음과 같이 제안합니다. 만일 사형이 과반수로 결정 날 때, 국민공회는 집행을 서두르거나 늦추는 것 가운데 무엇이 유익한지 검토해야 합니다. 나는 사형에 투표한 것과 이 제안은 별개임을 말씀드립니다."

멜은 집행유예의 문제를 제안했는데, 그것은 분명히 루이 16세를 위한 발언이었다. 앞에서 12월 26일 외무장관 르브룅에게 편지를 쓴 오카리스 얘기를 한 적이 있다. 오카리스는 멜에게 5만 리브르를 주어 집행유예의 얘기를 꺼내게 했다는 말이 돌았다. 아무튼 집행유예에 대한 의견을 참고하면, 국민공회 의원들의 성향을 알 수 있다. 먼저 지롱드파 의원들은 어떻게 발언했는가? 하루 종일 의장석을 지키던 베르니오는 집행유예를 바랐다.

"법률은 말한다, 사형이라고. 그러나 나는 조국의 운명, 또한 자유를 위협하는 온갖 위험, 그리고 앞으로 사람들이 흘려야 할 피를 생각하면서 이 끔찍하고 불안한 낱말을 입에 올리자니, 멜 의원과 똑같은 심정입니다. 그래서 나는 국회가 집행유예 문제를 깊이 생각해줄 것을 요청합니다."

그랑주뇌브는 국민공회가 루이를 재판할 권한이 있는지 따지더니, 금고형을 주장하면서 긴 연설을 마쳤다. 라카즈는 평화 시까지, 그리고 다른 나라가 공화국을 인정할 때까지 연금했다가 곧 추방하자고 주장했다. 베르고잉도 연금을 주장하고, 나머지 의원은 대체로 사형을 주장했다. 파리의 의원 24명은 어떤 의견을 말했는가? 로베스피에르는 "나는 명백한 문제를 가지고 길게 얘기하는 것을 좋아하지 않습니다"라고 운을 떼고서도 단지 '사형'이라고 말한 의원들보다 훨씬 더 길게 얘기한 끝에 "나는 사형에 투표합니다"라는 말로 연설을 끝마쳤다. 당통과 콜로 데르부아가 모두 사형에 투표한 뒤 마뉘엘은 어떻게든 루이를 살리려고 연설을 시작했다. 그는 프랑스인이 고대 로마인보다 합리적이며, 노예일 때도 착했던 만큼 자유로울 때는 더욱 착해야 한다고 말했다.

"루이는 폭군입니다. 그러나 이 폭군은 땅에 누워 있습니다. 그는 아주 쉽게 죽일 수 있는 존재입니다. 그러나 나는 윤리와 정치를 모두 고려해야 하는 정치가로서, 내 조국이 처한 상황에서 국가안보의 조치로서 마지막 왕을 가족과 함께 지금부터 24시간 안에 파리가 아닌 다른 요새로 옮길 것을 요청합니다."

비요 바렌과 마라는 "24시간 안에 사형"을 주장했고, 데물랭은 "아마 국민공회의 명예를 되찾기에 너무 늦었는지 모르지만, 나는 사형에 투표합니다"라고 말했다. 국민공회의 명예를 들먹이는 말을 듣고 여러 의원이 반발했다. 라프롱 뒤 트루이예Raffron du Trouillet는 "나는 24시간 안에 폭군에게 사형을 내리는 데 투표합니다. 한시바삐 이 역겨운 괴물을 조국의 땅에서 제거해야 합니다"라고 말했다. 두 번째 질문에서 국민의 재가를 받아야 한다는 데 찬성한 뒤조는 양심을 걸었다.

"나는 적을 죽이지 않고서도 아주 훌륭한 애국자가 될 수 있다고 믿습니다. 나는 전쟁이 끝날 때까지 전왕을 가두었다가 평화를 되찾으면 추방하자고 주장합니다."

극작가이자 배우로 살다가 혁명에 발을 들이민 파브르 데글랑틴Philippe François Nazaire Fabre(일명 Fabre d'Eglantine)은 혁명의 스승인 루소의 일반의지와 개별의지의 차이를 장황하게 늘어놓더니 결국 사형에 투표했다. 파리에서 태어나 1770년에 25세기의 파리를 그린 『2440년L'An 2440』을 발표하고, 나중에 그 작품에서 혁명을 예언했다고 자랑하던 메르시에는 누구보다도 파리를 사랑한 극작가였지만, 파리가 아니라 센에우아즈에서 국민공회 의원으로 뽑혔다. 그는 지롱드파와 가까이 지낸 지식인으로서 공포정 시기에 감옥에 갇혔다가 겨우 살아났고, 나중에 『새로운 파리』를 써서 혁명기의 경험을 얘기했다. 그는 무슨 말을 했을까?

"나는 국민의 재판관으로서 루이가 마땅히 죽어야 한다고 생각합니다. 그러나 국가의 이익을 대변하는 입법가로서 볼 때, 루이가 인민의 이익을 해치는 큰 죄를 지었지만 그를 너무 가혹하지 않은 벌로 다스려야 한다고 생각합니다. 정의는 여기서 무슨 명령을 내리고 있습니까? 그것은 국가의 평화입니다. 더욱이 나는 그를 곧 처형하라는 명령이 비정치적이고 위험하다고 생각합니다. 루이는 인질입니다. 아니 그 이상입니다. 우리는 왕좌에 오를 권리를 주장하는 모든 사람을 물리치는 데 그를 이용할 수 있습니다. 그는 우리의 젊은 공화국을 보호하고 막아줍니다. 그리하여 공화국이 더욱 훌륭하게 모습을 갖출 시간을 벌어줍니다. 만일 그의 머리가 떨어지면, 외국의 반도가 후계자를 내세울 것입니다. 루이는 이제 왕이 아닙니다. 겨우 왕위를 계승할 아들과 동생 둘을 둔 유령일 뿐입니다. 그런데 그 유령이 우리에게 훌륭하게 봉사하고 있습니다. 그렇습니다. 우리는 이 유령과 함께 걸어가야 합니다. 천천히 걸어 나갑시다. 한 번 결정을 내리면 뒤집을 수 없으니까, 너무 서두르지 맙시다. 나는 루이를 종신형에 처하자고 주장합니다."

가르의 의원 여덟 명 가운데 샤잘Jean-Pierre Chazal이 맨 마지막으로 투표했다. 툴루즈 고등법원의 변호사 출신으로서 아직 27세도 안 된 샤잘은 생쥐스트보다 1년 반 먼저 태어났으며 훨씬 온건했다.

"유권자는 내게 루이의 운명을 결정하라고 명령했습니다. 나는 결코 이 임무를 의심해본 적이 없습니다. 나는 루이가 유죄임을 확신합니다. 그러나 그에게 사형을 내릴 때, 그것이 아무리 정당하다 할지라도, 그를 살려둘 때보다 덜 위험하게 보이지 않습니다. 나는 사형에 한 표 던지지만 멜 의원이 제안한 집행유예의 조건을 지지합니다."

호명투표를 시작하면서 바레르에게 의사봉을 맡겼던 베르니오가 의장석으로 돌아와서 이렇게 말했다.

"이제 호명투표가 끝났습니다. 집계 결과를 기다리는 동안 보고할 일이 있습니다. 내가 의장석으로 되돌아왔을 때 편지 두 통이 왔습니다. 하나는 루이의 변호인들이 보낸 것이고, 또 하나는 외무장관이 보낸 것입니다. 외무장관은 에스파냐 왕실이 보낸 문서를 동봉했습니다."

말이 끝나기 무섭게 수많은 의원이 투표 결과를 발표할 때까지 편지를 읽지 말자고 외쳤다. 또다시 회의장이 뜨겁게 달아올랐다. 에스파냐 왕실이 보낸 문서는 읽지 않는다 하더라도, 루이의 변호인들이 보낸 편지는 읽어야 하지 않겠느냐는 축과 일단 투표 결과부터 발표해야 한다는 축이 입씨름을 벌였다. 장소네가 의원들의 허락을 받고 연단에 섰다. 그는 당통이 말했듯이 루이의 변호인들이 보낸 편지는 당장 읽을 필요가 없겠지만, 에스파냐 왕이 보낸 외교문서에 대해서는 국민공회가 합당한 조치를 취해야 한다고 주장했다.

"나는 일단 의사일정대로 진행하기를 요청합니다. 우리는 이미 황제에게 전쟁을 선포했습니다. 왜냐하면 그가 내정간섭을 했기 때문입니다. 에스파냐도 우리나라에 간섭하려고 편지를 보냈습니다. 그가 온갖 제안·협박·간섭을 하여 우리나라에 영향을 끼치려 했고, 그렇게 해서 우리를 모욕했습니다. 나는 우리가 엄숙한 결정을 내려 우리의 독립을 온 세상에 알려야 한다고 주장합니다. 그리고 에스파냐 왕이 보낸 편지는 읽을 필요도 없이 전왕과 관련된 것이 빤하므로, 우리는 당장 의사일정을 진행하자고 요청합니다."

의장은 에스파냐 왕의 편지를 무시하기로 하고, 루이의 변호인들이 보낸 편지에 대한 의견을 물었다. 로베스피에르는 먼저 세 번째 질문에 대한 투표 결과를 발표한 뒤, 변호인들의 편지를 읽든지 말든지 결정하자고 말했다. 그 사이 회의실 안에는 표결 결과가 단 두 표 차이라는 소문이 돌았다. 그 말은 간신히 과반수로 결판이 났다는 뜻이었다. 그러므로 찬반 양측이 단 한 표도 아쉬운 상황이 벌어졌다. 이때 되세브르의 뒤샤스텔Gaspard-Séverin Duchastel이 머리에 붕대를 칭칭 감고 흰 모자를 눌러쓴 채 나타나 투표를 하게 해달라고 요청했다. 릴에서 의사로 일하다가 열렬한 혁명가가 된 뒤엠Pierre Joseph Duhem이 "누가 뒤샤스텔에게 사람을 보냈는지 먼저 알아야 합니다"라고 주장했지만, 뒤샤스텔은 '유배형'에 한 표를 던졌다. 이 때문에 다시 한번 회의장은 난장판이 되었다. 왕과 지롱드파를 철저히 미워하던 마른의 샤를리에가 "방금 투표한 시민이 누구의 말을 듣고 투표하러 나타났는지 물어야 한다고 생각합니다"라고 문제를 제기했다. 회의장에서 오고 간 말을 종합하면,

뒤샤스텔은 찬반 어느 편도 과반수가 불확실한 상태라는 소식을 듣고 한 표라도 보태려고 나타난 것이 분명했다. 그리하여 의장과 비서 마뉘엘 같은 사람의 우호적인 태도를 이용해서 유배형에 한 표를 던졌다. 그의 표를 유효로 처리하느냐 마느냐로 시끄러웠다. 좌파 의원들이 특히 반발했다. 그러나 가로가 일어나 발언한 뒤, 그의 제안을 받아들였다. 가로는 지롱드에서 태어났지만, 몽타뉴파와 가까이 지냈다. 그의 제안이 먹혀든 것이 그 때문이 아니라면, 뒤샤스텔의 표가 대세를 결정하는 데 별 영향을 끼치지 못한다는 사실을 의원들이 눈치 챘기 때문이었으리라.

"국회에 심술궂은 귀신이 씌운 모양입니다. 이제 국민의 법정에 걸맞게 행동할 시간입니다. 서로 미워하는 마음을 풀고 다시 뭉칩시다. 그럴 시간이 왔습니다. 다시 말씀드리지만, 만일 뒤샤스텔이 사형에 한 표를 던졌다면, 나라도 그 표를 무효로 처리하자고 주장했을 테지요. 그러나 그는 가장 사소한 벌을 내리자고 했습니다. 이제 그의 권위를 지켜주기로 하고, 하려던 일이나 마저 하십시다."

의원들은 가로의 제안을 받아들인 뒤 집계 결과를 기다렸다. 마침내 베르니오가 투표 결과를 발표했다.

"총원 745명 가운데 한 명이 사망하고 여섯 명이 질병으로 출석하지 못했습니다. 무단결석한 두 명은 의사록에 견책사유로 기록하겠습니다. 임무를 띠고 파견된 의원이 열한 명이며 네 명이 투표하지 않았으므로, 투표자 수는 721명입니다. 그러므로 361표가 과반수입니다."

두 명이 철창fers에 넣자고 했으며, 319명이 전쟁이 끝날 때까지 감금détention했다가 곧바로 유배를 보내자고 했다. 사형에 투표한 사람 가운데 한 명이 국민에게 감형권을 주자고 제안했고, 스물세 명은 집행을 서두를지 늦출지 검토하자고 했다. 또 여덟 명은 부르봉 가문을 모두 쫓아낼 때까지 집행을 미루자고 했고, 두 명은 전쟁이 끝날 때까지 집행을 미루었다가 감형을 하든 말든 결정하자고 하면서, 그러나 전쟁이 끝나기 전에 외국군이 프랑스 영토로 침략하면 24시간 이내에 사형을 집행하자는 단서를 달았다. 무조건 사형(24시간 이내 집행 포함)에 투표한 의원은 모두 366명으로 이들만으로도 사형은 결정되었다. 베르니오의 발표는 나중에 실제로 계산한 결과와 조금 차이가 난다. 아무튼 길고 긴 재판의 세 번째 단계는 이렇게 끝났다. 한 사람이 1분만 써도 740분, 12시간 이상 걸리는데, 하물며 거의 제한받지 않고 자기 주장을 할 수 있는 기회를 이용한 사람이 있었으니 오죽했으랴. 그러나 38년 5개월을 살았던 루이에게는 앞으로 740개월도 짧았을 것이다. 의장이 투표 결과를 발표한 시각은 1월 17일 밤 10시였다.

루이 카페의 마지막 청원

의장은 회의실 밖에서 기다리던 루이의 변호인들을 불러들였다. 드세즈·트롱셰·말제르브는 12월 26일 이후 처음 회의실로 들어섰다. 드세즈가 대표로 말했다. 그는 자신들이 루이가 직접 쓴 편지를 들고 왔으니, 허락하면 읽겠다고 말했다. 의장이 허락하자, 그는 편지를 읽었다.

나는 나 스스로 인정할 수 없는 범죄를 내게 묻는 판결에 내 명예와 가족을 걸고 서명하지 않겠습니다. 그러므로 나는 국민이 직접 자기 대표들이 내린 판결에 대해 승인하는 절차를 요청합니다. 나는 그 절차에 대한 모든 권한을 내 변호인들에게 맡겼습니다. 나는 내가 위임한 권한이 허락하는 한도 안에서 그들이 모든 방법을 써서 국민공회에 나의 청원을 알리고, 그 사실을 국민공회 의사록에 남겨달라고 요청할 임무를 주었습니다.

1793년 1월 16일, 탕플 감옥에서

루이 씀

드세즈는 편지를 읽은 뒤, 의원들에게 이렇게 말했다.

"국민공회에서 루이에게 내린 판결을 국민의 승인을 받는 일과 여느 피고인처럼 루이가 자연권으로서 항소권(또는 상고권)을 행사하는 일 사이에 차이가 있습니까?"

드세즈는 국민공회에서 변호인들에게 맡긴 임무를 성실히 수행하려는 뜻에서 이렇게 물었다고 말하면서, 부디 법률이 판사들에게 요구하듯이 어느 한편에 치우치지 않은 공평한 태도를 유지해달라고 부탁했다. 그는 과반수를 겨우 다섯 표 넘겨 사형을 결정했다는 사실이 몹시 안타깝고 가슴 아프며, 투표자의 절반에 가까운 의원이 루이를 국민의 심판에 맡겨야 하는 것이 아닌지 의심했다는 사실을 반영한다고 강조했다. 그러고 나서 절대다수를 여느 때처럼 단 한 표 차이로 결정하는 것인지 아닌지 제대로 결정하지 않고 재판을 시작했다는 점을 지적하면서 마지막 힘을 쏟아 호소했다.

"나는 정의의 이름으로, 조국의 이름으로, 인류애의 이름으로 의원님들께 호소합니다. 아직 늦지 않았습니다. 제발 의원님들의 힘을 발휘하십시오. 이렇게 고지식한 태도에서 벗어나십시오. 이 비통한 판결을 철회하십시오. 그리하여 이 끔찍한 판결을 보고 할 말을 잃은 프랑스를 비탄에 빠뜨리지 마십시오."

그는 국민의 승인을 받아야 한다고 주장한 의원들에게 희망을 걸었다.

"떨지 마십시오. 공화국을 구하고 프랑스 전체를 구하는 일이니 두려워하지 마십시오. 2,500만 명이 구원받느냐의 문제는 오직 다섯 표에 달렸습니다. 정녕 다섯 표가 우리를 위태롭게 만들어야 한단 말입니까?"

트롱셰가 드세즈의 뒤를 이었다.

"내 동료가 가장 중요한 문제를 한 가지 빼놓았습니다. 사형에 투표한 대다수 의원은 형법전을 참고했습니다. 형법전은 사형을 내릴 경우 3분의 2 이상의 찬성을 얻어야 한다고 규정했습니다. 그런데 오늘 아침 여러분은 이 문제를 아주 대수롭지 않게 여기고 여느 때처럼 과반수로 결정하자고 의견을 모았습니다. 그러므로 루이의 재판처럼 중요한 문제에서 다수파 문제를 결정하려면 단순히 표결하기보다 호명투표를 해야 옳습니다."

드세즈는 중대한 문제에서 겨우 다섯 표 때문에 소수파가 된 의원들의 좌절감을 통절하게 찔러서 불씨를 살리려고 노력했으며, 트롱셰는 과반수인지 4분의 3 이상인지 결정하려면 단순히 거수로 하지 말고 호명투표로써 해야 한다고 주장하면서 절차상의 문제를 제기했다. 마지막으로 말제르브가 일어서서 몇 마디 했지만, 결국 감정이 북받쳐 올라 제대로 말을 잇지 못했다.

"그렇습니다. 여러분, 바로 이 문제입니다. '우리는 어떻게 표를 계산해야 할 것인가?'(……) 여러분, 미안합니다. 마음이 산란해서……."

말제르브는 계몽사상가의 친구이며, 그 자신도 계몽주의에 물들어 봉인장의 폐단을 알고, 빨리 그 제도를 폐지하자고 주장했으며, 1750년대 말에 프랑스의 출판물 정책을 총감독하면서 『백과사전』을 보호해주려고 노력한 지성인이었다. 그가 이제는 루이라는 약자를 위해 변론을 하지만 힘에 부쳤다. 루이의 청원과 세 변호사의 호소를 들은 의원들은 다시 이 문제를 논의했다. 로베스피에르·가데·메를랭 드 두애·바레르가 차례로 말하고 나서, 다시 로베스피에르가 일어나 결론을 냈다.

"나는 내 제안을 다시 한번 분명히 말씀드립니다. 나는 국민의 승인은 공화국의 원리를 거스르고 국민의 절대다수에게 해를 입히는 것임을 공식 선언하자고 요청합니다. 그리고 그 누구든 앞으로 이 문제를 다시 거론하지 못하게 하고, 만일 어길 경우 공공의 안정을 해치는 자유의 적으로 여길 것임을 선언하도록 요청합니다."

의장이 의원들의 의견을 묻고 나서 이렇게 선언했다.

"루이 카페가 변호인들을 시켜 국민공회에 제출한 청원을 무효로 선언하고, 앞으로 이 문제를 다시 거론하면 공화국의 안보를 해치는 범죄로 다스릴 것입니다."

1월 16일부터 17일까지 잇따라 열린 회의를 밤 11시에야 끝내고 돌아간 의원들은 18일 오전 10시 30분에 다시 회의를 시작했다. 의원들은 먼저 여러 지방 또는 각부 장관이 국민공회로 보낸 문서를 읽고 토의한 뒤 적절한 조치를 취했다. 이윽고 입법의원 출신인 부슈뒤론의 가스파랭이 전날의 투표 결과를 문제 삼았다. 옛 아비뇽 백작령을 프랑스가 합병했기 때문에 의원의 수가 늘어났는데, 745명으로 발표한 것은 잘못이라고 지적했다. 비서인 살은 자신이 나중에 꼼꼼히 살펴보고 정확히 기록을 남겼기 때문에 별 문제가 없으니 안심하라고 했다. 그러자 들라크루아는 솜의 뒤몽André Dumont이 실제로 사형에 표를 던졌지만 감금형에 투표한 것으로 계산되었다고 말했다. 손에루아르를 지역구로 선택한 카라Carra의 자리를 차지한 뒤몽은 들라크루아의 말이 옳다고 확인했다.

"나는 내가 한 말을 또박또박 다시 말하겠습니다. '루이는 음모가라고 판정받았고 그렇게 알려졌습니다. 그러므로 그를 시민으로 보는 것은 너무 명예로운 대접입니다. 나는 사형에 한 표를 던집니다.'"

입법의원 출신인 솜의 살라댕Jean-Baptiste-Michel Saladin은 뒤몽이 실제로 그렇게 말했다고 증명했다. 입법의원 출신인 엔의 루아젤Pierre Loysel도 한 마디 거들었다. 16세기에 프랑스 관습법을 연구한 저명한 법학자 앙투안 루아젤(1536-1617)의 자손으로, 국민의 승인에 찬성하고 헌법을 제정할 때까지 집행유예를 조건으로 사형에 찬성한 루아젤은 자기가 모든 의원이 어떻게 투표했는지 하나하나 기록해놓았는데, 자기 기록과 의장의 발표가 차이가 나니까 명단을 다시 읽고 의원을 한 사람씩 불러 어디에 투표했는지 다시 말하게 하든지, 서명하여 제출하게 하자고 제안했다. 엔의 베프루아Louis-Etienne Beffroy가 루아젤의 제안을 지지했다. 살 의원이 관보에 인쇄할 명단을 흔들면서, 아무리 그래도 사형에 투표한 수는 줄지 않고 발표한 대로라고 말했다. 몽타뉴파인 튀리오가 말했다.

"명단을 인쇄해서 모든 도에 보내야 하니까, 다시 한번 검토해야 합니다. 숫자가 틀렸다는 사실이 밝혀졌습니다. 비서진은 파견임무 때문에 결석한 인원이 오직 열한 명이라고 했습니다. 우리는 스무 명을 파견했는데, 다섯 명이 돌아왔습니다. 그러므로 아직 열다섯 명이 남았습니다. 어쨌든 명단에는 세 명이 올라 있기 때문에, 이렇게 해도 한 명이 모자랍니다. 나는 서기 한 명이 보고서를 다시 읽어보시고, 의원은 각자 자기 의견을 제대로 표명했는지 분명히 밝혀주시기 바랍니다."

먼저 국민의 승인을 받아야 한다고 투표했지만, 나중에는 사형에 투표한 슈디외도 한몫 거들었다.

"비서진이 불성실하다고 할 수는 없어도 적어도 부정확하다는 사실이 명백히 드러났으므로, 비서 여섯 명을 새로 바꾸자고 요청합니다."

285

라수르스와 이스나르가 잇따라 잘못을 바로잡아야 한다고 말하자, 비서인 르사주가 "기껏해야 뒤몽 의원과 관련된 실수밖에 없습니다"라고 응수했다. 그러나 마침내 의장이 결과를 수정해서 선포했다. 총원 749명, 파견 15명, 환자 7명, 무단결석 1명(견책 사유 회의록에 남김), 기권 5명, 투표자는 28명을 뺀 721명, 그러므로 과반수는 361표. 투표자 가운데 2명이 감옥형(강제노동 포함), 319명이 감금 후 유배형 또는 즉시 유배형, 또는 외국 침략 시 처형, 13명이 사형에 집행유예(부르봉 왕가를 완전히 몰아낼 때까지, 또는 전쟁을 끝낼 때까지, 또는 헌법을 비준할 때까지), 361명이 무조건 사형에 투표했다. 그리고 26명은 멜의 제안(사형을 연기하는 문제를 공공 이익에 맞는지 토론하자)을 따르는 조건으로 사형에 투표했다.

무조건 사형에 표를 던진 사람이 361명이라는 사실은 충분히 논란거리가 되었다. 그래서 18일은 하루 종일 집행유예 문제를 두고 의원들이 입씨름을 벌였다. 먼저 브레아르가 재판 결과를 보고하는 문서를 만들어 전국 각지에 보내자고 제안하자, 곧바로 튀리오가 반대했다. 슈디외가 의장에게 우파 의원들이 과반수로 결정된 사안을 간접적으로 공격하지 못하게 조치를 취해달라고 부탁했다. 좌·우파 의원들은 상대편이 발언할 때 서로 방해했다. 특히 우파가 좌파의 발언에 마구 끼어들었다. 그만큼 그들은 루이 16세를 어떻게든 살리고 싶어하는 마음을 감추지 않았다. 파리에서 활약했지만, 센에우아즈 도에서 뽑힌 탈리엥은 무엇보다도 "집행유예 문제를 결정하자"고 요구하면서, "인류애가 그것을 강력히 요구한다"고 말했다. 곧 로베스피에르가 받아 "탈리엥의 제안을 먼저 처리하자"고 하니, 뒤케누아Duquesnoy·로베스피에르(동생)·뒤엠·쥘리엥Julien과 다른 의원들이 "의장, 표결합시다. 탈리엥의 제안을 먼저 처리합시다"라고 합창했고, 우파 의원들은 "표결하기 전에 먼저 이유를 들읍시다"라고 맞섰다. 의장은 탈리엥에게 제안 설명을 허락했다.

"나는 인류애의 차원에서 제안했습니다. 루이는 자신이 사형선고를 받았음을 압니다. 그는 국민공회에서 집행유예를 요청한 의원이 있다는 사실도 압니다. 나는 자기 운명이 어떻게 결정 날지 너무 오래 기다리게 만드는 것이 과연 문명인이 할 일인지 의문이 들었습니다. 그러므로 유죄선고를 받은 사람의 고통을 더 연장시키지 않는 차원에서 이 자리를 떠나지 않고 결정하자고 요청합니다."

물론 좌파 의원들은 "재청이요, 재청이요"를 연발했다. 롤랑과 로베스피에르와 친하게 지내다가 1792년 11월 이후에 로베스피에르만 좋아하고 롤랑을 격렬히 비판하던 쿠통이 말했다.

"루이는 자기 운명을 알고 있습니다. 모든 순간이 끔찍할 텐데, 집행시간을 늦춘다면 더욱 고통스러울 것입니다. 그를 어느 범죄자처럼 처형해야 합니다. 판결이 난 뒤 24시간 안에 처형하자는 말입니다. 만일 그렇지 않으면, 국민공회는 위신도 세우지 못하고, 우리가 만드는 법도 권위를 인정받지 못할 것입니다."

이 문제로 하루 종일 회의장이 시끄러웠다. 의장은 질서를 잡으려고 모자를 썼다. 장내가 다시 조용해지자, 의원들은 다음 날까지 휴회를 결정하고 자리에서 일어섰다. 샹봉의 말대로 한 번은 36시간 연속회의를 한 뒤, 곧이어 12시간이나 회의를 하면서 입씨름을 했으니, 모든 의원이 지칠 만큼 지쳤다. 그러나 몽타뉴파 의원들은 모두 불만이었다. 그들은 다음 날 회의의 형식을 '끝장회의'로 결정짓고 자리를 뜨자고 소리소리 질렀다. 다시 말해 결론이 나기 전에는 회의를 끝내지 않기로 하자고 외쳤다. 그러나 의장은 못 들은 척하고 자리를 떴다. 좌파 의원들은 대부분 움직이지 않고 "아직 회의가 끝나지 않았소"라고 외쳤다. 그러나 중앙의 평원파와 우파는 의장을 따라 회의실을 빠져나갔다. 그때가 밤 10시 반이었다. 거의 300명 정도만 회의실에 남아 한가운데로 모였다.

"아직 회의가 끝나지 않았습니다. 모든 제안을 다 표결하지도 않았습니다. 의장을 소환해야 합니다."

좌파 의원들은 남은 이들 가운데 의장직을 맡았던 사람들을 찾아 사회를 보라고 부탁했다. 들라크루아가 의장석에 앉았다. 이제 본격적으로 당파 싸움이 국민공회에서 구체화하는 순간이 왔다. 어떤 의원이 "모든 왕당파를 없앨 기회"라고 말하니, 다른 의원이 "브리소파도 없애야 한다"고 대답했다. 이렇게 국민공회 회의실에서 왕당파와 브리소파를 동일시한 때는 아마 처음이었을 것이다. 그러자 들라크루아는 자신은 사회를 보러 의장석에 올라간 것이 아니라 발언을 하려고 올랐다고 해명했다.

"의장이 정회를 선포했고, 의원들이 3분의 1이나 자리를 떴으니 여러분만 가지고 국민공회를 움직일 수는 없습니다. 여러분은 시민의 모임에 지나지 않습니다. 여러분은 토론할 권한이 없습니다. 왜냐하면 다수파가 휴회를 결정했기 때문입니다."

여러 의원이 "우리가 다수파다!"라고 외쳤다. 이 말을 듣고 들라크루아가 말을 이었다.

"나는 회의를 합법적으로 정회한 이후에 과연 다수파가 성립할 수 있는지 모릅니다. 여러분은 의장을 지명할 수 있겠지만, 분명히 말씀드리지만 나는 회의를 이끌지는 않겠습니다."

르장드르가 말했다.

"여러분, 방청객이 아직도 자리를 뜨지 않고 있습니다. 파리 시민들은 무슨 일이 일어나는지 모르는 채 불안해할 수 있습니다. 만일 우리가 자리를 뜨면 방청석의 시민들도 돌아갈 테고, 그러면 파리 시민의 불안감도 잠재울 수 있을 것입니다. 그러니까 지금 우리는 돌아갔다가 내일 아침 9시, 아니 8시에라도 등원합시다."

쿠통이 빨리 헤어지고 다음 날 8시에 다시 모이자고 제안하자, 모든 의원이 돌아가려 했다. 그때 로베스피에르가 말했다.

"시민들이여, 제발 잠시만 시간을 내서 내 얘기를 들어보세요. 우리는 사형 집행을 서둘렀습니다. 만일 서두르지 않는다면, 폭군을 구하려는 음모를 꾸미는 자들이 생길지 모르기 때문이지요. 우리 모두 파리 도청, 모든 구, 정치 클럽에 알립시다. 그러면 이 용감한 분들이 나서서 공공의 안녕을 해치는 적을 꼼짝하지 못하도록 해줄 겁니다. 그러나 그분들에게 아주 침착하게 행동해달라고 부탁합시다. 여러분, 이제 우리 돌아갑시다. 내일 다시 등원하여 모든 왕을 질식시키고, 자유를 더욱 굳게 다지는 영광스러운 과업을 다시 시작합시다. 나는 연속회의로 루이의 운명을 결정하자고 발의하고, 법령을 제정할 것을 여러분 앞에서 다짐합니다."

상테르가 회의장에 나타나 국민방위군의 지정석에 서서 마라와 몇몇 의원과 차례로 얘기하더니 연단에 올랐다.

"나는 시민의 자격으로 여러 의원님께 말씀드립니다. 파리는 완전히 고요합니다. 전왕의 판결은 가장 대규모 인원을 동원해서 집행할 것입니다. 현재 행군할 준비를 갖춘 인원으로 5,000명을 확보했습니다. 사방에 대포를 배치했지만, 그것을 쓸 일은 없을 것입니다. 고요한 상태를 유지할 수 있을 테니까요."

국민방위군 사령관이 국민공회 의원들이 발언하는 연단에 올랐던 것은 이례적인 일이다. 그러나 의장이 폐회를 선언한 뒤였으므로 크게 문제 삼을 일은 아니었을 것이다. 그의 말을 듣고 모든 의원이 회의실을 떠났다. 1월 18일 밤 12시였다.

그날 국민공회에서 루이를 죽이느냐 마느냐를 놓고 격론을 벌일 때, 루이는 탕플 감옥에서 파리 코뮌 관리들에게 편지를 쓰는 중이었다.

"여러분은 내 요구를 파리 코뮌에 전달해주시기 바랍니다.

첫째, 지난 목요일, 나를 24시간 감시한다는 명령에 대하여. 내가 처한 상태에서 혼자 지내면서 명상할 시간을 낼 수 없음이 얼마나 큰 고통이며, 특히 밤에는 쉬어야 한다는 사실을 공감해주시기 바랍니다.

둘째, 내 변호인단을 만나지 못하게 한 명령에 대하여. 국민의회는 내게 자유롭게, 시간에 제한받지 않고 변호인단을 만날 수 있게 해주었는데, 왜 그 권리를 취소하는지 이유를 알 수 없습니다. 루이."

파리 코뮌과 로베스피에르가 탕플을 감독할 권한을 준 에베르Jacques René Hébert는 이 편지를 받고서도 아무런 후속조치를 취하지 않았다. 파리 코뮌은 루이를 완전히 무시해도 좋다고 생각했음이 분명하다.

제4차 호명투표 | 루이의 처형을 당장 시행할 것인가, 미룰 것인가?

1월 19일 토요일, 의장과 서기들이 모두 등원하지 않은 가운데, 옛 의장인 바레르가 11시 15분 전 개회를 선언했다. 비서진이 출석하지 않았기 때문에 콩도르세·오슬랭·생쥐스트, 그리고 로Lot의 장 봉 생탕드레André Jean-Bon-Saint-André가 임시로 비서 노릇을 하기로 했다. 브레아르는 간밤에 아침 9시에 모두 등원해서 논의하기로 결정해놓고서도 의장과 서기가 모두 나오지 않았다고 불평을 늘어놓았다. 들라크루아가 가세해서 그들을 견책하고 의사록에 기록해 모든 도에 알려야 한다고 말했다. 의장 바레르가 말했다.

"오늘 아침 10시에 회의를 정시에 시작하라고 말하려고 베르니오의 집에 갔더니, 그는 아파서 누워 있었습니다. 그는 나더러 대신 회의를 맡아달라고 부탁했습니다. 그는 정오까지는 등원하겠다고 말했습니다. 나는 그를 견책해야 한다고 생각하지 않습니다."

모든 의원이 동의했다. 들라크루아는 "좋습니다. 의장은 그렇다 치고, 비서들이라도 견책해야 합니다"라고 고집했다. 어떤 의원이 지금까지 그렇게 긴 회의를 여러 번 하느라고 병도 날만 하니까 그냥 넘어가자고 말했다. 그러나 의원들은 의장의 사정을 이해하면서도, 비서들은 제시간에 회의를 열지 않은 책임을 지도록 의결한 뒤 의사일정으로 넘어갔다. 회의를 진행하는 사이에 서기인 고르사스가 등원했기 때문에 의원들은 그의 견책안을 철회해주었다. 그리고 베르니오도 등원해서 의장석에 앉았다. 여러 의원이 잇따라 발언했다. 슈디외는 집행유예 문제를 결정한 뒤 산회하자고 제안해서 통과시켰다. 로베스피에르가 "오늘 회의는 반드시 법안을 통과시킨 뒤 헤어져야 한다"고 덧붙여 그 안을 통과시켰다. 이제 호명투표를 시작하자는 측과 토론을 해야 한다는 측이 다시 맞붙었다. 마라가 연단에 올라 말했다.

"이미 결정 난 문제를 놓고 떠드는 모습을 보면 화가 납니다. 집행유예 문제를 놓고 토론을 하자는 것은 소수파가 다수파와 싸우자는 것입니다. 폭군은 사형선고를 받았고, 그는 마땅히 그 벌을 받아야 합니다. 오직 왕당파, 폭정의 지지자, 악덕 세리 출신인 샹봉 같은 사람만 보이는군요."

이 말을 듣고 여러 사람이 격렬히 반발했다. 의장이 마라에게 질서를 해치지 말라고 주의를 주었다. 여러 의원이 마라를 견책하라고 주장했다. 마라는 "견책이라니 말도 안 됩니다"라고 맞섰다. 의장은 마라의 태도를 비판하면서 다시금 주의를 주었다. 마라가 계속 말대꾸를 하니, 의장은 본론만 말하라고 했다.

"나는 폭군의 머리를 치지 않으면, 공화국은 허상일 뿐이라고 생각합니다"라는 마라의 대답에 오트잘프Hautes-Alpes의 세르Joseph Serre는 "마라가 극단적인 얘기를 하고 있습니다"라고 불평했다. 마라는 "폭군을 24시간 이내에 형장으로" 보내야 한다고 주장했다. 샹봉은 자기가 근거 없이 비난을 받았으니 답변할 기회를 달라고 의장에게 말했다. 여러 의원이 반대했다. 그때 세르가 "마라의 모욕은 명예입니다"라고 말했다. 이 말은 무슨 뜻일까? 빈정대는 것인가? 그동안 세르는 조금 뜻밖인 면을 보여주었다. 그는 지난해 11월 28일에 왕이 신성하고 침해할 수 없는 존재라는 이론을 논박하고, 루이 16세를 여느 살인자나 반역자를 다루는 법으로 재판해야 한다고 주장했다. 그러나 막상 호명투표를 할 때는 재판 결과에 대해 국민의 승인을 받아야 한다는 데 투표했고, 그다음에는 감금했다가 전쟁이 끝나면 유배시키자는 데 투표했다. 이날 호명투표에서는 집행유예에 찬성할 것이다. 왕을 미워하던 그가 언제 왕을 가엾게 여기는 쪽으로 마음을 바꿨을까? 아무튼 1월 19일, 마라에게 모욕을 당하는 사람은 명예로운 사람이라고 말할 때, 그가 마라의 태도를 비웃었음이 분명하다. 샹봉은 마라에게 대답할 기회를 달라고 주장하고, 여러 의원이 그럴 필요가 없다고 픽픽거리는 가운데, 코레즈의 리동Bernard-François Lidon이 샹봉에게 "괜히 그 사람 말을 해서 당신까지 흙탕물에 들어갈 필요는 없겠지요"라고 충고했다.

마라는 급진파로서 파리 민중의 지지를 받았고, 몽타뉴파의 지도자 가운데 한 사람이었지만, 너무 지나칠 정도로 과격하고, 피를 부르는 연설을 하기 때문에 그를 역겨워하는 사람도 많았다. 그의 거친 입이 필요하면서도 속으로는 그를 멸시한 사람이 많았다. 오늘날의 정치판에서도 정적의 저격수 노릇을 하면서 주목받는 사람이 있지만, 그의 역할은 그 정도일 뿐이다. 마라가 날마다 수백·수천·수만 명을 죽여야 한다고 떠들면서 현실에 불만인 사람들의 속을 풀어주는 말을 했지만, 실제로 학살이 일어났을 때 그가 동원한 사람들이 몇이나 되는지 우리가 알 길은 없다.

마침내 의장이 토론을 시작하자고 하면서 뷔조에게 발언권을 주었다. 루소와 플루타르쿠스를 열심히 읽은 이상주의자 뷔조는 마담 롤랑madame Roland의 영향을 받아 당통, 로베스피에르와 대립한 사람이었다. 루이 16세를 재판할 때는, 누구든 왕권을 부활시키려는 시도를 한다면 사형에 처하자고 제안했는데, 이것은 필리프 에갈리테와 그가 가까이 하던 몽타뉴파를 당혹스럽게 만들려는 책략이었다. 그는 1792년 12월 16일 부르봉 가문의 모든 사람을 유배하자고 제안하여 다시금 필리프 에갈리테와 그를 배려해서 발언한 카미유 데물랭을 공격했다. 그는 국민공회가 결정을 내려도 마지막으로 국민의 승인을 받아야 한다는 쪽과 사형을 유예하는 데 투표했다.

"루이 16세는 국가 반역의 죄를 지었다는 사실이 입증되었습니다. 나는 그 판결을 국민의 승인을 받아야 한다는 데 투표했습니다. 왜냐하면 국민이 이 재판에 참여해야 한다고 믿었으며, 또 그렇게 해야만 공화국을 구할 수 있다고 생각했기 때문입니다. 비록 투표 결과가 내 생각과 다르게 나왔습니다만, 나는 그 결과를 존중합니다. 그리고 어떤 벌을 내려야 할지 결정하는 투표를 할 때, 나는 그가 사형을 받아 마땅하다고 믿었습니다. 그러나 나는 집행유예를 해야 한다는 조건을 분명히 설명했습니다.

마침내 집행유예 문제를 투표하기에 앞서, 내 생각을 말씀드리겠습니다.

만일 내 이익만 생각한다면, 나는 반대에 투표하겠습니다. 그러나 나라를 구해야 한다는 생각이 우선이기 때문에, 나는 살해당할지 모르지만 집행유예를 찬성하기로 했습니다.

내가 집행유예에 찬성하는 이유는 이처럼 중대한 재판에서 형식적인 결점을 보았기 때문입니다. 이 재판은 단지 다섯 표 차이로 갈렸습니다. 이처럼 큰 차이도 없이 난 결정을 24시간 안에 집행한다니, 말도 안 됩니다. 어제 재판 결과가 나오자 시민들이 웅성거리고 소란스러워졌는데, 만일 집행유예를 부결시켜도 그들은 국민공회를 비난하겠지요."

뷔조는 의원들에게 목숨이 아까우면 집행유예에 반대해도 좋겠지만, 나라를 구하려면 찬성해야 한다고 주장했다. 좌파 의원들이 "그건 사실이 아니오", "중상모략을 멈추시오"라고 외치자, 평원파 의원들은 "발언을 방해하는 자들에게 주의를 주시오"라고 외쳤다. 라수르스가 몽타뉴파에게 경고했다.

"내가 보기에 남의 발언을 끊고, 열렬한 애국심의 가면을 쓰고 국민공회를 타락시키려는 자들이 있는데, 그들은 국민공회와 프랑스의 적입니다."

뷔조가 말을 이었다.

"시민 여러분, 여러분의 판결을 즉시 집행하면, 여러분을 위협하는 불행을 더 빨리 오게 할지 모른다는 점에 유념하십시오. 여러분은 유럽의 열강과 맞서고 있는 우리의 정치상황을 잘 아실 것입니다. 유럽 전체가 우리에게 전쟁을 일으키고 있는 상황 때문에 사람들이 불안에 떨고 있는데, 오히려 그 사람들을 비난하는 목소리를 자주 듣습니다. 과연 이 전쟁의 순간을 앞당기는 것이 나라에 제대로 봉사하는 일일까요? 전쟁은 수많은 목숨을 앗아갈 것입니다. 우리의 동료 시민들의 피를 뿌리게 만드는 것도 모자라 국고를 탕진하고 질서와 산업과 상업을 마비시킬 것입니다.

나는 사형을 집행한다면 일시적이나마 여론을 만족시키리라고 생각합니다. 나는 루이가 죽이거나 파멸시킨 사람들의 자식들이 그를 빨리 처형하기 바란다는 사실도 잘 압니다. 그러나 여러분 같은 입법가는 여론을 이끌어야 하고, 때로는 방향을 잃은 여론을 거스르면서라도 더 좋은 방향으로 이끌어가야 합니다.

아마 집행을 늦추면 프랑스인이 분열하여 공화국의 행복에 반드시 필요한 일체감이 사라질지 모른다고 두려워하시겠지요. 그러나 집행을 서두를 때 피할 수 없는 불행이 닥칠 수 있다는 사실도 계산해야 합니다.

나는 여러분이 이 의회의 모든 구성원뿐만 아니라 파리와 프랑스 제국의 모든 사람에게 이 재판이 아무런 영향을 끼치지 못한 것이 아니었음을 확실히 보여줄 수 있는 적합한 조치를 취해주시기 바랄 뿐입니다. 이제 그 조치를 취해야 할 순간이 왔습니다. 나는 이 의회를 지나칠 만큼 자주 뒤흔들던 모든 개인의 열정과 의지를 여러분이 물리치는 모습을 프랑스와 전 유럽 사람들 앞에서 보고 싶습니다."

좌파 의원들이 아주 소란스럽게 떠들었다. 그리고 쿠통이 단호히 말했다.

"만일 뷔조가 왕이나 되려 한다면, 나는 그의 머리를 총으로 쏴버리겠다고 분명히 말합니다."

뷔조가 맞섰다.

"왜 이렇게 소란스럽습니까? 여러분은 스스로 제정한 법을 남이 강요해서 철회하신 적이 없었습니까? 여러분이 지금 두려워해야 할 것이 있다면, 그것은 어제 마뉘엘을 죽이고 싶어했던 사람들이며, 이 의회의 구성원들을 끊임없이 위협하는 당파입니다. 만일 이 당파가 마음 약한 구성원에게 겁을 줘서 자기편으로 만들면, 곧바로 용감한 구성원을 쫓아내려 들겠지요. 그렇게 되면, 그들을 어떻게 감당하시겠습니까? 그들이 여러분에게 투표를 강요할 때, 여러분이 원치 않는 투표를 하지 않을 길이 어디 있겠습니까? 나는 전국의 모든 도가 여러분의 재판에 참여하도록 하자고 했습니다. 왜냐하면 이 당파가 여러분을 지배하고, 여러분에게 왕 노릇을 하려 하기 때문입니다.

나는 이 당파의 우두머리들이 어디서나 말하고, 모든 신문에 글을 쓰고, 자신들은 결코 왕이 되고 싶지 않다고 맹세하면서 돌아다닌다는 사실을 잘 압니다. 그들이 제아무리 맹세한다고 뭐가 달라지겠습니까? 왕의 자식들은 오직 자기 이익만 챙깁니다. 진정한 공화주의자의 말을 들으십시오. 범죄와 거짓 맹세가 거기에 있습니다. 그들은 그렇게 해서 왕좌에 오릅니다. 그리고 거기에 영원히 머무릅니다. 그러므로 오를레앙(필리프 에갈리테)과 그의 자식들을 몰아내서, 내일 당장 우리가 화합하도록 합시다."

이제 뷔조의 속내가 훤히 드러나기 시작했다. 그는 몽타뉴파가 루이 16세를 빨리 처형한 뒤 필리프 에갈리테를 왕으로 세워놓고 조종하려 한다고 비난했다. 그러므로 분열의 씨를 뿌리는 축은 자신처럼 집행유예를 주장하는 사람이 아니라, 루이 16세를 빨리 처형하자는 사람이라는 논리였다.

"시민 여러분, 만일 여러분이 이 법(루이 카페의 사형)을 철회하지 않는다면, 여러분은 패배할 것입니다. 왜냐하면 여러분은 이 당파의 지배, 그리고 여러분을 포위한 모든 사람의 정념의 지배를 받을 것이기 때문입니다."

튀리오는 파리에서 일어나는 상황을 헐뜯는 비방문이 지방에 널리 퍼져 프랑스 국민을 불안하게 만드는데, 그것은 애국심을 가장한 왕당파의 명분을 널리 퍼뜨리려는 반도의 음모라고 말문을 연 뒤 이렇게 말했다.

"폭군은 사형선고를 받았고, 국민은 그것을 바라며, 폭군을 처형해야 합니다. 그런데 지금 이 순간 우리에게 이상한 제도(집행유예)를 내미는 사람이 있습니다. 만일 그 제도를 받아들인다면, 소수파가 다수파의 찬성을 얻은 법령에 거부권을 행사하는 결과를 낳을 것입니다.

그러나 절대다수가 법을 만들었고, 그것을 취소할 수 없다는 점을 공식적으로 결정하지 않았습니까? 이 다수파가 사형을 명령하는 법을 만들고 선포하지 않았습니까?

공화국의 모든 곳에 법전이 있습니다. 아직 그 책을 펴보지 않은 시민들이 루이에게 어떤 벌이 합당한지 알려고 그 책을 펴보면 그 즉시 여러분이 의무를 제대로 이행했음을 알 것입니다.

연단에 올라 폭군의 죽음을 원치 않고, 그 대신 자유에 아무런 해도 끼치지 않은 부르봉 가문의 사람들을 쫓아내자고 하는 사람들은 얼마나 이상한 논리를 내세우는 것입니까? 이렇게 해서 우리가 덕을 받든다고 하겠습니까?

자유의 적은 언제나 똑같은 계획을 세웁니다. (1789년) 7월 14일, 자유를 되찾았을 때, 그들은 이 위대한 행위가 일어날 때는 전혀 존재한 적도 없는 당파의 업적이라고 말했습니다. 10월 5일, 단호한 행동으로 나라를 구했을 때도 그 당파의 업적이라고 하더군요.

시민들이여, 최초의 운동을 반역자 라파예트와 베르사유 궁에서 합동으로 일으킨 일이라고 하다니 우스워 죽을 지경입니다. 이들은 파리 코뮌의 대표자 회의를 해산하고, 파리를 무정부상태로 만들고, 반혁명을 준비하던 자들이 아닙니까? 반혁명의 계획에서 두드러진 두 가지 운동을 입증할 문서를 여러분께 보여드리니 잘 읽고 판단하시기 바랍니다.

(1792년) 8월 10일 사건이 승리로 끝나지 않았다면, 그 결과 나쁜 사람들의 계획이 성공했다면, 그것이야말로 바로 이 도당의 작품일 것입니다.

시민들이여, 이 정도만 가지고도 여러분이 사물을 올바로 보기에 충분하지 않습니까? 폭군의 머리가 떨어지면, 더는 그 도당이 존재하지 않을 것입니다. 그러나 장관의 이름으로 통치하고, 모든 요직을 제멋대로 나눠 가지려는 모사꾼들은 여전히 존재하겠지요. 우리는 이들을 감시해야 합니다. 이들은 오직 피를 흘릴 때까지 남을 비방합니다."

여러 의원이 "당신이나 남을 헐뜯지 마시오"라고 외쳤으나, 튀리오는 아랑곳하지 않고 말을 이었다.

"만일 역사가 믿을 만한 것이라면, 그들은 역사를 읽으면서 몸서리를 치겠지요. 그 역사는 그들이 폭군을 구하려고 애국심을 가장한 채 우리에게 당파심만 잔뜩 불어넣고, 어디서나 파벌과 미움이 지배하게 만들고, 시민이 서로 전쟁을 일으키도록 온갖 수단을 냉혹하게 동원하는 내용을 적어놓았을 테니까요.

일부 의원이 파리의 집집마다 단도를 품고 있기 때문에 두렵다고 말할 때마다 나는 화가 치밀어 오릅니다. 자기 의무를 다하는 사람은 죽음을 두려워하지 않습니다.

국민공회가 문을 연 첫날부터 줄곧 가장 피비린내 나는 비방문을 퍼뜨려 파리를 공격하는 사람들은 계속 자신들이 자유롭지 못하다고 말합니다. 만일 그들이 정말로 자신이 자유롭다고 생각할 때는 무슨 짓을 저지르겠습니까? 그들은 마음껏 복수할 것입니다. 그렇게 하도록 내버려두세요. 그러면 여러분은 그들이 곧 자유를 없애고, 자기편에 선 모든 사람까지 단두대로 보내는 모습을 볼 테니까요.

시민들이여, 나는 그들의 속임수에 넘어가지 않습니다. 예를 들어 에스파냐의 왕이 보냈다는 편지는 그가 쓴 것이 아닙니다. 그것을 쓴 사람은 에스파냐 왕이 파견한 특사를 자처하는 사람으로서, 그에게는 프랑스의 내정에 간섭할 권한이 없습니다. 만일 여러분이 그의 편지에 속았다면, 그 편지에서 무분별하게 거론했던 일이 벌어졌겠지요. 유럽의 왕들이 모여 폭군을 심판하자던 이야기 말입니다."

여기서 잠시 에스파냐 왕의 특사 오카리스의 편지 내용을 살펴볼 필요가 있다. 이미 말했듯이, 17일 밤 호명투표가 끝난 뒤, 의장이 표결 결과를 기다리는 동안 편지 두 통을 읽어도 좋으냐고 물었을 때, 의원들은 루이의 마지막 청원을 전하는 변호인들의 편지만 읽고, 외무장관이 보낸 편지에 동봉한 에스파냐 왕실의 편지는 읽지 않기로 결정했다. 그 편지는 실제로 누가 썼고, 누구를 상대로 쓴 것인가?

파리에서, 1793년 1월 17일

진실한 가톨릭 신자인 에스파냐 왕께서는 자기 가문의 불행한 가장에게 치명적인 방식으로 재판이 끝나는 과정을 보시면서 당신의 지극한 걱정을 대신 표현해달라고 내게 긴급한 명령을 내리셨습니다. 그래서 나는 그분이 프랑스 국민과 대표들에게 보내는 간절한 마음을 그분 대신 장관님께 서둘러 전해드립니다. 나는 내가 제시하는 새로운 제안을 장관님께서 물리치실 이유가 없다고 생각합니다. 장관님께서는 국민공회에 그 내용을 전해주시기 바랍니다. 나는 프랑스 국민이 관련된 문제이며, 유럽에서 프랑스가 아주 중요한 위치를 차지하는 동시에 아주 방대한 외교관계를 맺고 있기 때문에 국민공회는 몇몇 의원이 이미 보여준 신중한 정책에 귀를 막을 수 없다고 믿습니다. 나는 거기에 아무것도 덧붙일 자격이 없지만, 에스파냐의 왕이 그 문제에 아주 큰 관심과 명분을 갖고 있는 이상, 장관님을 대신해서 내가 그분에게 프랑스와 전쟁 당사국 사이에 평화를 회복하도록 중재해달라고 부탁하게 해주시기 바랍니다. 만일 이러한 방법이 프랑스인에게 유익한 동시에 에스파냐 왕의 불행한 친척의 운명을 개선해준다면, 나는 감히 에스파냐 왕께 내가 제안하는 방법을 받아들이시어 인류 평화에 이바지할 협상에 나서실 수 있는지 여쭙겠습니다. 나는 장관님께서 내 제안을 받아들이시길 열렬히 바랍니다.

외무장관 르브룅은 이 편지를 국민공회에 전달해 전쟁의 위협을 돋보이게 만들고, 전쟁에서 벗어나는 길은 루이 16세를 살려주는 대신 전쟁 상대국들과 평화를 회복하는 길임을 강조하려 했던 것이다. 루이 16세가 그렇게 바라던 전쟁, 그가 임명한 장관들이 찬성해서 일으킨 전쟁을 이제는 루이 16세와 프랑스의 안전을 위해서 그만두자고 한다. 초기에 전쟁에 반대했던 로베스피에르와 그의 친구들이 여기에 어찌 쉽사리 동의할 수 있겠는가? 더욱이 1792년 9월 20일에 발미에서 거둔 승리는 막 프랑스 공화국을 세운 사람들에게 얼마나 큰 희망을 안겨주었던가?

이미 입법의회에서 논의하던 전쟁문제는 1792년 3월 25일 오스트리아의 최후통첩을 받은 뒤 피하기 어려운 것이 되었다. 4월 20일, 프랑스는 '보헤미아와 헝가리의 왕'에게 전쟁을 선포하고, 4월 28일부터 벨기에 지방에서 오스트리아군을 공격하면서 전쟁을 시작했다. 7월 25일, 루이 16세를 가만두지 않으면 파리를 완전히 없애버리겠다고 장담한 브룬스비크 공은 오스트리아와 프로이센 연합군을 끌고 8월 19일 프랑스 국경을 넘어 물밀듯이 파리를 향해 나아갔다. 8월 20일 롱위가 적의 수중에 떨어지고, 8월 22일 서부의 방데Vendée에서는 왕당파가 "왕 만세"를 외치면서 혁명정부에 반대하는 가운데, 동쪽에서는 프로이센 군대가 8월 30일에 베르됭을 공격하기 시작했다. 843년의 조약으로 프랑스와 독일이 갈라진 지 950년 만의 일이다. 8월 26일, 파리에서는 입법의회가 3만 명 동원령을 제정하고, 9월 2일에는 몹시 예민해진 파리 투사들이 감옥을 돌며 수많은 수용자를 마구 학살하는 사이, 베르됭이 마침내 떨어졌다.

9월 4일, 티옹빌이 공격을 받기 시작했다. 프랑스 입법의회는 외부의 적과 내부의 반혁명세력, 왕당파와 싸우는 데 온 힘을 기울였다. 9월 9일에 곡식의 최고 가격제를 실시하는 한편, 이튿날 종교의식에 쓰던 금은붙이를 징발해 전쟁비용을 마련했다. 9월 14일, 프로이센 군대가 아르곤 숲을 가로질러 파리로 다가섰다. 그날, 루이 16세의 사촌 필리프 도를레앙은 필리프 에 갈리테로 다시 태어났다. 프랑스 군대를 지휘하던 뒤무리에 장군은 프로이센 군대의 진격을 막으려고 9월 1일 벨기에 지방을 포기하고 북쪽에서 남쪽으로 이동했고, 9월 20일에는 발미에서 양쪽 군대가 서로 포격을 해댔다. 뒤무리에 장군의 지휘를 받던 켈레르만François Etienne Christophe Kellermann 장군이 5만 명으로 프로이센군 3만 5,000명을 막아냈다. 발미에서 거둔 승리는 큰 전투로 얻은 것은 아니었지만, 새로 태어난 프랑스 공화국에 자신감을 안겨주었다. 프랑스를 떠나 외국으로 망명한 사람들과 아직 나라 안에 남은 반혁명세력, 왕당파가 프로이센 군대의 진격을 도왔는데, 새로 조직한 공화국 군대가 막아냈다는 것은 실로 큰 의미를 둘 만한 사건이었다.

역사가 피에로Alfred Fierro는 프랑스에 300명, 프로이센에 180명의 사망자를 내고, 뜻밖에 프로이센군이 물러난 이유를 멋대로 추측하는 사람들도 있었다고 말한다. 프랑스의 뒤무리에 장군이 브룬스비크 공의 야심을 부추겼다는 가설은 재미있다. 브룬스비크 공은 프랑스 왕이 되고 싶었는데, 장차 백성이 될 사람들의 피를 흘리지 않게 하려고 쉽게 물러났다는 것이다. 또 당통이 브룬스비크 공을 매수해서 물러나게 했다는 말도 떠돌았다. 9월 16일, 왕실 보물창고에서 보석을 도둑맞았는데, 140캐럿짜리 '섭정 다이아몬드 Régent'와 '푸른 다이아몬드'(일명 '희망')도 사라졌다. 브룬스비크 공이 이러한 보석을 받고 물러났다고 생각하는 사람도 있었다는 것이다. 그러나 그것은 추측일 뿐이다. '섭정 다이아몬드'는 얼마 뒤 되찾았고, '희망'은 영국에 팔렸기 때문이다.

다시 튀리오의 말을 조금 더 들어보자.

시민들이여, 그 편지를 읽어보시오. 그 편지를 쓴 상황에 대해 생각해보시오. 그러면 여러분도 나처럼 화가 날 것입니다. 이제 국민공회는 프랑스인이 보기에 합당한 조치를 취하여, 각국의 특사들이 공화국의 원칙을 존중하게 만들어야 할 때입니다. 여러분이 그렇게 해야 합니다.

다시 집행유예의 문제로 돌아갑시다. 그것은 아주 간단하게 해결할 수 있는 문제입니다. 국민은 자기 의지를 우리에게 분명히 알려주었습니다. 국민은 모든 권한을 우리에게 주면서 폭군을 심판하라고 했지, 벌을 내리지 말라고 하지 않았습니다. 범죄의 성격이 명확해진 이상, 우리는 형법전을 펴고 그 범죄에 해당하는 벌이 무엇인지 보기만 하면 됩니다.

곧바로 사형을 집행하지 않는다면, 폭군의 공모자들에게 그를 다시 왕좌에 앉히려고 음험한 수단을 동원할 기회를 줄 뿐입니다. 따라서 나는 국민공회가 법조문을 곧이곧대로 적용해 폭군에게 내린 사형선고를 24시간 안에 집행할 것을 명령해야 한다고 주장합니다. 그리고 최고행정회의는 이 문제와 관련해서 국가안보와 치안의 모든 수단을 마련할 것을 요구합니다.

집행유예를 둘러싼 토론에서 지롱드파로 분류될 의원들은 또다시 의견이 갈렸다. 뷔조·콩도르세·브리소는 찬성했지만, 바르바루는 반대했다. 마르세유 변호사로서 활동하다가 연맹제에 참가한 뒤 파리에서 활약하고, 특히 8월 10일에 한몫을 단단히 한 그는 마담 롤랑의 마음을 사로잡았다. 그는 국민공회의 결정을 국민에게 승인받아야 한다는 데 투표한 뒤, 왕의 사형과 집행유예 반대에 차례로 투표했다. 바르바루의 이유를 들어보자.

"의원 여러분, 국민공회는 루이 카페에게 선고한 사형을 연기해야 합니까? 나는 그렇게 생각하지 않습니다. 왜냐하면 집행보다는 집행유예가 더 부당하다고 생각하기 때문입니다. 모든 당파를 화해시키고, 루이 카페의 사형을 집행하면서도 정치적으로 위험하지 않은 결과를 가져올 방법은 없을까요? 이 문제가 어려워 보이긴 해도, 우리가 차분하게 검토하면 좋은 결론을 얻을 수 있으리라 생각합니다."

그는 사형 집행을 늦추자는 의원들이 유럽의 모든 나라와 전쟁을 할까봐 두려워하며, 평화를 얻는 정치적 수단으로 루이를 이용할 수 있다고 생각해서 신중한 태도를 보여준다고 말했다. 그는 그들이 외국을 잘 알지 못한다고 비판했다. 그에 따르면, 외국 사람들은 왕의 합법적인 죽음이 자기 나라에 끔찍한 본보기가 될까봐 두려워하는 동시에, 프랑스에서 동정심이 생기기를 바란다. 또한 왕을 동정하는 당파가 자신에게 봉사하거나, 동정심 때문에 무기력해진 나머지 전쟁에 패배해서 프랑스 공화국이 뒤집히고, 왕정이 더욱 튼튼해지기를 바란다.

"영국에서 그 예를 찾을 수 있습니다. 찰스 1세가 죽은 뒤, 불행했던 기억 때문에 오히려 영국의 왕들은 더욱 확고한 위치를 지키게 되었습니다. 유럽의 전제군주들도 오래전부터 이러한 본보기를 보고 자기 나라 백성에게 명에를 씌워놓았습니다. 그러므로 프랑스 공화국이 사라지면, 유럽의 자유는 몇 세기 뒤로 후퇴할 것임은 이론의 여지가 없습니다."

바르바루는 차분하게 정치적 논리를 풀어나갔다. 그는 모든 왕이 서로 애착을 가지고 있다고 생각하는 것은 환상이라고 말했다. 루이 카페가 탕플 감옥에 갇히고, 그의 목숨이 인민의 손에 붙잡혔다고 해서, 프로이센 왕이 프랑스의 영토로 진격하는 데 방해가 된 일이 있느냐는 물음으로 그 증거를 대신했다.

"그들을 누가 물리쳤습니까? 그들이 루이가 죽을까봐 두려워했기 때문에 물러갔습니까, 아니면 우리의 군대가 그들을 물리쳤습니까?"

그러므로 제아무리 그럴듯한 정치적 논리로 말해도, 부당한 전쟁을 일으킬 구실에 지나지 않는다는 사실을 분명히 했다. 그는 냉혹한 국제정세를 이처럼 정확하게 짚었다.

"우리가 루이를 즉시 처형하건 아니건, 영국·에스파냐·네덜란드·러시아는 전쟁을 선포한다는 사실을 의심하기 어렵습니다."

이제 그는 왜 집행유예를 반대하는지 설명했다. 절대권력을 좇는 도당이 있다는 사실이 명백한 이상, 만일 의원들이 집행유예를 선언한다면, 그들은 국민공회를 비방하는 데 앞장설 것이라고 주장했다. 이 말을 들은 좌파 의원들이 웅성거렸다.

"그 도당은 아주 약삭빠르고, 남을 잘 헐뜯습니다. 그래서 나는 고통스럽지만, 국민공회가 조만간 자유를 죽이려는 그들에게 지고 말 것임을 경고하지 않을 수 없습니다. 우리는 정의에 바탕을 두고 루이에게 사형을 선고했습니다. 우리가 외국 열강들과 맺은 관계를 정치적으로 고려해보아도, 우리가 사형을 선고했기 때문에 위험해진다는 결론에 도달하지는 않습니다."

그는 몽타뉴파가 바로 그 도당이라고 지목했다.

"그들은 중상비방의 무기를 갖춘 채, 남의 말을 잘 믿는 사람들을 자기편으로 끌어들이고, 그들에게 우리를 왕당파라고 거듭해서 말합니다. 만일 여론이 부패할 만큼 부패해서 마침내 모든 사람이 서로 믿지 못할 지경으로 분열하여 육군에 봉사할 병사나 함대에 봉사할 선원을 구하지 못할 때, 모든 이가 조국의 불행이 되지 않겠습니까? 그러므로 우리가 사형을 선고한 이상, 루이 카페를 처형해야 합니다. 그리고 모든 당파를 없애야 합니다. 우리가 부르봉 가문을 공화국의 영토에서 쫓아내는 법을 제정했으면서, 왜 철회해야 합니까?

그러므로 나는 국민공회가 루이 카페에게 내린 판결을 곧바로 집행해야 한다고 주장할 뿐만 아니라, 부르봉 가문의 운명에 대해 먼저 확고한 결정을 내리자고 제안합니다. 동료 의원 여러분, 여러분이 전왕의 죽음과 왕정의 폐지를 원한다는 사실을 직접 증명해야 합니다. 여러분이 모든 도에 여러분의 바람을 강력히 표명하십시오. 그리고 24시간 안에 우리나라에는 이제부터 전왕의 모습뿐만 아니라 끊임없이 왕이 되려고 공작한 사람의 모습도 볼 수 없게 만들어야 합니다."

바르바루는 몽타뉴파가 주장하는 것처럼 루이 16세를 처형하자고 주장했으며, 한술 더 떠서 몽타뉴파에게 흠집을 낼 수 있는 제안을 했다. 이들과 가까이 지내는 필리프 에갈리테도 제거하자고 주장함으로써, 몽타뉴파를 당혹스럽게 만들었던 것이다.

토론은 또다시 서로 비난하는 입씨름으로 발전했다. 바지르 의원은 화가 나서 뷔조의 말을 물고 늘어졌다. 그는 뷔조가 필리프 에갈리테를 모욕했다고 주장했고, 뷔조를 두둔하는 축은 할 말을 했을 뿐이라고 맞섰다. 의장이

의원들에게 주의를 주었지만, 샤를리에가 고함을 치면서 요란한 몸짓을 했다. 의장은 "의원이 도대체 얼마나 우리 시간을 빼앗을 수 있는지 전체 의견을 물어보겠습니다"라고 하니, 바지르는 "이처럼 편파적인 의장은 본 적이 없습니다"라고 불평했다. 의장은 바지르에게 또 주의를 주었다. 집행유예를 반대하는 몽타뉴파 의원들은 사형받을 사람의 고통을 연장한다는 것 자체가 비인도적 처사라고 주장했다. 전쟁이 끝날 때까지 사형 집행을 연기한다면, 루이는 죽느니만 못한 고통을 느끼면서 연명할 것이라는 논리다. 빨리 죽이는 것이 인도적인가, 죽이지 않는 것이 인도적인가? 사형선고를 받은 당사자가 아닌 이상, 누가 그 고통을 알고, 남에게 설명할 수 있을까?

집행유예의 논의에서 콩도르세는 전혀 다른 방향에서 접근했다. 그는 혁명 전 이탈리아에서 발간된 뒤 유럽의 지식인 세계에 큰 반향을 일으킨 베카리아Cesare Beccaria의 『범죄와 형벌론Dei delitti et delle pene』처럼 사형제 폐지를 주장했다. 여느 의원들이 사형을 곧바로 집행하느냐 마느냐로 입씨름을 할 때, 그는 계몽사상가로서 법제도의 원칙에 눈을 돌리고, 혁명의 참다운 가치가 어디에 있는지 생각해보자고 제안했다. 그의 말을 들은 의원들은 그 연설을 인쇄해서 모든 도에 돌리자고 제안했고, 국민공회는 그렇게 의결했다. 그다음으로 브리소는 집행유예가 필요하다는 이유를 이렇게 설명했다.

유럽에는 인간을 두 부류로 나눌 수 있습니다. 하나는 모든 편견에서 자유로운 인간이며, 또 하나는 노예제도에서 나오는 모든 편견에 얽매인 인간입니다. 자유로운 인간은 사형제도를 철학적으로 자유와 전혀 상관없는 형벌로 생각합니다. 왜냐하면 공화주의자는 한 명만 죽이면 2,500만 명이 자유로워진다고 믿지 않고, 또 한 사람의 피를 흘리지 않으면 자유가 위험해진다고도 믿지 않기 때문입니다. 공화주의자는 왕정을 폐지하려고 왕권을 가진 사람을 죽여야 한다고 생각하지 않습니다. 그렇다면 앞으로 왕권을 가질 수 있는 사람을 모두 죽여야 할 테니까요.

그는 만일 루이를 처형하면, 곧바로 영국·네덜란드·에스파냐, 그리고 유럽의 모든 폭군과 전쟁을 벌일 각오를 해야 한다고 말했다. 유럽의 폭군들은 루이의 죽음을 개인의 죽음으로 보기 때문에 거기에 예민한 반응을 보이지 않을 것이며, 오히려 자기 나라에 자유의 바람이 불까봐 두려워서 프랑스 공화국의 자유를 짓밟으려 할 것이 분명하다고 주장했다.

미국 독립전쟁을 옹호하면서 1776년 『상식론Common Sense』을 쓴 페인 Thomas Paine도 집행유예를 호소했지만, 다른 각도에서 주장했다. 그는 미국에서 1786년 영국으로 돌아갔다가, 프랑스 혁명이 일어나자 버크Edmund Burke가 『프랑스 혁명에 관한 성찰Reflections on the Revolution in France』을 쓰는 것을 보고 거기에 맞서 『인간의 권리Rights of Man』(인권론)를 쓴 뒤 프랑스로 망명해, 네 곳에서 국민공회 의원으로 뽑혔지만 영국에서 제일 가까운 파드칼레Pas-de-Calais를 지역구로 선택했다. 그는 하고 싶은 말을 문서로 작성해서 남이 대신 읽게 했다. 이날도 그는 비서 방칼에게 연설문을 주었다. 마라는 그 내용을 듣다가 "토머스 페인은 사형에 반대하는 종교적 신념을 지닌 퀘이커 교도이기 때문에 투표해서는 안 된다"고 시비를 걸었다. 그러나 방칼은 페인의 연설문을 마지막까지 읽었다.

지금 오직 미합중국만이 프랑스의 동맹국입니다. 이 동맹국만이 프랑스에 항해와 선박용 물품을 제공할 수 있습니다. 왜냐하면 지금까지 프랑

스에 그런 물건을 대주던 유럽 북부의 여러 왕국이 프랑스와 곧 전쟁상
태로 들어갈 것이기 때문입니다. 더욱이 미합중국에서는 지금 우리가 토
론의 주제로 삼고 있는 인물을 가장 좋은 친구로 생각합니다. 왜냐하면
루이 16세가 도와준 덕에 자신들이 자유를 찾았다고 생각하니까요. 그
러므로 만일 그를 처형한다면, 미국민 전체가 애통해할 것임이 분명합니
다. 여러분의 가장 좋은 친구들에게 이러한 고통을 안겨주느냐 마느냐의
문제는 전적으로 여러분에게 달렸습니다. 내가 프랑스 말을 한다면, 직
접 연단에 올라, 모든 미국 형제를 대신해서 루이의 처형을 늦춰달라고
탄원하겠습니다.

튀리오는 "참 웃기는 일입니다. 지금 들은 것은 토머스 페인의 말이 아닙
니다"라고 말했고, 뒤엠과 바지르 같은 좌파 의원들은 "이 의견을 들을 필요
없습니다. 페인은 프랑스어를 모르기 때문에, 이것은 그의 의견이라 할 수 없
습니다"라고 거들었다. 사실상 3월 초에 자코뱅 클럽에서는 페인의 글을 브
리소와 콩도르세가 썼다고 주장하는 말이 있었다. 페인이 영문으로 작성한
글을 프랑스어로 옮기는 사람이 자기 의견을 넣었을 가능성을 무시하기 어
렵다. 무엇이 사실이든, 평원파 의원들은 "다른 의원들의 의견처럼 이 의견
도 들어야 합니다"라고 페인을 두둔하며 맞섰다. 루이의 사형 같은 중대한
문제에서 다수파를 과반수가 아니라 3분의 2 이상으로 하자는 데 동의했던
중도파의 가랑 드 쿨롱Jean Philippe Garran de Coulon은 페인이 프랑스어를 잘
이해하며, 자신이 보기에 방칼이 대신 읽은 의견은 그의 의견을 고스란히 담
았다고 말했다. 그러고 나서 그는 직접 페인에게 그 사실을 확인차 물어보았
고, 페인은 번역문이 자기 의견을 잘 옮겼다고 증언했음을 덧붙였다.

비서 방칼은 페인이 방금 또 한 가지 의견을 제출했으니 그것도 읽겠다고 예고했다. 좌파 의원들이 웅성거렸지만, 전체 의사를 물어 페인의 의견을 마저 듣기로 했다. 페인은 의장에게 보내는 편지 형식의 의견서에서 미국 시민인 동시에 프랑스 공화국 시민이라는 이중의 자격으로 말했다. 그는 군주정을 경멸하고 미워하며, 그래서 루이 카페를 재판하자는 데 찬성했다. 그는 군주정이 얼마나 믿을 수 없고 부패한 것인지 잘 알기 때문에 그렇게 했다. 다시 말해 그는 전제적인 형태의 군주정이건 입헌군주정이건 반드시 온갖 부패의 중심이 되며, 마치 망나니가 인간의 육체를 파멸시키듯, 왕은 인간의 모든 윤리를 반드시 파멸시킨다고 믿었다. 그는 영국에 있을 때, 자코뱅 클럽에서 앙투안François Paul Nicolas Anthoine이 한 말에 공감했다. 앙투안은 제헌의회가 해산할 때 메스 시장이 되었다가 지나친 급진파 성향 때문에 곧 정직된 뒤 파리로 돌아가 자코뱅 클럽에서 강렬한 연설로 열렬히 환영받은 사람이다. 페인은 앙투안이 자기 사상과 완전히 일치하는 말을 했다고 생각했다.

"오늘 나를 왕으로 만들어주시오. 그러면 내일 반드시 도적이 되겠소."

페인은 루이를 왕좌로 돌려놓은 것은 루이 자신이 아니라 제헌의회였다고 주장했다. 페인은 루이가 도주했을 때 파리에 있었다. 그는 제헌의회에서 그에게 최고권을 돌려주는 것을 보고 놀랐다. 그는 당시에 아직 프랑스 시민은 아니었지만, 자신이 속한 작은 단체의 구성원과 함께 루이에게 최고권을 주지 못하게 막으려고 노력했다. 당시 그의 단체는 구성원이 다섯 명인 공화주의자 협회로서 루이 16세의 복권에 반대했다. 그들은 루이가 개인적으로 잘못을 많이 저질렀기 때문에 반대했을 뿐만 아니라 군주정을 뒤엎고, 공화체제를 세우고, 그리하여 평등주의에 바탕을 둔 대의제를 세우려는 목적을 갖고 있었기 때문에 반대했다. 그는 이처럼 군주제를 근본적으로 싫어하며,

미국 시민이자 프랑스 시민으로서 루이 카페와 그의 가족을 미국으로 보내자고 제안했다. 루이는 미국민의 환영을 받고, 2년 뒤면 자연히 시민권을 얻을 것이다.

"나는 미합중국과 프랑스 공화국 두 나라 국민이 모두 유익한 방향으로 이러한 조치를 내린다면, 프랑스 공화국을 안정시키고 사형제를 폐지하는 효과도 거둘 수 있다고 생각합니다."

페인은 사형제를 폐지하자고 제안하면서, 로베스피에르가 제헌의회에서 똑같은 취지로 한 말에 감명받았다고 회상했다. 도대체 무엇에 감동받았다는 말인가? 제헌의회라면 최소한 1년 반 전의 얘기다. 로베스피에르는 제헌의회에서 여러 번 연설했는데, 페인은 1791년 6월 20일 이후 파리에 있었다고 말했으니 그때쯤 로베스피에르가 한 말을 떠올렸을 것이다. 그것은 아마 루이 16세가 바렌에서 잡혀 파리로 호송된 뒤, 제헌의회에서 그의 문제를 본격적으로 논의할 때일 가능성이 높다. 제헌의회는 7월 13일부터 루이 16세의 문제를 어떻게 정리할 것인지 토론했다. 7월 14일, 로베스피에르는 의회가 왕을 신성한 존재로 규정했는데, 그것은 국민을 모독하는 행위라고 단정했다. 그리고 그러한 논리가 왜 틀린 것인지 지적했다.

"만일 왕이 힘으로 과부와 고아를 헐벗게 만든다면, 만일 그가 가난한 사람의 포도밭과 땅을 자기 영지에 합친다면, 만일 그가 판사들을 매수해서 죄도 없는 사람의 가슴을 법의 단도로 찌르게 한다면, 법률은 그에게 이렇게 말하겠지요. 전하는 아무런 범죄도 저지르지 않고 그런 일을 하셨습니다. 또는 전하는 마음먹은 대로 온갖 범죄를 저질러도 벌을 받지 않을 권리를 가지셨습니다."

로베스피에르는 왕이 신성한 존재라면, 국민도 그런 존재라고 말하면서 다음과 같은 조건을 내놓았다.

> 첫째, 국민의 의견을 참고해서 왕의 운명을 결정하자.
> 둘째, 국민의 대표를 지명하는 문제, 다시 말해 입법의회 의원 선거를
> 보류한 법을 취소하자.

페인은 언제는 국민의 의견을 묻자던 로베스피에르가 왜 말을 바꾸느냐고 꼬집은 것이다. 우리가 이미 보았듯이, 로베스피에르는 그로부터 1년 뒤 국민공회에서 "루이가 죽어야 나라가 산다"고 연설할 때, 국민은 8월 10일의 사건을 일으키면서 루이를 버렸다고 주장했다. 사상은 일관성을 중시하지만, 현실정치는 상황이 바뀔 때마다 다른 주장을 하게 만든다. 물론 장 자크 루소가 고민했듯이, 상황마다 다른 주장을 할 수밖에 없다 하더라도, 언제나 양심이 작동해야 한다. 1791년 6월 하순 루이 16세가 파리에서 도주했다 잡힌 때부터 1793년 1월 중순 재판을 받을 때까지, 아니 4개월 전인 1792년 9월 하순 국민공회가 설 때로 거슬러 올라가도 도저히 건너뛰어 넘기 어려운 틈이 벌어졌다. 제헌의회는 왕이 스스로 도주했음에도 남의 꾐에 빠져 납치당한 사건으로 정리하려는 의견의 지배를 받았다. 당시 소수파를 대변하던 로베스피에르는 국민의 의견을 묻자고 얘기했다. 그러나 1792년 8월 10일 입법의회에 뛰어든 파리의 투사들은 왕정을 폐지했고, 그 결과 국민공회와 공화국이 탄생했다. 그러므로 로베스피에르가 보기에 왕의 폐위와 재판은 이미 국민의 승인을 받은 것이었다. 이제 상황이 바뀌었다. 지롱드파는 국민의 승인을 받아야 한다고 주장하고, 로베스피에르는 이미 국민이 그렇게 결정한 것을 국민공회는 따라야 한다고 맞섰다. 그러니 페인이 과거의 일을 기

억해낸다고 무슨 소용이 있다는 말인가? 페인이 로베스피에르가 언제는 이렇게 말하더니 지금은 저렇게 말한다고 따지는 것은 부질없는 일이었다.

바레르가 페인의 뒤를 이어 의견을 발표했다. 그는 집행유예의 세 가지 조건(국민이 헌법을 승인할 때까지, 또는 전쟁이 끝날 때까지, 또는 프랑스 영토가 적의 공격을 받을 때까지)이 있는데, 세 가지 모두 프랑스의 행복을 거스른다고 주장했다. 첫째, 기초의회에서 왕과 왕권에 대한 결정을 동시에 내려야 할 때 큰 위험을 맞이할 각오를 해야 한다. 귀족주의자들의 온갖 음모와 희망이 되살아나기 때문이다. 또 모든 반도가 마구 날뛰고, 헌법을 승인하는 일을 이용해서 공화국을 뒤집으려고 노력하기 때문이다. 둘째, 전쟁이 끝날 때까지 집행유예를 주장하는 것은 비정치적이다. 모든 왕이 전쟁을 연장하는 동시에 국내에 소요사태를 일으키면서까지 자유를 짓밟으려고 노력할 것이기 때문이다. 그러면 루이의 사형은 한없이 연장되어 그를 벌할 수 없다. 더욱이 프랑스는 다른 나라에서도 혁명을 일으켜야 할 임무가 있음을 잊지 말아야 한다. 마지막으로, 이 나라가 침략받을 때까지 살려두자는 주장은 다른 두 경우보다 더 잔인하고 비인도적이다. 루이의 머리 위에 칼을 매달아두고, 외적이 국경을 향해 움직일 때마다 "당신 머리가 곧 떨어질 거요"라고 말하는 것은 얼마나 잔인한 일인가? 역사적으로 볼 때, 사람들이 계몽군주 또는 대왕으로 부르던 프로이센의 프리드리히는 1756년 전쟁에서 작센 지방을 손에 넣으면서 드레스덴의 지배자 가족을 포로로 잡은 뒤, 적이 드레스덴으로 다가서자 인질을 죽이고 성을 파괴하겠다고 위협했다. 그래서 그는 무슨 성과를 얻었던가? 아무것도 얻지 못했다. 바레르는 이제 결론에 다다랐다.

"공화국을 탄생시키려면 수없이 노력해야 합니다. 유럽의 모든 정부와 맞서서 왕정을 둘러싼 미신을 때려 부숴야 합니다. 이제부터 루이에 대한 법을 실행할지 말지를 묻는 호명투표를 하자고 주장합니다."

들라크루아는 집행유예에 대해 "예, 아니오"로만 대답하자고 제안했고, 이제 루이의 운명을 결정하는 마지막 절차만 남게 되었다. 먼저 호명투표를 매끄럽게 진행하지 못한 비서진을 믿지 못하겠다는 말이 나와서, 예전에 비서직을 맡았던 오슬랭이 호명투표를 진행하도록 했다. 이렇게 해서 7시 45분에 제르Gers 도부터 가나다순으로 투표를 진행했다. 제르 의원 9명이 차례로 "예, 아니오"를 말하면서 시작한 호명투표는 자정을 넘겨 새벽 2시에 오트 가론 의원 12명을 마지막으로 끝났다. 이 12명 가운데 루제 의원은 "예"라고 투표한 뒤 "자연사할 때까지"라고 말했다. 의장이 결과를 발표했다. 총원 749명 가운데 사망·파견·환자·무단결석으로 빠진 사람을 뺀 나머지 690명이 투표에 참여했으므로, 예와 아니오를 결정하려면 절반에 한 표를 더한 346표가 필요했다. 결국 "루이 카페의 사형 판결을 집행하느냐, 유예하느냐"의 문제는 집행하자는 축이 380표, 늦추자는 축이 310표로 사형집행을 확정했다. 20일 일요일 새벽 2시가 되어서 의장이 결과를 발표한 직후, 의원들은 집행유예에 찬성한 캉바세레스Jean-Jacques Régis de Cambacérès가 긴급히 발의하고 브리소가 조금 수정한 법안을 처리했다.

루이 카페에게 사형을 선고한 법을 즉시 최고행정회의에 발송한다. 최고행정회의는 낮에 루이에게 법을 통지하고, 그로부터 24시간 안에 집행한다. 이 집행에 필요한 국가안보와 치안의 모든 조치를 취하고, 루이의 유해를 온전히 보전하도록 지켜야 한다. 그 결과를 신속히 국민공회에 보고한다.
파리 시장과 관리들은 루이에게 가족과 자유롭게 대화할 기회를 주고 그 자신이 선택한 사제를 불러 그의 마지막 순간까지 도와주도록 조치한다.

캉바세레스는 15일과 17일에 의결한 법을 읽었다.

제1조. 국민공회는 국민의 자유를 해치려는 음모와 국가안보를 침해한 죄로 프랑스인의 마지막 왕 루이 카페에게 유죄를 선고한다.
제2조. 국민공회는 루이 카페에게 사형을 선고한다.
제3조. 국민공회는 루이 카페의 변호인단이 국민공회의 판결에 대해 국민의 승인을 받게 해달라고 주문한 행위를 무효로 선고한다. 그리고 이제부터 그 누구도 그 문제를 다시 제기할 때 공화국의 안보를 해치는 행위로 소추하고 벌할 것이다.
제4조. 국민공회는 날이 밝는 대로 최고행정회의에 루이 카페에게 내린 이 명령을 통보하고, 최고행정회의는 24시간 안으로 형을 집행하는 데 필요한 치안과 안보 조치를 취하고, 형을 집행한 뒤 곧바로 국민공회에 보고한다.

의원들은 튀리오가 발의하고 뒤프리슈 발라제 의원이 수정한 안도 통과시켰다. 그것은 루이 카페를 처형한 뒤, 그 사실을 모든 도와 군대에 알린다는 내용이었다. 의원들은 1월 20일 일요일 새벽 3시에 산회했다. 그들의 결정에 따르면, 루이는 20일 낮에 사형선고를 통보받고 이튿날인 21일에 단두대에 오를 것이다.

7
루이의 마지막 밤

　　1793년 1월 20일, 정회한 지 여덟 시간도 안 된 오전 10시 45분에 국민공회가 열렸다. 여느 때처럼 몇 가지 안건을 처리한 뒤, 엔의 드브리Jean-Antoine-Joseph Debry가 연단에 올랐다. 변호사 출신으로 선동적인 연설에 능했던 그는 성직자 시민헌법에 맹세하지 않은 종교인의 뺨을 인두로 지지자고 연설해서 의원들에게 충격을 주었고, 또 의용군 1,200명으로 '폭군살해단'을 조직해서 외국의 군주들과 장수들을 죽이자고 연설한 적도 있었다.

　　"시민 여러분, 어제 국민공회에서 루이에게 판결을 내리고 통과시킨 법은 과반수로 통과되었으므로 그 자체로 신성합니다. 따라서 모든 의원은 그것을 지켜야 합니다. 각 구성원은 제자리를 지켜야 합니다. 만일 나쁜 의도를 가진 반도가 있다면, 우리는 우리의 자리를 지키면서 그들과 싸워야 합니다. 그러므로 나는 내 자리를 지키겠노라고 엄숙히 선언합니다."

　　이 말을 들은 의원들이 일제히 일어나 천장에 걸어놓은 깃발을 향해 손을 뻗치더니 "우리 모두 자리를 지키겠습니다"라고 맹세했다. 이처럼 극적인 장면을 본 드브리는 말을 이었다.

　　"그렇습니다, 나는 내 자리를 지킬 것입니다. 나쁜 의도를 가진 반도가 승리하지 못하도록 목숨을 바치겠습니다. 우리 모두 목숨을 바칩시다. 싸우다 죽더라도 영광스럽게 죽읍시다."

　　라수르스는 그 나름대로 이렇게 맹세했다.

　　"나는 아무도 차별하지 않겠으며, 자유와 평등 위에 선 새 체제로써 구체제를 몰아내는 데 온 힘을 바치겠다고 맹세합니다."

또다시 모든 의원이 자발적으로 일어나 똑같이 맹세했다. 루이의 운명을 결정한 뒤, 정치권에 불지 모를 후폭풍을 두려워하는 의원들은 맹세로써 자신들의 의지를 확고히 다지고 표현하여 적어도 국민공회에서는 한때 집행유예에 찬성하거나 사형을 반대한 사람도 다른 마음을 먹을 수 없게 했다. 그날도 해군장관을 꿈꾸다가 국민공회 의원이 된 옛 백작 케르생이 루이 카페에게 사형을 결정한 '시해파régicides'를 9월 2일의 학살자라고 비난하면서 의원직 사퇴서를 낸 문제를 놓고 격론이 벌어졌다. 지롱드파의 케르생을 국민공회에서 징계하여 의원들의 명예를 찾아야 한다는 사람과 그를 옹호하는 사람이 맞섰다. 법무장관 가라가 회의실로 들어와 발언권을 신청했다.

"최고행정회의는 오늘 아침 일찍 모여 새벽 3시부터 4시 사이에 전달받은 법을 적용하는 문제를 의논했습니다. 거기에는 파리 도 지도부 위원 두 명, 파리 시장, 국민방위군 사령관, 검찰관, 형사법원장을 참석시켰습니다. 그리하여 오늘 오후 2시에 법무장관이 다른 부처 장관과 비서 한 명, 파리 도 지도부 위원 두 명, 파리 시장과 함께 루이의 거처로 찾아가기로 결정했습니다. 그리하여 루이에게 국민공회의 결정사항을 알려주었습니다."

루이 16세는 이렇게 해서 이 세상의 마지막 밤을 맞았다. 할아버지 루이 15세나 또 할아버지의 증조할아버지 루이 14세처럼 몸이 썩어드는 병을 앓지도 않았지만, 자신이 이튿날 죽는다는 사실을 미리 알았다. 그의 할아버지들은 화려한 베르사유 궁에서 죽었지만, 그는 지난 8월부터 다섯 달 동안 약 3미터 가까운 두꺼운 벽에 갇혀 살던 탕플 감옥에서 마지막 밤을 보내야 했다. 그날은 일요일이었다. 그는 1754년 8월 23일에 태어나 서른아홉 번째 해를 탕플 감옥에서 맞았다. 자기 생일이나 11월에 아내 마리 앙투아네트의 생일을 제대로 쇠지 못하고 지나간 것은 그런 대로 괜찮았지만, 한 달 전인 12월 19일, 맏딸 마리 테레즈 샤를로트의 열네 번째 생일을 탕플 감옥에서 보내게 한 것 때문에 더 가슴이 미어졌다. 자기 부부는 왕과 왕비로서 프랑스 왕국을 제대로 다스리지 못한 책임이 있다고 하니 백번 양보해서 참고 견디겠지만, 도대체 딸과 아들이 무슨 죄가 있다고 가두는 것인지, 아무리 생각해도 마음이 찢어지는 일이었다. 1785년 3월 27일에 얻은 아들은 여동생(1786-1787)을 앞세운 뒤 또다시 형(1781-1789)을 여의고 왕세자가 되었지만, 아직 여덟 해도 온전히 채우지 못한 어린애였다.

그가 베르사유에서 마지막 잠을 잔 날이 언제였던가? 1789년 10월 5일? 그때까지만 해도 그는 할아버지들처럼 신화에 휩싸여 살았다. 왕으로서 베르사유 궁전에서 자고, 깨고, 돌아다닌 일 자체가 고대 그리스 로마의 신화를 접하는 일이었다. 베르사유에서 아침에 눈을 뜨고 태양을 본다는 것, 그것은 곧 루이 14세를 만나는 일이었다. 루이 16세도 태양을 상징으로 삼은 루이 14세처럼 궁전의 2층 침실에서 눈을 뜨고, 황소의 눈이라는 둥근 창을 단 부속실을 거쳐 거울의 복도로 나가 창밖에 펼쳐지는 아름다운 정원, 고대 그리스 로마의 신화가 다시금 잠에서 깨어나 왕실의 위엄을 찬미하는 광경을 볼 수 있었다. 그때가 그리웠다. 3년 동안 파리 사람들의 감시를 받으면서 살던 튈르리 궁도 그리웠다. 그런데 이제는 여섯 달 동안 온갖 모욕과 위협에 시달리면서 살던 탕플에 가족을 남겨두고 영영 돌아오지 못할 길을 떠나야 한다. 그는 정신적으로는 지지 않으려고 노력했다. 자신은 헌법을 받아들였고, 왕으로서 조금도 잘못하지 않았다고 자부했다. 그는 국민공회에 출두하기 전에 유언장을 쓰면서, 자신이 짓지도 않은 죄를 묻는 사람, 앞으로 사형을 결정할지 모를 사람들을 모두 용서한다고 마음을 정리했다. 그리고 지난 1월

17일 밤, 할아버지 때부터 충실한 신하로 왕국에 봉사하고, 마지막까지 국민 공회에서 자신을 변호하려고 목숨까지 건 말제르브가 국민공회의 호명투표 결과 사형이 결정되었음을 알려주었을 때, 루이는 오히려 말제르브를 위로 하지 않았던가? 사실 말제르브는 그날의 결과만 알았지 그다음 날 집행유예 문제를 호명투표로 결정한다는 사실을 모르고 루이에게 결과를 알려주었기 때문에, 루이도 최소한 이틀 뒤면 자기가 이 세상에 없다는 사실을 받아들여 야 했다.

"말제르브 경, 나는 얼마 후면 하느님 앞에 설 사람으로서 진심으로 맹세 컨대, 내 백성의 행복만을 계속 원했으며, 그것을 거스르는 마음을 한 번도 먹은 적이 없소."

고뇌를 느끼지 않을 리 없었겠지만, 루이는 될수록 의연하게 말했다. 아 무런 죄의식 없이 죽는 길이 그나마 그에게 약이 되었다. 더욱이 말제르브 의 말을 듣고 곧 죽을 줄로만 알았다가 며칠이라도 죽을 날이 늦춰진 덕에 일 요일까지 보낼 수 있었다는 사실도 감사할 만했다. 그는 오후 2시에 법무장 관 가라를 만나 국민공회에서 결정한 내용을 들었다. 그것은 정말 마지막이 고 뒤집을 수 없는 결정이었다. 누군가 자기를 빼돌려 안전한 곳까지 데려다 놓지 않는 한. 그는 탕플보다 좀더 편한 튈르리 궁에 살 때, 점점 감시가 심해 지는 생활을 벗어나려고 마침내 변장을 하고 도주하다 잡혔다. 그것이 1년 반 전의 일이었다. 그 뒤 그의 운명은 급경사면을 탔다. 가속도도 붙었다. 그 가 삶을 견딜 수 없다고 느끼는 것보다 파리의 투사들이 그가 존재한다는 사 실을 더욱 견디지 못하는 시점이 8월 10일이었나 보다. 그때부터 그는 탕플 의 죄수가 되었다. 탕플의 저주가 과연 있었던 것인가? 1314년 신전기사단 의 자크 드 몰레가 화형당하면서 필리프 4세를 저주한 사건을 기억하자.* 루이는 법무장관 가라에게 마지막 부탁을 적은 편지를 들려 보냈다.

국민공회는 내게 3일 동안 말미를 주어서 하느님 계신 곳에 갈 준비를
할 수 있게 해주기 바랍니다. 그리고 파리 코뮌에 바랍니다. 내가 보고
싶은 사람을 지정하면 그를 자유롭게 만나게 해주고, 그 사람은 나를 만
나는 자비의 행위로 말미암아 아무런 불이익을 당하지 않도록 보장해주
시기 바랍니다. 또 며칠 전부터 실시하는 상시감시 체제를 풀어주시기
바랍니다.

3일 동안 우리 가족이 자유롭게, 우리끼리만 만나게 해주시기 바랍니다.
그리고 국민공회는 곧 내 가족의 운명을 결정해주시고, 그들이 판단하여
적당한 곳으로 자유롭게 옮겨가 살게 해주시기 바랍니다.

나와 관련된 모든 이에게 국가가 자비를 베푸시기 바랍니다. 그들은 봉
급만으로 살아가던 사람들이며, 늙은이·부인·자식들을 부양하려면 연금
이 필요할 것입니다.

1793년 1월 20일, 탕플 탑에서, 루이

루이는 파리 코뮌의 관리에게도 쪽지를 전했다. 그 쪽지는 '자비의 행위'
를 부탁할 사람인 에지워스 드 피르몽 신부Edgeworth de Firmont에게 보내는
것으로서, 루이가 이 세상에서 마지막으로 쓴 글이다. 국민공회는 판결 후
24시간 이내 집행한다고 의결했기 때문에 루이가 3일간 형 집행을 늦춰달라

---

* 제1부 2장 "탕플에 갇힌 루이 카페" 참조.

고 부탁을 해도 소용없었다. 단지 고해신부를 만나게 해달라는 부탁과 가족 끼리만 만나게 해달라는 부탁만 들어주었다. 그 덕택에 루이는 감시인 없이 가족끼리 아주 짧지만 자유롭게 만날 수 있었다. 밤 9시, 루이의 가족은 마지막 시간을 보냈다. 마치 오늘날 한 가족이 사진이라도 찍듯이, 루이가 무릎 사이에 아들을 끼고 앉고, 아내가 왼편에, 누이동생이 오른편에, 딸이 정면에 섰다. 그들은 눈물과 흐느낌, 그리고 긴 침묵으로 한 시간 남짓 함께 지낸 뒤 헤어졌다. 탕플에서 보낸 몇 달이 가족으로서는 눈물겹도록 소중한 기억을 남겨주었다. 남자와 여자가 다른 층에서 잠을 자고, 일어나면 함께 밥을 먹고, 부부가 함께 아들과 딸을 교육시킨 뒤, 함께 안뜰을 거닐었다. 다시 안으로 들어가 부부가 놀이를 하거나 각자 책읽기와 수예를 하면서 온갖 굴욕을 견뎌냈다. 가장 힘들 때 엔돌핀이 가장 많이 나온다고 하는데, 아마 그 덕에 모든 어려움을 이겨낼 수 있었을까? 루이가 38년을 살면서 탕플 감옥 밖에서 겪은 고통보다 안에서 몇 달 동안 겪은 고통이 더 컸다 해도 가족이 함께 있었기에 그나마 견디기 쉬웠으리라. 물론 아들딸이 아무 죄도 없이, 단지 부르봉 가문의 핏줄이라는 이유만으로 고통을 받는다는 현실을 받아들이기는 쉽지 않았지만.

루이는 누이동생 엘리자베트(마담 루아얄)가 추천한 에지워스 드 피르몽 신부를 불러 마지막 밤을 함께 보내면서 위안을 받을 수 있었다. 아일랜드 출신의 종교인으로 파리 주교구 소속인 에지워스 신부는 그날 오후 4시에 국민 공회로 불려가 루이 16세가 자신을 고해신부로 원한다는 기별을 들었다. 그는 튈르리 궁에서 법무장관 가라와 함께 마차를 타고 탕플 감옥으로 갔다. 가는 도중 무거운 침묵이 어색한지, 장관은 혼잣말로 "하느님 맙소사, 이 끔찍한 임무를 내게 맡기시다니!"라고 중얼거렸다. 장관은 곧이어 왕에 대한 자신의 견해를 말했다.

　"얼마나 잘 참고 견디시는지! 얼마나 용감하신지! 아니, 자연만이 그런 힘을 줄 수 없겠죠. 뭔가 초인적인 면이 있어요."

　에지워스 드 피르몽 신부는 뭔가 말하려다 참았다. 신부가 법무장관과 마차를 타고 탕플로 가는 길의 분위기는 무거웠다. 아마 그날 낮에 누군가 파리에 뿌린 12쪽짜리 소책자 때문에 분위기가 더욱 살벌해졌을 것이다. 편지 형식으로 글을 쓴 살리냑Salignac 신부는 파리 중앙시장의 여성 시민들에게 "성루이·샤를마뉴·앙리 대왕(앙리 4세)의 후손인 루이 16세를 베르사유 궁으로 다시 모셔다 놓으라"고 권유했다. 1789년 10월 초, 그들이 왕의 가족을 파리로 데려갔으므로 이제는 원래 자리로 되돌리라는 뜻이었으며, 마지막으로 "월요일, 루이를 구출하자!"라고 썼다. 또 어떤 소책자는 "가장 훌륭한 왕을 구출하자"라고 호소했다. 거리에는 격문이 나붙고, "부유한 여자들이 생선장수로 가장해 중앙시장으로 가서 그곳의 여성 상인들과 함께 루이 카페를 위해 구호를 외치고, 그를 구해내려 한다"는 소문도 돌았다. 그리고 옛 근위대 출신인 파리가 팔레 루아얄에 있는 페브리에Février의 식당에서 밥을 먹는 르펠티에 드 생파르조Louis-Michel Lepeletier de Saint-Fargeau에게 다가가 "왕의 재판에서 어디에 투표했는가?"라고 물었고, 제헌의원 출신인 이 의원이 "나는 양심을 좇아 사형에 투표했다"고 대답하자 칼을 뽑아 왼쪽 옆구리를 찌르고 도망쳤다. 르펠티에는 주위 사람들에게 자기가 당한 일을 널리 알리지 말도록 부탁했다. 파리에 복수의 피바람이 부는 것을 원치 않았기 때문이다. 그는 약 여덟 시간 뒤인 21일 새벽 1시 반에 "나는 만족한 상태로 죽는다. 나는 내 나라의 자유를 위해 죽는다"라고 말한 뒤 33년의 생을 끝마쳤다.

　에지워스 신부와 법무장관 가라가 탄 마차가 탕플 감옥에 도착했다. 첫문이 열리고 마당을 가로질러 루이를 가둔 아성이 보였다. 경비대가 마차를 세웠다. 그들 앞에서 장관도 엄격한 절차를 따라야 했다. 한 15분 기다리니 파리 코뮌에서 루이 가족을 감시하려고 보낸 관리들이 나타났다. 그중 열여덟 살 정도의 젊은이가 장관에게 알은체를 했다. 아마 가라가 오후 2시쯤 루이를 방문해서 국민공회가 1월 15일, 16일, 19일, 20일에 결정한 사항을 전하러 다녀갈 때 보았을 터였다. 그 젊은이는 다른 관리들에게 신부가 왜 거기에 갔는지 설명했다. 신부와 장관은 그들을 따라 정원을 가로질러갔다. 그들은 아성 앞에 섰다. 쇠창살과 빗장을 달아놓은 아주 작고 낮은 문을 여니 귀를 거스르는 마찰음이 났다. 그들은 경비대가 있는 방을 가로질러 더 큰 방으로 들어갔다. 에지워스 신부는 그 방의 생김새를 보고 한때 예배당이었으리라고 추측했다. 아무튼 그것은 파리 코뮌의 관리들이 쓰는 방이었다.

여남은 명이나 되는 관리들은 대부분 '자코뱅식의 옷'을 입고 있었다. 긴 바지나 무릎까지 오는 바지를 입고, 위에는 몸에 달라붙는 조끼를 입은 뒤 긴 겉옷을 입는 방식을 '자코뱅식'이라 불렀다. 가라는 관리들에게 국민공회의 명령을 읽어준 뒤, 신부를 데리고 올라가려 했다. 관리들은 그들을 세워놓고, 한구석에 모여 귓속말을 주고받았다. 그러고 나서 반은 신부와 함께 남고, 반은 장관을 앞세워 위층으로 올라갔다. 신부와 함께 남은 관리들은 신부의 몸을 뒤졌다. 담뱃갑, 연필 따위가 나올 때마다 세심히 신경을 써서 조사했다. 서류 따위는 거들떠보지 않았다. 단지 흉기가 될 만한 것을 찾으려고 했다. 잠시 뒤, 위층에 올라갔던 관리 두 명이 내려와 신부에게 왕을 보러 올라가도 좋다고 했다. 신부는 층계로 들어섰다. 달팽이집 모양의 층계는 두 사람이 겨우 비켜 갈 정도로 좁았다. 드문드문 보초를 세웠는데, 그들은 모두 술에 취해서 고래고래 소리를 질러댔다. 그 소리는 층계를 타고 올라가 괴상한 메아리를 만들었다.

에지워스는 루이와 단둘이 만났다. 에지워스는 그의 발치에 쓰러져 울었다. 루이도 처음에는 울더니 다시 침착해졌다. 루이는 지난해 크리스마스에 미리 써놓은 유언장을 에지워스에게 주었다. 그리고 마지막으로 가족을 만나기 전까지 교회와 종교인에 대한 소식을 에지워스에게 물었다. 그는 파리 대주교의 소식도 물은 뒤 오를레앙 공에 대해 묻고는 혼잣말처럼 중얼거렸다.

"도대체 내가 사촌에게 무슨 짓을 했다고 그는 나를 추궁하는 것인지! (……) 그를 탓해서 무엇하리오? 따지고 보면 그는 나보다 더 불쌍한데. 물론 내 처지는 슬프오. 그러나 나는 그와 운명을 바꾸고 싶지 않소."

루이는 옆방에 가족이 기다린다는 기별을 받고 나갔다. 에지워스는 옆방에서 주고받는 말을 들었다. 들으려 하지 않아도 들렸다. 루이가 가족과 마지막으로 함께 지낸 시간을 에지워스는 이렇게 묘사했다.

거의 반시간 동안 아무 말도 오가지 않았다. 울음소리도 신음도 아니었다. 단지 가슴을 찌르는 듯한 외침이 탑의 바깥에서도 들을 수 있을 정도로 크게 울렸다. 왕·왕비·마담 엘리자베트·왕세자·공주는 한꺼번에 통곡했다. 그들의 목소리는 한데 뒤섞였다. 더는 흘릴 눈물도 없을 만큼 울고 나서 마침내 울음을 그쳤다. 그들은 낮게 아주 조용히 소곤거렸다.

거의 한 시간을 이야기한 뒤, 루이는 이튿날 아침에 보자고 하면서 가족을 돌려보내고, 에지워스가 있는 방으로 돌아갔다. 잠시 얘기를 하는데 시종 클레리가 밤참을 준비했다고 알렸다. 루이는 망설이다가 5분 만에 밤참을 끝내더니 에지워스를 데리고 침실로 갔다. 에지워스는 신부로서 마지막 미사를 올리겠다고 제안했다. 루이는 그것은 위험하다고 말렸지만 에지워스가 고집을 부려 루이를 설득했다. 그러나 미사용품을 구해야 했기 때문에 특별 허락을 받아야 했다. 파리 코뮌 관리는 미사를 드린다는 핑계로 루이에게 독을 먹이지 않을까 의심하더니 자기들끼리 회의를 했다. 마침내 미사를 허락했다.

"당신이 루이 카페의 이름으로 한 부탁을 들어주기로 결정했소. 왜냐하면 모든 종교의 자유를 인정한 법을 따랐기 때문이오. 그러나 두 가지 조건이 있소. 첫째, 요구사항을 당장 문서로 작성하고 서명하시오. 둘째, 미사는 늦어도 내일 아침 7시까지 끝내야 하오. 왜냐하면 8시 정각에 루이 카페는 처형장으로 떠나야 하기 때문이오."

그때 시간은 10시가 넘어 있었다. 에지워스는 피곤해하는 루이에게 조금 쉬라고 권한 뒤 시종 클레리의 방으로 갔다. 루이는 곧 깊이 잠들었다.

8
루이의 마지막 길

우리에게 남은 시간은 얼마나 소중한가? 시간이 무척 소중하다고 입버릇처럼 말하면서도, 일상의 테두리 안에서 별로 특별한 일을 하지 못하고 흘려보내는 일은 또 얼마나 많은가? 그래도 우리처럼 죽을 날을 미리 알지 못하는 사람이야 오늘 하루를 앞으로 살아갈 날의 시작으로 희망차게 열겠지만, 루이처럼 몇 시간 뒤에는 형장으로 끌려갈 운명임을 아는 사람은 무슨 생각을 하면서 눈을 뜰까? 누구나 특정 시간에 태어나 살다가 죽는다고 해서 모두에게 시간이 평등하다고 말할 수 있는가?

그렇지 않다. 누구는 그 시간이 빨리 오면 좋겠다고 빌지만, 또 누구는 그 시간이 영원히 오지 않기를 바랄지 모른다. 같은 시간을 보내면서도 누구는 아쉬워하고, 또 누구는 지겨워한다. 시곗바늘이나 시계추를 멈춰놓는다고 오는 시간을 막거나 가는 시간을 잡을 수 없지만, 모든 사람이 똑같은 시간을 맞이하지 않는다. 그럼에도 모든 사람은 똑같은 날과 시간을 각자 특별하게 기록할 수 있다. 스스로 특별하게 만들면 좋겠지만, 본의 아니게 특별한 경우도 있다.

1793년 1월 21일은 루이 카페에게는 본의 아니게 아주 특별한 월요일이었다. 루이는 아침 5시에 일어나 몸단장을 한 뒤, 에지워스 신부를 서재로 불러다 한 시간 정도 얘기했다. 그사이 루이의 방에는 파리 코뮌 관리들이 제단을 차려놓았다. 루이가 마지막 밤에 잠을 청하는 동안, 그들은 이웃 성당에 가서 미사 제구를 빌려다, 루이가 마지막 가는 길에 종교의식을 치를 수 있게 했던 것이다. 루이는 기도대나 방석도 없이 맨 땅에 무릎을 꿇은 채 성체를 모시고 기도를 올린 뒤 아주 흡족해했다.

"하느님, 감사합니다. 내 원칙을 지키게 해주셔서 행복합니다. 만일 그렇게 하지 못했다면, 나는 지금 어디 있겠습니까? 이제 원칙을 지키고 나니, 죽음도 순탄한 길처럼 보입니다. 그래요, 저 위에는 영원한 판사가 계십니다. 그분은 모든 사람이 내게 거부한 정의를 돌려주시겠지요."

그가 말한 원칙이란 무엇일까? 마지막 미사를 올렸다는 맥락에서 볼 때, 루이 16세는 조상 대대로 지키던 원칙대로, '아주 훌륭한 기독교도le bon chrétien'로 살았다고 말하고자 했던 것은 아닐까? 그의 조상들은 공식 애첩을 두었지만, 그는 문자 그대로 '훌륭한 기독교도'로서 부부 중심의 가족생활로 만족했다.

루이는 1월 하순의 겨울 캄캄한 새벽에 일어난 뒤,* 파리 코뮌의 배려로 다행히 미사까지 올렸다. 140여 년 전, 영국에서 적스턴Juxton 주교는 처형대에 선 찰스 1세에게 "당신은 지상의 왕관을 영원한 왕관으로 바꾸게 되었습니다. 이 얼마나 훌륭한 교환이란 말입니까"라고 했다는데, 루이가 그 흉내를 내서 "나는 지상의 왕관을 영원한 왕관으로 바꾼다"라고 했다는 말도 있다. 루이는 재판을 받기 시작한 뒤부터 앙리 4세의 사위인 찰스 1세와 비슷한 운명을 느끼고 그에 대해 자주 생각했다고 한다. 루이는 7시에 클레리를 불러 물건을 맡겼다.

"이 도장은 왕세자에게 주시오. 이 반지는 왕비에게 주시고, 이 작은 꾸러미에는 내 가족의 머리카락이 들어 있소.** 왕비와 내 자식, 누이동생에게 오늘 아침 다시 만나기로 약속했지만, 헤어질 때 고통을 줄여주려고 결심했다고 전해주시오. 내가 가족을 마지막으로 안아보지 못하고 떠나는 것이 얼마나 고통스러운 일이었는지 전해주시오."

밖이 소란스러워졌다. 에지워스는 밖에서 각 구의 투사들이 루이를 빨리 처형하라는 듯 북을 두드리는 소리를 들으면서 피가 어는 듯했지만, 루이는 오히려 침착하게 "아마 국민방위군을 모이라고 치는 소리겠지요"라고 말했다. 조금 뒤, 기마대가 탕플 안마당으로 들어서는 소리가 났다. 장교들의 목소리와 말발굽소리가 뒤섞였다. 루이는 다시금 냉정하게 "그들이 가까이 온 것 같소"라고 말했다. 에지워스가 입을 떼지 못하는 상황을 루이는 침착하게 넘기는 듯했다. 사실 남는 자가 떠나는 자를 보낼 때의 상황이 모두 이와 같

---

* 1793년 1월 21일에는 7시 50분이 넘어야 해가 뜬다.
** 반지는 왕의 결혼기념일과 아내 이름의 머리글자(MA)를 새긴 것이었다.

지 않을까? 남는 자는 두고두고 슬퍼할 수 있기 때문에 될수록 말을 아끼고, 떠나는 자가 어색한 침묵을 애써 깨뜨리면서 남는 자를 위로하는 모습. 마지막 가는 길에 속내를 털어놓을 사람이 있으면 그나마 다행이다. 루이에게는 에지워스 신부가 있었다. 에지워스는 아일랜드 출신으로 아버지를 따라 프랑스에 망명한 뒤 파리의 부주교가 되었고, 파리 대주교가 외국으로 망명한 뒤 파리 주교구를 돌보다가 루이의 부탁을 받았다. 에지워스는 루이가 처형된 뒤에 자신이 위험해질 수 있음을 분명히 알면서도 기꺼이 루이의 곁을 지켰다. 그만큼 루이는 에지워스를 믿었고, 그의 말을 따랐다. 에지워스는 루이가 간밤에 아내에게 한 약속을 지키지 말도록 권했다. 다시는 되돌아갈 수 없는 길을 떠나는 마당에 약속을 지켜 얼굴을 한 번 더 본다고 해서 무슨 위안이 되겠는가, 오히려 마리 앙투아네트와 자녀에게 견딜 수 없는 고통만 더 안겨주는 일이라면서 설득했고, 루이는 에지워스의 말을 따랐다. 그러나 만일 에지워스의 말을 따르지 않았다 해도 결과는 마찬가지였을 것이다. 마음대로 만나거나 만나지 않는 것이 루이의 의지가 아니라 파리 코뮌 관리들의 허락에 달렸기 때문이다. 이 사실을 모르는지 루이는 이렇게 말했다.

"옳습니다. 아내에게 죽음의 고통을 안겨주겠지요. 가족을 만나는 기쁨을 스스로 참는 편이 낫겠어요. 그리하여 조금이라도 더 희망을 간직하게 해야겠지요."

에지워스는 루이가 탕플 감옥에서 형장으로 출발하기 한 시간 남짓한 시간에 루이가 지난 몇 달 동안 겪었을 온갖 모욕을 충분히 짐작할 정도의 일을 목격했다. 에지워스는 수시로 이런저런 핑계를 대면서 문을 두드려 루이를 불러 몇 마디하고 사라지는 사람들을 가리켜 "혁명이 낳은 가장 흉측한 괴물"이라고 했다. 특히 어떤 이는 루이를 조롱하면서 "오, 그건 당신이 왕이었을 때 얘기고요. 지금도 당신이 왕인 줄 아십니까?"라고 말했다. 루이는 그에게 대답하지 않고 문을 닫은 뒤, 에지워스에게 "저 사람들이 나를 어떻게 대하는지 보셨지요? 모든 걸 참을 줄 알아야 합니다"라고 말했다. 루이는 또 누군가 문을 두드리자 그를 만나고 나서 에지워스에게 이렇게 말하기도 했다.

"저 사람들은 어디서나 단도와 독극물 타령입니다. 그들은 내가 자살이라도 할까봐 두려워하네요. 참말로 안타까운 일이지요. 그들은 나를 잘 몰라요. 내가 자살할 만큼 나약하진 않은데 말이지요. 아니, 죽어야 하는 이상, 나는 죽을 줄 알지요."

그 사람들은 루이를 끝까지 안전하게 지켜 탕플 밖으로 내보내야 할 임무를 띠었기 때문에 그렇게 수선을 떨어야 했을 것이다. 만일 루이가 자해라도 해서, 그가 등장하는 연극의 마지막 장면을 대중 앞에서 연출할 때 동정심이라도 자아내 왕당파가 뭉칠 빌미를 주어서는 안 되기 때문이다. 그들은 반혁명을 도왔다는 혐의를 뒤집어쓸지 모르기 때문에 루이와 그의 가족을 더욱 모질게 다루어야 했을 것이다. 그러므로 박해를 당하는 사람이나 박해를 하는 사람 중에 누가 더 딱한가? 될수록 그런 상황이 오지 않게 제도적으로 막아 인간이 서로 짐승처럼 으르렁대는 일이 없어야 할 텐데, 아직 프랑스인들은 그런 경험을 충분히 쌓지 못했다. 더욱이 루이는 외국의 침략과 내부의 반혁명세력의 중심에 있었기 때문에 그에 대한 미움은 오히려 그의 신체를 파괴할 때까지 정점을 모르고 치솟아 올라갔으리라.

마침내 마지막으로 문을 두드리는 때가 왔다. 상테르 장군이 부하를 거느리고 문 앞에 나타났다. 루이는 문을 열어주고 그들에게 잠시 기다리라고 한 뒤, 에지워스 앞에 무릎을 꿇었다.

"이제 다 이루었소. 내게 마지막 축복을 빌어주시오. 하느님께 내 마지막까지 힘을 주시길 빌어주시오."

루이는 상테르 앞으로 다가서다가 군인들이 모자를 쓰고 있는 것을 보고 시종 클레리에게 모자를 달라고 했다. 눈물범벅이 된 클레리가 루이의 모자를 찾으러 나간 사이, 루이는 파리 코뮌의 관리를 찾아 자기가 쓰던 회중시계와 다른 물건을 클레리에게 남겨줄 테니 그렇게 시행해달라고 부탁했다. 그리고 클레리가 탕플에 계속 남아 마리 앙투아네트에게 봉사하도록 조치해주면 고맙겠다고 했다. 아무도 대답하지 않자 루이는 그들에게 이제 길을 떠나자고 말했다. 루이는 안마당을 지나면서 가족이 있는 아성을 한두 번 돌아보았다. 바깥마당에서 밖으로 나가는 문간에 초록색 마차가 서 있었다. 그 마차는 파리 시장 샹봉의 전용마차였다. 왕이 타던 마차보다는 초라했지만, 여느 사형수가 타는 짐수레보다 훨씬 호화로운 마차였다.

군사경찰 두 명이 마차 문을 열어놓고 그를 기다렸다. 루이가 다가서자 그중 한 명이 먼저 올라타 앞자리에 앉았다. 루이가 올라가 앉고, 에지워스가 그 뒤를 따라 올라가 바닥에 앉았다. 다른 군사경찰이 재빨리 올라타고 문을 닫았다. 에지워스는 나중에 군사경찰 두 명 가운데 한 사람은 변장한 사제였다고 들었다. 그것이 참말인지 아닌지는 알 수 없었다. 또 에지워스는 군사경찰들의 임무에는 마차를 타고 가는 길에 모인 사람들이 이상하게 행동할 때 루이를 그 자리에서 죽이는 일도 포함되었다는 말도 들었다. 에지워스는 그 말을 의심했다. 왜냐하면 그들이 소총을 메고 있었지만 다른 무기를 감춘 것 같지도 않았고, 소총도 쉽게 사용하기 어려운 상태였기 때문이다. 그러나 그럴 가능성은 있었다. 에지워스는 전날 밤 다수의 왕당파가 루이를 구하려고 모든 수단을 동원하고 최후의 순간에 망나니 손에서 그를 빼돌린다는 계획을 귀띔받았다. 실제로 처형 전날 밤에는 『루이 16세를 지키기 위한 파리 여성의 지침서Brévaire des dames parisiennes pou la défense de Louis XVI』가 시중에 나돌았다.

파리 여성 시민들이여, 중앙시장의 아낙들이여. (……) 과거의 잘못을 바로잡고, 루이 16세를 그의 궁전으로 돌려보내시오. (……) 월요일에는 루이가 자유롭게 되기를!

고위 성직자인 살리냑은 카트르 나시옹 구에서 직접 쓴 글을 돌리다가 붙잡혀 아베 감옥에 갇혔다. 그러한 글은 또 있었다. 익명의 작가가 "용감한 파리 시민들"에게 루이 16세를 구하여 욕심 많은 '오를레앙 공'(필리프 에갈리테)이 왕위에 오르려는 야심을 꺾으라는 인쇄물을 집집마다 문 밑으로 밀어넣고 다녔다.

그러나 이처럼 왕당파 작가들이 바라는 일은 결코 일어날 수 없었다. 상테르 장군은 1월 20일에 파리의 치안상태를 유지할 조치를 모두 마쳤기 때문이다. 48개 구에서 25명씩 소총으로 무장시키고, 탄약통 16개를 가지고 모이도록 했다. 전술을 이해하는 사람을 뽑아 자기 구와 기초의회 의장의 이름을 적은 신분증을 가지고 모이도록 했다. 이렇게 1,200명이 아침 7시 반에 탕플 감옥 앞에 모였다. 각 구의 파견대장은 자기 구 소속 25명의 명단을 탕플 경비대 부관참모에게 제출했고, 부관참모가 이름을 불러 점검한 뒤 신분을 확인할 수 있는 사람만 특별호송대에 편입시켰다. 그리고 이들뿐만 아니라 국민방위군도 불렀다. 모든 군단은 주둔지에서 늦어도 7시에는 출발해야 했다. 이들은 북을 두 개 앞세워 행진했다. 1월 20일 저녁부터 탕플에 파견된 위병들은 21일의 위병과 교대하지 않고 루이를 처형한 뒤까지 그곳을 지키게 했다. 특히 21일 아침에 탕플을 지킬 위병대는 대포 두 문과 탄약상자 하나씩 가지고 7시까지 도착하도록 명령했다. 그리고 군단마다 500명이나 600명씩 뽑아 탕플과 혁명 광장(루이 15세 광장, 오늘날 콩코르드 광장) 사이의 중요한 곳을 지키게 하고, 각 구는 중심지에 200명을 모아놓았다가 명령이 떨어지면 곧바로 움직일 준비를 갖추게 했다.

그들은 루이가 형장으로 끌려가는 길목만이 아니라 파리와 바깥의 주요 시설물·요새·무기고, 그리고 특히 감옥도 지켜야 했다. 상테르는 "감옥을 두 거나 이웃한 구는 오늘(1월 20일)부터 계속 순찰을 돌아 수형자들의 안전을 수시로 점검하라"는 명령을 내렸다. 그리고 그는 각 지역 지휘관에게도 지시했다. 그리하여 지휘관은 모든 구민에게 자기 구를 쉬지 않고 감시하여 국가와 개인의 재산을 보호하도록 간곡히 요청하고, 거리에는 무기를 소지한 사람만 통행하면서 모두에게 필요한 명령을 받고 실천할 준비를 갖추라고 했다. 루이는 정각 8시에 탕플을 떠나야 했다. 각 부관참모는 정오에 군단사령부로 가서 명령을 받아 경계부대를 철수하거나 계속 근무시킨다. 그리고 아무도 이 명령을 받기 전에 철수하거나 자기 위치를 벗어나서는 안 된다. 또한 명령을 받지 않고 화기를 발사해서도 안 된다. 육군사관학교 기마대 100명을 뽑아 루이가 탄 마차를 이끌고 가도록 한다. 다수의 기병을 시켜 파리 시외곽을 순찰하게 한다. 그 밖에도 상테르는 파리 구석구석에 인원을 배치해 예상치 못한 일이 갑자기 나타날 가능성을 막아버렸다.

루이가 탄 초록색 마차는 천천히 움직였다. 루이와 에지워스는 두 사람의 감시를 받았으므로 속내를 털어놓을 수 없었다. 에지워스가 자신이 지니고 간 성무 일과서를 루이에게 건네주자, 루이는 감사히 받아들였다. 그는 에지워스가 그 상황에 맞는 시편을 골라주기 바랐다. 두 사람은 시편을 번갈아 암송했다. 그때 읽은 시편이 무엇이었을까? 철학자 보솔레이Henri Beausoleil는 시편 제3편이 포함되었음이 분명하다고 말한다.

> 여호와여 나의 대적이 어찌 그리 많은지요 일어나 나를 치는 자가 많으니이다
> 많은 사람이 나를 대적하여 말하기를 그는 하나님께 구원을 받지 못한다 하나이다 (셀라)
> 여호와여 주는 나의 방패시요 나의 영광이시요 나의 머리를 드시는 자이시니이다
> 내가 나의 목소리로 여호와께 부르짖으니 그의 성산에서 응답하시는도다 (셀라)
> 내가 누워 자고 깨었으니 여호와께서 나를 붙드심이로다
> 천만인이 나를 에워싸 진 친다 하여도 나는 두려워하지 아니하리이다
> 여호와여 일어나소서 나의 하나님이여 나를 구원하소서 주께서 나의 모든 원수의 뺨을 치시며 악인의 이를 꺾으셨나이다
> 구원은 여호와께 있사오니 주의 복을 주의 백성에게 내리소서 (셀라)[*]

군사경찰들은 황홀한 표정을 지으며 듣기만 했다. 그들은 옛날 같으면 그 정도로 가까이 볼 수 없는 군주가 그렇게 경건한 사람인 줄 처음 알았다는 표

---

[*] (재)대한성서공회(http://www.bskorea.or.kr/)에서 검색 후 인용.

정을 지었다. 마차가 탕플에서 혁명 광장까지 두 시간이나 걸려 움직여나가는 동안, 안에 탄 네 사람은 그 시간을 그렇게 보냈다. 마차에서 루이는 그 두 시간을 길다고 느꼈을까? 그가 만일 에지워스와 마지막 길을 함께 가지 않았다면, 그는 무슨 생각을 하면서 사형대까지 갔을까? 그나마 에지워스와 시편을 암송하지 않고 두 시간을 꼼짝달싹하지 못한 채 형장으로 끌려갔다면, 오만 가지 장면이 머리를 스쳤을 것이다. 에지워스도 그의 머리를 들여다보지 못했으니 그 자신이 직접 말하지 않은 이상 아무도 그가 무슨 생각을 했는지 모른다. 초록 마차는 걸어서 한 시간이면 충분히 갈 수 있는 거리를 장례식 행보로 지루할 정도로 천천히 움직였다. 루이가 죽으러 가는 길이 마치 장례식 같았다. 마차가 지나는 길에는 온통 창이나 소총으로 무장한 시민들이 겹겹이 서 있을 뿐이었다. 마차의 바로 앞에는 기마대가 서고, 그 앞에서 북잡이 부대가 요란하게 북을 치면서 앞을 헤쳐 나갔다. 북을 치는 이유는 행렬의 질서를 유지하려는 뜻이겠으나, 루이 16세를 동정하는 사람들이 외치는 소리를 눌러버리려는 뜻이기도 했다. 그러나 보통 시민을 문밖에 얼씬거리지 못하게 막아놓았으니, 왕당파가 있다 해도 어떻게 외칠 수 있겠으며, 마차에까지 그 소리가 들리겠는가? 에지워스는 무장한 시민들을 동정했다.

거리에는 단지 무장한 시민만 있을 뿐이었다. 그들은 마음속으로 싫어하는 범죄에 어쩔 수 없이 협조할 수밖에 없었다.

이제 마차가 단두대를 설치한 광장에 도착했다. 루이의 할아버지인 루이 15세의 동상은 사라지고, 그 대신 '국민의 면도칼'(기요틴)이 서 있었다. 루이는 마차가 더는 움직이지 않자 에지워스에게 "내 생각이 틀리지 않았다면,

이제 도착했군요"라고 속삭였다. 에지워스가 그때 상황을 정확히 전한다면, 루이는 분명히 눈을 감고 다른 생각에 골몰했음이 분명하다. 망나니 한 사람이 마차 문을 열었다. 루이는 한 손을 에지워스의 무릎에 놓고, 망나니들에게 "여러분, 내가 죽은 뒤에도 여기 이분을 조금도 욕보이지 말아주십시오. 여러분이 잘 살펴주시기 바랍니다"라고 위엄 있게 말했다. 망나니 두 명은 아무 말도 하지 않았다. 루이가 목소리를 높여 다시 말하기 시작하자, 한 사람이 말을 끊고 "네, 네, 알았습니다. 우리에게 맡기세요"라고 말했다.

루이가 마차에서 내리자마자 망나니 세 명이 그를 둘러쌌다. 망나니는 전통적으로 상송 가문의 직업이었다. 그날 형을 집행할 샤를 앙리 상송Charles-Henry Sanson은 이 가문의 제4대 망나니로서, 기요틴을 발명할 때도 한몫을 했다. 그는 혁명 전부터 굵직한 사건을 처리해 솜씨를 자랑했고, 기요틴을 만든 뒤 양과 시체를 가지고 실험하면서 칼날을 효율적으로 개선한 사람이다. 그가 이제 혁명기에 본격적으로 바빠졌다. 그와 두 아들이 루이의 옷을 벗기려 했지만, 루이는 당당하게 그들을 물리치더니 제 손으로 옷을 벗었다. 먼저 옷깃을 빼고, 셔츠를 벗어 가지런히 놓았다. 망나니들은 왕의 당당한 모습에 잠시 주춤하다가 용기를 추스른 것처럼 다시금 루이를 에워쌌다. 이제 루이의 손을 묶으려 했다. 루이는 재빨리 손을 빼면서 "도대체 무슨 일이요?"라고 묻자, 그중 한 명이 "당신을 묶어야 합니다"라고 말했다. "나를 묶는다고? 아니, 절대 그렇게 하도록 내버려두지 않겠소. 당신이 명령받은 대로 하면 그만이지, 나를 묶을 생각은 마시오." 저항하는 루이에게 망나니들은 언성을 높이면서 그렇게 해야 한다고 말했다. 그들은 여차하면 도움을 청하려는 듯했다. 에지워스는 그 1분 동안의 실랑이가 죽음보다 천배나 견디기 어려운 모욕이었으리라고 회상했다. 루이는 에지워스를 보았다. 에지워스는 어떻게든 충고를 해야 했다.

"나는 울면서 말했다. 전하, 지금 당하시는 능욕을 보면서, 저는 전하와 하느님의 닮은 점을 발견할 뿐입니다. 그리고 하느님은 전하에게 보답해주실 것입니다."

에지워스는 루이에게 예수가 당한 모욕과 고통을 생각하게 만들었다. 루이는 고통스러운 표정으로 하늘을 올려다보면서 말했다.

"맞습니다. 하느님이 보여주신 본보기만이 내가 겪는 이 모욕을 견딜 수 있게 해주지요."

그러더니 곧 망나니들에게 몸을 맡겼다.

"당신들 마음대로 하시오. 나는 어떤 괴로움도 끝까지 견디겠소."

망나니들은 루이의 손을 묶고, 가위로 목덜미의 머리카락을 잘랐다. 에지워스의 말을 직접 옮겨 루이의 마지막 길을 지켜보자.

사형대로 올라가는 층계는 아주 가팔랐다. 왕은 내 팔에 기대야 했다. 그가 겨우 내 팔을 붙잡았을 때, 나는 한순간 그가 용기를 잃기 시작하지나 않을까 두려웠다. 그러나 마지막 층계까지 다 올라갔을 때 나는 놀랐다. 그가 내 손을 슬며시 놓더니 사형대를 단숨에 가로질러갔기 때문이다. 그가 흔들리지 않고 단 한 번 눈길을 주니 그의 앞에 서 있는 스무 명가량의 북잡이들이 조용해졌다. 그는 아주 쩌렁쩌렁한 목소리로 영원히 잊지 못할 말을 남겼다.

"나는 내게 뒤집어씌운 모든 범죄와 상관없이 죽습니다. 나는 내게 사형을 선고한 사람들을 용서합니다. 나는 앞으로 당신들이 더는 프랑스를 피로 물들이지 않게 해달라고 하느님께 빕니다."

현대의 사형수라면 술 한 잔과 담배 한두 개비로 삶을 정리했을 테지만,* 그 대신 루이는 마지막 할 말을 하고 떠났다. 에지워스는 아마 루이와 가까이 있었기 때문에 그의 말을 끝까지 들었을 것이다. 그러나 아무리 방해받지 않고 목청을 한껏 높인다 해도 과연 군중 가운데 몇 사람이나 그의 말을 제대로 들을 수 있었을까? 더욱이 상테르의 명령을 받은 북잡이들은 그의 말이 들리지 않게 북을 쳐댔다. 곧 망나니 상송이 루이를 판에 묶고 칼날 밑으로 루이의 머리를 밀어 넣은 뒤, 칼날을 떨어뜨렸다. 그는 루이의 머리칼을 잡아 피를 흘리는 루이의 머리를 사람들에게 보여주었다. 거기에 모인 '8만 명'이 입을 모아 "공화국 만세!"를 외쳤다. 지금까지 얘기한 내용은 루이의 의연한 모습을 강조한 에지워스의 관점을 따른 것이며, 루이의 처형을 지켜본 사람들을 모두 루이의 적으로 예상하면서 쓴 글임을 알 수 있다.

에지워스의 말과 달리 사형을 직접 집행한 상송은 그 당시를 어떻게 회고했는지 살펴볼 필요가 있다. 루이를 널판에 묶어 칼날 밑으로 루이의 머리를 넣은 상송은 한 달쯤 뒤에 루이가 겁쟁이처럼 행동했다고 회고했다. 그러나 그의 후손인 제6대 상송은 자기 조상이 그렇게 말한 적이 없다고 부인했다. 그러므로 우리는 상송이 아마 당시의 분위기에 눌려서 그런 식으로 말했거나, 그가 실제로 그렇게 말하지 않았다 해도 루이의 상징을 조작할 필요가 있는 세력이 상송의 말이라면서 만들어냈을 가능성을 생각할 수 있다. 제6대 상송은 가문의 회고록에서 상송 가족이 루이를 처형하기 전에 무척 힘들

---

* 언제 생긴 제도인지 확실히 알 수 없다. 1977년 마르세유의 보메트 감옥에서 공식적으로 마지막 사형수인 장구비Hamida Djangoubi도 술 한 잔(럼이나 포도주)을 마시고 담배 한 개비를 피운 뒤 '과부veuve'(기요틴의 별명)에게 몸을 맡겼다.

었다고 묘사했다. 1월 20일 저녁, 상송 가족은 이튿날 자신들이 루이를 처형한 뒤 살아서 집으로 되돌아갈 수나 있을지 몰라 한숨도 제대로 자지 못했다. 이튿날 혁명 광장에 도착해서도, 왕당파가 루이를 빼돌렸으리라 생각하면서 사방을 둘러보았다. 그러나 자신이 전날부터 걱정하던 일은 일어나지 않았다. 곧 말 두 마리가 끄는 마차가 도착하고 군사경찰과 루이와 에지워스가 차례로 내렸다.

마침내 왕이 내렸다. 내가 베르사유에서 또 튈르리에서 보던 때보다 더 당당하고 차분하고 장엄한 모습이었다.

상송은 가장 정중하게 루이를 대했다고 썼다. 이 회고록이 나온 19세기 중엽의 분위기는 1793년의 분위기와 사뭇 달랐기 때문에, 그리고 에지워스와 상송은 서로 하는 일이 달랐기 때문에 서로 다른 얘기를 하는 것이다. 상송은 에지워스가 루이의 마지막을 지켜보면서 계속 기도를 올렸고, 마침내 "생루이의 자손이여, 하늘나라로 오르시오!"라고 말했다고 전한다.

루이 16세가 죽는 장면을 직접 본 사람이나 그 소식을 들은 사람들 가운데 기쁨보다는 까닭 모를 서운함이나 슬픔을 느낀 사람도 있었다. 혁명 초기에 루이 16세에게 편지를 써서 역사적으로 볼 때 모든 왕은 나쁘기 때문에 왕을 싫어한다는 심정을 밝혔던 마뉘엘은 정작 루이를 재판할 때는 전쟁이 끝날 때까지 가둬두자고 제안했지만 사형이 확정되자 의원직을 사퇴했다. 또 루이 16세가 죽어야 나라가 산다고 강조하던 로베스피에르는 자기가 사는 집의 주인인 뒤플레Duplay 가족이 혹시 루이를 호송하는 대열이라도 볼까 봐 하루 종일 문을 열지 못하게 했다. 또 파리 시청에서 루이 16세가 처형되었다는 소식을 듣고 과격파enragé 에베르는 뜨거운 눈물을 흘리면서 이렇게 말했다고 한다.

"그 폭군은 내 개를 몹시 사랑했고 자주 쓰다듬어주었지. 지금 그때 생각이 나는구나."

루이가 가까운 곳에서 처형되는 사이에 국민공회에서는 르뒤크Benoît-Louis Leduc가 보낸 편지를 읽고 논의했다.

의원님들께,
브누아 루이 르뒤크는 국민공회 의원님들께 간청합니다. 만일 루이 카페에게 무덤에 묻힐 명예를 허락해주신다면, 제가 루이 카페의 시신을 인수하여 상스Sens로 모셔가서 제 아버지 곁에 묻어드리고자 합니다.

루파지야크Pierre Roux-Fazillac는 그 청원이 특권을 요구하는 것인데, 이제 프랑스는 특권을 인정해주지 말아야 하며, 루이의 무덤을 쓰는 문제는 최고행정회의에서 결정하게 하자고 제안했다. 루아르에셰르의 샤보가 그 말을 거들었다. 그 청원을 받아들이면 위험한 일이 생길지 모르며, 루이의 시신을 여느 시민처럼 구민들의 공동묘지에 묻어야 한다고 주장했다. 국민공회는 마침내 루이 카페를 처형한 구의 공동묘지에 묻는다고 의결했다.

루이 16세는 1793년 1월 21일 오전 10시 10분에 '하늘나라로' 올라갔다. 프뤼돔의 『파리의 혁명』에서 그 뒷이야기를 읽어보자.

(몸과 머리가 분리된) 루이의 주검을 고리짝에 담아 짐수레에 실어 마들렌 공동묘지로 가져가 구덩이에 넣고 생석회를 뿌렸다. 그리고 이틀간 보초

를 세워놓았다.

누군가 주검을 파다가 소중한 유물로 삼지 못하게 하려는 뜻이었다. 『프랑스 애국자*Patriote français*』1259호에서는 이렇게 보도했다.

그의 주검은 마들렌 공동묘지에 묻혔다. 그곳은 그의 결혼을 기념하는 불꽃놀이를 할 때 밟혀 죽은 불쌍한 사람들이 묻힌 곳으로서, 그의 불행한 끝을 장식하는 무대가 되었다.

그리고 『프랑스 애국자』는 캉봉이 이렇게 말했다고 전한다.

우리는 마침내 자유의 섬에 도착했다. 그리고 우리가 타고 온 배를 태워버렸다.

『공화주의자*Républicain*』*는 이렇게 보도했다.

오늘 우리는 왕도 사람일 뿐이며, 그 누구도 법 위에 있지 않다는 사실을 확인했다. 카페는 이제 사라졌다. 유럽의 인민들이여, 이 세상의 인민들이여, 모든 왕좌를 눈여겨보시라. 그들은 모두 먼지일 뿐이니!

---

* Républicain, journal des hommes libres de tous les pays(공화주의자, 모든 나라의 자유민의 신문).

『페를레신문*Le journal de Perlet*』은 이렇게 말했다.

루이는 일요일 아침 이후 가족을 만나지 못했다. 일요일 저녁, 그는 밥을 맛있게 먹었다. 그는 일요일 밤에 조용히 잤다. 어제 아침, 그는 7시에 소스라치게 놀라면서 잠에서 깨어나 침대에서 내려가 아무 말도 하지 않고 옷을 입었다. 그는 형장으로 가려고 9시 반에 출발할 때까지 아무것도 먹지 않았다.

이 신문은 직접 관찰하지 못한 부분에 대해서는 사실과 다른 얘기를 했다. 그러나 나머지 부분은 다른 신문과 비슷한 얘기를 썼다.

머리가 떨어졌다. 10시 15분이었다. 망나니는 머리를 잡아들고 사람들에게 보여주면서 사형대를 두 바퀴 돌았다. 조용한 가운데 누군가 외쳤다. "국민 만세, 공화국 만세."
루이의 주검을 모욕하는 사람은 하나도 없었다. 그의 주검을 광주리에 담아 사형대 밑에서 기다리던 마차에 싣고 마들렌 교회 공동묘지로 가져가 구덩이에 넣고 생석회를 덮었다. 수많은 사람이 그의 옷을 나눠 가지려고 했다. 사형대를 적시고 흘러내린 피를 종이나 흰 수건에 묻히는 사람도 있었다. 어떤 영국인은 한 소년에게 15프랑을 주면서 아주 좋은 손수건에 피를 묻혀오라고 시켰다. 어떤 젊은이는 루이의 머리카락과 그것을 묶었던 리본을 1루이에 샀다. 이 모든 것이 역사의 유물이 되었다.

포셰Claude Fauchet는 1월 16일에 『친구들의 신문*Journal des Amis*』을 창간

했는데, 1월 26일자 신문에 "전왕의 사형 집행에 대하여"를 써서 루이의 처형을 비난했다. 그는 파리의 생로슈 교회에서 종교인으로 봉사하다가 혁명을 맞아 지롱드파와 가까이 지내고, 친구 니콜라 드 본빌Nicolas de Bonneville과 함께 사회동인Cercle social을 만들어 공개강좌를 시작한 사람이다. 첫 강의부터 수천 명을 모을 만큼 영향력을 행사하던 그는 국민공회 의원이 된 뒤 파리 자코뱅 협회*에서 제명되었다. 그는 예전만큼 큰 영향을 끼치지 못했지만, 그의 글은 루이 16세의 처형을 보는 한 가지 관점을 대변했다.

> 루이는 재판을 받았다. 왕권은 죽었다. 공화국이 태어났다. 자유는 이 세계에 은혜를 베푸는 요소가 되었다. 인류의 위대한 희망은 완성의 길로 나아갔다. 모든 나라가 프랑스를 관찰하고 본받으려고 경쟁했다. 모든 것이 이 세계를 해방시키려고 바삐 움직였다. 그러나 이 모든 것은 인류의 친구에게는 고통이요, 절망이다. 도덕은 오랫동안 후퇴했고, 인민의 해방은 반세기나 늦어지고, 인간의 행복은 가엾은 왕을 재판한 사실 때문에 유럽에 몰아닥친 끔찍한 폭풍우를 모두 몰아낼 때까지 뒷전으로 물러났기 때문이다.

포셰는 성마르고 냉혹한 파괴자들, 폭군 가운데 가장 비겁한 밑바닥 폭군들을 꾸짖으면서 "당신들의 내장을 불태워버리겠다"고 막말을 서슴지 않았고, 심지어 "어서 나를 고소하고 사형대로 끌고 갈 테면 가보라"고 말했다.

---

* 국민공회의 첫 공개회의가 열린 1792년 9월 21일부터 '자코뱅 클럽'의 명칭이 '자코뱅 협회'로 바뀌었다.

그는 10개월 뒤 지롱드파의 다른 지도자들과 함께 형장으로 끌려갔다.

로베스피에르는 1월 21일의 루이의 처형을 어떻게 생각했던가? 그는 유권자들에게 보내는 편지에서 이렇게 말했다.

시민들이여, 폭군은 법의 칼을 받고 쓰러졌습니다. 이 위대한 정의의 행위는 귀족을 낙담시키고 왕에 대한 미신을 타파하고 공화국을 세웠습니다. 그리고 국민공회에 위대한 성격을 새겨 넣었고 프랑스인의 신뢰를 받을 만한 존재로 만들었습니다.

그는 프랑스 국민의 대표들을 겁주고 매수하려는 세력이 있었지만, 그들은 청렴결백하고 시민정신으로 무장했기 때문에 모든 음모를 쳐부술 수 있었다고 자부했다. 브리소 일파가 영국의 무기와 유럽의 모든 폭군의 분노를 이용해서 국민공회를 지배하려고 노력하고, 영국에서 돈을 가져다 애국심과 자유의 적을 만들려고 노력했지만, 모두 허사로 돌아갔다고 주장했다. 결국 공화주의자의 용기가 승리했고 국민공회의 다수파는 앞으로도 공화국의 원칙을 굳게 지킬 것이라고 다짐했다.

루이의 죄를 묻는 시기는 우리의 혁명에서 가장 위험한 위기였음이 확실합니다. 오랫동안 자유의 모든 적은 온 힘을 모아 루이를 프랑스에서 구출하려고 했습니다. 프랑스에는 수많은 중상비방문이 넘쳐났습니다. 그들은 루이를 벌하자고 힘차게 주장한 의원들의 머리 위에 대중의 증오심을 부추겼습니다. 또 파리에는 수많은 암살자가 떼 지어 다녔습니다. 그들은 심지어 정부의 뒷받침을 받았습니다. 정부가 망명자들을 노골적으로 친절하게 대했기 때문에, 그들은 돌아와 파리에서 우리나라의 법을 무시하면서 활개를 치고 다녔습니다.

로베스피에르는 공화국이 이러한 위기를 겪으면서도, 파리의 인민들이 차분하고 현명하게 처신했기 때문에 위기를 넘겼다고 했다. 그는 파리 주민이 친절하고 너그럽고 공공의 행복을 이루려고 열정을 바치는 사람들이라고 추켜세웠다. 그는 파리 주민의 협조가 혁명의 진로에서 가장 바람직하다고 하면서 그들을 찬양했다. 그러면서 혁명이 갈 길이 아직도 험하다는 사실을 일깨웠다. 자유의 수호자 가운데 가장 숭고하고, 인민의 가장 믿음직한 대표 가운데 한 사람인 루이 미셸 르펠티에 드 생파르조가 폭군이 죽기 전에 살해당했음을 상기시켰다. 국민공회는 그 숭고한 죽음에 반드시 보답한다는 말도 잊지 않았다.

국민공회는 그의 몸과 함께 암살당한 애국심과 자유의 복수를 했습니다. 국민공회는 우리의 신성한 법률을 지키다 숨진 희생자를 팡테옹에 모시기로 결정하면서 지금 태어나고 있는 공화국을 기리고 확립했습니다. 그와 동시에 폭군을 사형대에서 구출하려고 파리에 불러 모은 악당의 무리에 대한 준엄한 조치도 취했습니다. 가장 유명한 음모가들, 조국의 반역자로 인정받은 모든 사람이 오늘날 우리 속에 있습니다. 사람들은 아르투아가 지금 파리에 있음을 확실히 압니다. 그리고 그처럼 많은 망명자들이 당국의 보호를 받는다는 사실은 의심의 여지가 없습니다. 그렇지 않다면 추방당한 자들이 어떻게 감히 이 도시에 다시 나타날 수 있겠습니까?

그러나 인민은 슬기롭게 모든 적을 물리쳤습니다. 인민의 전능한 손으로 묶은 이 호랑이들은 폭군을 구하기는커녕 벌을 받는 장면을 몸서리치면서 바라볼 뿐이었습니다. 그들이 온갖 수단을 동원했지만, 이 큰 도시가 평온한 상태를 유지했던 것 또한 공공의 시민정신과 이성이 일궈낸 기적입니다. 고결하고 계몽된 인민은 치안당국의 그 어떤 규제나 정부의 정책보다 시민정신과 이성으로 확고히 무장했기 때문입니다. 인민이 이 순간 보여준 당당하고 위엄 있는 태도는 이 땅의 폭군에게 사형대보다 더 두려운 것이었습니다. 루이의 머리가 법의 칼날을 받고 떨어지는 순간까지 깊은 침묵이 지배했습니다. 그러다가 갑자기 10만 명이 일제히 "공화국 만세!"를 외쳤습니다. 그들이 단지 호기심 때문에 한 인간이 사형당하는 모습을 지켜봤겠습니까? 그들은 왕정이 마지막 숨을 거두어야 비로소 자유를 얻을 수 있음을 알기 때문에 그렇게 한 것입니다. 옛날에는 왕이 베르사유에서 죽으면, 사람들은 곧 그의 후계자의 시대가 왔음을 소리쳐 알렸습니다. "왕이 죽었다, 왕 만세"라는 외침은 전제정은 결코 죽지 않는다는 사실을 국민에게 이해시키려는 목적을 가졌던 것입니다. 그런데 이제는 고결한 순간에 감동한 인민이 "공화국 만세"를 외쳤습니다. 그것은 폭정이 폭군과 함께 죽었음을 만천하에 알리려는 뜻이었습니다.

루이 16세의 죽음은 개인의 죽음으로 끝나지 않았다. 루이 16세가 죽자마자 탕플 감옥에 갇힌 마리 앙투아네트는 왕세자를 루이 17세로 예우했지만, 그것은 최소한의 형식일 뿐이었다. 루이 17세는 방데의 난을 일으킨 사람들이나 외국으로 망명한 왕족들이 추대했지만, 실제로 다스린 적은 없다. 그러므로 루이 16세가 죽음으로써 5세기부터 프랑스 땅에서 발전한 왕정이

344

폐지되었음을 공식 확인할 수 있었다. 루이 16세가 조상의 이름을 따서 루이 카페로 불린 것은 아주 상징적인 일이라 할 수 있다. 메로빙 왕조와 카롤링 왕조의 뒤를 이어 제3왕조라 할 카페 왕조는 987년 위그 카페가 왕으로 뽑히면서 시작되었다. 위그는 카파cappa라는 종교인 모자를 쓰고 있었기 때문에 카페capet라 불리게 되었다. 그러므로 카파, 카페는 머리와 관련된 낱말이었으며, 루이 16세를 루이 카페라고 부를 때부터 머리가 잘려나갈 운명을 암시했다고 믿고 싶어진다. 물론 아무것이나 연결하고자 하는 마음이 앞서면, 이렇게 결과에 대한 원인이나 상징을 찾고 싶은 유혹에 저항하기 어렵다. 아무튼 루이 16세, 루이 카페가 죽은 사건은 13세기 동안이나 발전한 왕정이 공식 사망한 대사건이었음은 분명하다. 루이 16세가 마지막 주인공을 맡았던 왕조의 연극이 그의 죽음과 함께 끝났다. 그리고 그것을 세상의 종말로 인식한 사람도 있었다. 옛날 생루이 훈장을 받은 어떤 군인은 너무 괴로워하다가 죽었고, 베르사유의 소락청Menus-Plaisirs 소속의 서적상이었던 방트Vente는 미쳤으며, 퀼튀르 생트카트린 거리의 가발공은 절망한 나머지 면도칼로 목을 그었다.

프랑스에서 왕조의 연극을 끝낸 혁명은 새로운 세상을 여는 중요한 연극이었다. 그것은 왕이 주인공이던 연극이 아니라 국민의 대표들이 대중의 마음을 사로잡으면서 서로 주인공 역할을 맡으려고 노력하는 연극이었다. 그 무대는 파리나 주요 도시의 거리, 정치 클럽이기도 했지만, 가장 중요한 곳은 국회의사당이었다. 처음에는 베르사유 궁에서 시작해 파리의 튈르리 궁으로 왕이 옮겨갈 때 의원들도 따라가고, 국회가 따라가자 정치 클럽도 함께 따라갔다. 파리의 정치 클럽도 그 나름의 무대였으며, 거기서 주역으로 떠오른 사람이 국회에서 중요한 역할을 맡았다. 그만큼 파리가 모든 연극의 중심이 되었다. 관객은 정치화한 시민들이었다. 구체제 시대에 태어난 사람들은 거의 모두가 자신이 정치와 어떤 관련이 있는지도 모르면서 살았다. 그러다가 혁명의 계기를 마련한 전국신분회가 소집되는 공고가 나가고, 175년 만에 열리는 전국신분회의 형식을 놓고 토론이 벌어지면서 도시부터 농촌까지 모든 프랑스인은 정치적 관심을 갖게 되었다. 그렇게 해서 프랑스 혁명이라는 연극을 지켜보던 관객이 교육을 받고, 주역이나 도우미가 되려는 꿈을 키우게 되었다. 베르사유에서 전국신분회가 국민의회로 바뀌는 과정부터 관객이 지켜보았다. 이제 정치는 관객 앞에서 주인공들이 자기 역할을 다하고 관객을 감동시키는 연극이 되었다. 루이의 편에서 볼 때 그는 주역이었지만, 점점 비중이 커지는 조역들에게 밀려나다가 마지막으로 비장하게 죽는 역할을 수행했고, 그렇게 해서 천년 이상 발달한 왕정의 연극은 막을 내렸다. "왕은 죽었다, 왕 만세!"의 시대가 끝났다. 왕이 인민의 피로 손을 적시던 시대가 갔다. "왕은 죽었다, 공화국 만세!" 걸음마를 시작한 공화국은 이렇게 왕의 피로 액땜을 했다.*

〈9권에 계속〉

---

* 이 말의 뜻을 이해하려면 제1권 참조.

1792년 8월 10일	파리 혁명 코뮌이 실권을 장악하고 튈르리 궁을 공격
	왕과 가족은 입법의회로 피신
	입법의회가 왕권을 임시 정지하고, 국민공회 선거를 의결
11일	새 내각으로 최고행정회의 구성(법무장관 당통, 내무장관 롤랑,
	전쟁장관 세르방, 재무장관 클라비에르, 외무장관 르브룅,
	해군장관 몽주)
	반혁명 혐의자 체포령 발동, 왕당파 신문 발행금지
13일	왕과 가족을 탕플에 가둠
	파리 코뮌이 '자유의 제4년' 대신 '평등의 원년'을 쓰기로 의결
14일	입법의회가 망명객의 재산 매각을 결정
	종교인들에게 자유와 평등에 대한 맹세 의무 부과
	스당에서 군대를 파리로 이동하려는 라파예트의 계획 실패
	스트라스부르 시장이 파리에 대해 군사반란을 부추겼으나 실패
15일	파리 코뮌 대표 로베스피에르가 입법의회에서 '인민의 법원' 요구
17일	파리 코뮌이 파리 구민들이 선출하는 '형사법원' 설치를 요구하고,
	입법의회가 거부하면 봉기하겠다고 위협
	오드에서 폭동, 반란 봉기자들이 카르카손을 점령
18일	마지막 남은 종교 교단, 교육과 구호의 종교단체 폐지
19일	뒤무리에를 북부군 총사령관에 임명
	라파예트는 오스트리아 쪽으로 넘어감
	브룬스비크 공, 독일 제후들과 망명객들의 군대가 국경 침범
20일	프로이센군이 롱위 공략, 켈레르만이 뤼크네가 물러난 메스군의
	총사령관에 취임
21일	형사법원에서 사형을 선고한 콜노 당그르몽을 단두대에서 처형

22일	방데에서 왕당파 봉기
	파리 코뮌은 '무슈' 대신 '시투아엥(시민)' 호칭 사용 요구
23일	롱위 함락
25일	상환 대상의 봉건적 부과조를 무조건 폐지
26일	파리 코뮌이 주최한 8월 10일 순국자 추모 행사
	롱위 함락 소식을 듣고, 3만 명 동원법 제정
29일	파리 코뮌의 가택수색
30일	베르됭 공략
	파리 코뮌의 가택수색 결과, 무기 압수와 3,000명의 혐의자 색출
9월 2~6일	'9월 학살'로 1,090~1,395명 살해
4일	망명객 군대가 티옹빌 공략
8일	외무대신 르브룅이 사부아 침공을 명령, 투르에서 폭동 발생
9일	곡식의 수출 금지
	베르사유 감옥에서 파리로 이감하는 죄수 53명 학살
10일	예배용 금은 도구 징발
14일	프로이센 군대 아르곤 숲 통과
	필리프 도를레앙(오를레앙 공)이 필리프 에갈리테로 개명
16일	왕실 가구 창고 약탈
19일	루브르 박물관 창설
20일	발미 전투에서 프랑스군이 최초로 승리하고 프로이센군은 퇴각
	호적업무를 민간으로 확정하고 이혼법 의결
	국민공회의 비공개회의에서 임원진 선출
21일	국민공회의 첫 공개회의, 왕정 폐지 의결
	자코뱅 클럽의 공식 명칭을 헌우회에서 '자유와 평등의 친구들인
	자코뱅 협회Société des Jacobins, amis de la liberté et de l'égalité'로 바꿈
22일	'프랑스 공화국 원년'을 공식 선포
	프랑스군의 사부아 침공

어디나" 개입할 수 있다고 의결

20일	튈르리 궁에서 왕의 비밀금고 수색
27일	국민공회가 사부아 합병 의결
28일	프랑스군이 리에주에 입성
29일	8월 17일의 형사법원 폐지 영국은 11월 19일의 법(모든 나라에 개입)에 항의
30일	프랑스군이 안트베르펜에 입성
12월 1일	자크 루Jacques Roux가 옵세르바투아르(천문대) 구에서 연설하여 과격파의 공식 활동 시작
2일	퀴스틴 장군이 프랑크푸르트를 빼앗김 자크 루가 파리 코뮌의 대표 122명 선거에 뽑힘
3일	로베스피에르가 국민공회에서 "루이가 죽어야 나라가 산다"고 연설
4일	벨기에 대표단이 국민공회를 방문해서 벨기에 독립 인정을 요구
6일	루이 카페를 국민공회에 출두시키기로 의결
7일	프랑스군이 브뤼셀에서 독립을 요구하는 시위대 진압
11일	루이 카페가 국민공회 증언대에 출두
13일	영국 상하원이 피트Pitt 정부의 대프랑스 전쟁 준비를 지지
14일	3억 리브르 아시냐 발행
25일	루이 카페가 유언장 작성 파리 코뮌이 금지했지만 주민들은 자정미사 거행
26일	루이 카페가 국민공회에 출두, 변호인 드세즈의 변론
27일	살Salle이 루이의 재판 결과에 대한 인민의 승인을 지지, 생쥐스트는 반대
28일	외무장관 르브룅이 국민공회에 편지로 에스파냐의 중립이 루이 카페에 대한 판결에 달렸다는 의견 제출 뷔조는 재판 결과에 대해 인민의 승인을 지지, 로베스피에르는 반대
29일	베르니오가 살의 의견 지지 연설

1793년 1월 1일	국방위원회 창설
2일	'공화국 제2년'이라고 표기하기로 의결
4일	살이 발의한 인민의 승인을 지지하는 안을 부결
7일	국민공회에서 왕의 재판에 대한 토론 종결
11일	루앙에서 왕의 지지자 시위 파리 코뮌이 라야의 〈법률의 친구〉 공연 금지
12일	코메디 프랑세즈(테아트르 드 라 나시옹)에서 〈법률의 친구〉 공연 왕의 지지자 시위
15일	제1차 호명투표 결과 루이 카페의 유죄 인정(691명)
16일	제2차 호명투표 결과 루이 카페의 판결에 대한 국민의 승인문제 286대 423으로 부결
17일	제3차 호명투표 721명 중 361명이 무조건 사형에 찬성
18일	사형의 집행유예 토론
19~20일	제4차 호명투표 690명 참여, 380명이 24시간 내 사형 확정
20일	오후 2시에 법무장관이 루이에게 사형 확정 판결 고지
21일	오전 10시 10~15분 루이 카페 단두대에서 처형